B1/B2

OBJECTIF DIPLOMATIE 2

LE FRANÇAIS DES RELATIONS EUROPÉENNES ET INTERNATIONALES

Michel SOIGNET

hachette
FRANÇAIS LANGUE ÉTRANGÈRE
www.hachettefle.fr

ORGANISATION
INTERNATIONALE DE
la francophonie

Liberté • Égalité • Fraternité
RÉPUBLIQUE FRANÇAISE
MINISTÈRE
DES
AFFAIRES ÉTRANGÈRES
ET EUROPÉENNES

Liberté • Égalité • Fraternité
RÉPUBLIQUE FRANÇAISE
Ministère
Culture
Communication

TV5MONDE

PRÉSENTATION DE L'OUVRAGE

Objectif diplomatie 2 se situe dans la continuité d'*Objectif diplomatie 1*. Il s'adresse à des adultes désireux **d'approfondir leurs compétences** dans le domaine des relations européennes et internationales (diplomates, fonctionnaires internationaux, étudiants en sciences politiques, etc.).

Cette méthode couvre, en **150 à 180 heures**, les niveaux **B1 et B2** du CECRL. Axée sur la réalisation de tâches, elle met l'accent sur l'acquisition de savoir-faire tels que l'expression d'une pensée construite, la mise en œuvre de stratégies de communication, un entraînement intensif à l'échange de vues, à la défense d'intérêts, au débat, à la recherche de compromis, etc., dans des contextes culturels et institutionnels très variés.

OBJECTIF DIPLOMATIE 2 s'organise en 4 dossiers de 3 unités.
Chaque unité comprend :
• **3 situations** pour développer les compétences de compréhension et de production orales et écrites ; ces situations s'appuient sur un apprentissage pragmatique de la grammaire, du vocabulaire, des actes de parole et des savoir-faire spécifiques ;
• 1 page *Testez-vous*, bilan portant sur les quatre compétences et la pratique de la langue ;
• 1 page *On en parle* qui propose des débats sur des thèmes d'actualité issus de magazines d'information de TV5MONDE.
Un canevas de *Simulation* est proposé à la fin de chaque dossier.

En fin d'ouvrage :
– les transcriptions des documents oraux des pages *Testez-vous* ;
– les corrigés des exercices des pages *Testez-vous* ;
– un inventaire des actes de parole, de la grammaire et du vocabulaire ;
– un lexique multilingue et un répertoire des sigles.

OBJECTIF DIPLOMATIE 2 comprend :
– un livre de l'apprenant avec CD encarté* ;
– un guide pédagogique en ligne pour le formateur.

* **Format MP3** : Les MP3 s'écoutent sur ordinateur, baladeurs, autoradios, lecteurs CD et DVD fabriqués depuis 2004.

Le lien **http://www.tv5monde.com/objectifdiplomatie2** dans les pages *On en parle* renvoie aux documents vidéo de **TV5MONDE** qui font l'objet d'une exploitation pédagogique et sont le support de débats ouverts. Les transcriptions complètes de ces documents vidéo se trouvent également sur ce site.

ISBN : 978-2-01-155557-1
© Hachette Livre 2011, 43, quai de Grenelle, F 75905 Paris Cedex 15.

PRÉFACE

L'Union européenne constitue la seule organisation qui ait fait le choix d'un plurilinguisme sans concession : chaque langue d'un État membre est langue officielle.

Ce choix visionnaire, fait bien avant le débat sur la promotion de la diversité culturelle, est tout à son honneur.

Il est à l'image de l'héritage de diversité culturelle et linguistique de l'Europe.

Il doit être une inspiration pour les grandes institutions.

La construction européenne, comme les grandes questions internationales débattues dans les enceintes multilatérales, ne peut être traitée dans une langue unique.

Plus important encore, il est inconcevable, parce que dangereux, que les grandes questions européennes et internationales puissent n'être comprises que de ceux qui maîtrisent cette langue unique. Il y a là un enjeu fort, incontournable, de démocratie.

Or la langue française est l'une des langues de travail de l'Union européenne et du Secrétariat général de l'Organisation des Nations Unies, mais aussi de la très grande majorité des autres institutions internationales.

C'est aussi la langue officielle de nombreux États sur les cinq continents. Quant aux trois capitales de l'Union européenne, Bruxelles, Luxembourg et Strasbourg, elles constituent de grandes cités francophones.

Les diplomates et les fonctionnaires en charge des négociations européennes et internationales ont avantage, par conséquent, à être plurilingues et francophones.

Je suis heureux que ce projet éditorial d'un manuel d'enseignement du français des relations européennes et internationales, destiné précisément à ce public des diplomates et des fonctionnaires européens et internationaux, ait pu voir le jour grâce à un partenariat exemplaire entre l'Organisation internationale de la Francophonie, les ministères de la Culture et des Affaires étrangères français et les éditions Hachette Français langue étrangère. Puisse cet ouvrage contribuer, à sa modeste échelle, à la promotion de la diversité linguistique des diplomaties et fonctions publiques européennes et internationales !

Abdou Diouf
Secrétaire général de la Francophonie

Situations	Manières de dire/d'écrire	Grammaire	Vocabulaire	On en parle
UNITÉ 1	**Ce poste vous intéresse ?**			pp. 10-21
❶ Appel à candidature	• Lancer un appel à candidature ; définir les diplômes et l'expérience requis ; définir les qualités du candidat ; examiner une candidature • Poser des questions sur un appel à candidature	• La voie passive • Subjonctif présent ou indicatif présent	• Procédure et critères de recrutement • Les attributions	À l'occasion du XIᵉ Sommet de la Francophonie
❷ Avez-vous vos chances ?	• Parler de son expérience professionnelle • Comment écrire une lettre de motivation ?	• Questions et réponses : adverbes/ pronoms interrogatifs et pronoms relatifs	• Caractériser une expérience	
❸ Tu les as convaincus ?	• Parler de ce qu'on a déjà fait, de ce que l'on sait faire • Exprimer des stratégies pour « se vendre »	• Les propositions interrogatives indirectes		
UNITÉ 2	**Vous avez un nouveau poste ?**			pp. 22-33
❶ Renseignements et démarches	• Demander quelque chose ; demander de faire quelque chose	• Les différentes négations • Construction de verbes	• Effectuer des démarches administratives ; effectuer un travail administratif	Entretien avec Michel Barnier
❷ Voilà l'organigramme !	• Exprimer des relations hiérarchiques	• La double pronominalisation au présent et au passé composé • Les subordonnées temporelles	• Services et fonctions	
❸ Vous êtes déjà installé ?	• Exprimer des règles • Exprimer l'obligation et l'interdiction	• Les pronoms « en » et « y »	• La sécurité	
UNITÉ 3	**Voilà vos collaborateurs !**			pp. 34-45
❶ Qui sont-ils ?	• Parler des attributions de quelqu'un	• L'infinitif présent et l'infinitif passé • Des verbes et leur forme pronominale ; des verbes construits sans et avec préposition		Interview de Céline Yoda Konkobo, ministre de la Promotion de la femme du Burkina-Faso
❷ Où en sont les dossiers ?	• Organiser un emploi du temps	• Présent, imparfait, passé composé et plus-que-parfait • La place des pronoms avec les verbes opérateurs	• Activités quotidiennes	
❸ Quels sont les postes que vous avez occupés ?	• Parler de son parcours professionnel • Caractériser une expérience de travail	• L'ordre des mots au passé composé	• Les indicateurs temporels • Les types de formation	

Situations	Manières de dire/d'écrire	Grammaire	Vocabulaire	On en parle
UNITÉ 4		Tout est prêt ?		pp. 48-59
❶ Les invitations sont lancées !	• Inviter • Terminer une lettre • Le déroulement d'une réunion • Présenter le contenu d'une réunion	• « autre » : adjectif ou pronom indéfini, ou dans des expressions	• Introduire des informations	Paris, toujours Paris
❷ Dans les coulisses d'un événement international	• Énoncer des règles, des usages	• La pronominalisation	• Un événement international	
❸ Quelle est la thématique à l'ordre du jour ?	• Construire une argumentation simple (1)	• Les constructions segmentées pour mettre en valeur • L'imparfait		
UNITÉ 5		Et les discours ?		pp. 60-71
❶ Soyez les bienvenus !	• Civilités • L'expression de l'opinion	• « Dont » : pronom relatif, une partie de, « ce dont »	• Les verbes introducteurs de l'opinion	Entretien avec Javier Solana
❷ Interventions publiques	• Construire une argumentation simple (2) • Formuler son accord/désaccord de manière officielle	• Les subordonnées relatives		
❸ Discours de circonstance	• Remercier quelqu'un	• Constructions segmentées avec « c'est… » ou « ce sont… » • Exprimer des relations temporelles	• Caractériser des relations officielles	
UNITÉ 6		La médiatisation dans tous ses états		pp. 72-83
❶ Les autorités politiques communiquent	• Présenter de façon neutre des événements passés ou futurs	• « Certain » : pronom et adjectif indéfini	• Indicateurs temporels • La politique de défense et de sécurité • L'action humanitaire	Pleins feux sur l'information
❷ Devant le micro des journalistes	• Poser des questions • Planter le décor	• La comparaison • Les verbes et les expressions construits avec « de » ou « à »		
❸ Lu et entendu…	• Rendre compte de la position de quelqu'un • La vie politique au jour le jour	• Le passé composé		

Situations	Manières de dire/d'écrire	Grammaire	Vocabulaire	On en parle
UNITÉ 7	**De quoi traitait la conférence ?**			pp. 86-97
❶ Vous avez pris des notes ?	• Mettre une opinion en valeur (surtout à l'oral) • Prendre et utiliser des notes		• Indicateurs temporels • Exprimer la cause	L'impact du réchauffement climatique sur la santé
❷ De quoi va-t-il/elle parler ?	• Mettre l'accent sur un fait, une idée • Introduire ce que l'on veut/va faire ou dire	• Le futur antérieur • L'expression du but	• Présenter des données chiffrées	
❸ Qui se charge du compte rendu ?	• Introduire un objectif, un enjeu, un problème	• La généralisation • Le subjonctif passé	• Caractériser le point de vue/l'attitude quelqu'un	
UNITÉ 8	**Vous êtes intervenu(e) ?**			pp. 98-109
❶ Table ronde sur les discriminations, le racisme et l'intolérance	• Lancer une table ronde • Accumuler, énumérer pour insister et convaincre • Exprimer des réactions • Se référer à des institutions, des personnalités, des auteurs, des œuvres		• Éviter des répétitions	Aller s'installer et travailler au Canada
❷ Question et réponses après une communication	• Comment gérer un moment d'hésitation ? • Exprimer une conviction	• Répéter ou non une conjonction ou un pronom relatif • Emplois de « tout »	• Donner la parole en localisant dans la salle	
❸ La table ronde est terminée	• Exprimer un degré	• Citer/rapporter une prise de position	• Exprimer le titre d'un intervenant	
UNITÉ 9	**De quoi avez-vous débattu ?**			pp. 110-121
❶ Vous avez tout à fait raison ! Cependant...	• Nuancer des propos • Adhérer à ≠ se démarquer d'une position	• Subjonctif ou indicatif	• Exprimer le moment, la période présente	Haïti après le tremblement de terre : solidarité intéressée ou désintéressée
❷ Nous allons maintenant passer au vote	• Se référer à quelqu'un ou à un texte officiel • Déclarer solennellement/officiellement • Exprimer son accord ≠ son désaccord (synthèse)	• Exprimer l'opposition, la concession		
❸ Conversations de couloir	• Intervenir dans le débat • Faire des propositions et réagir à des propositions	• Exprimer l'antériorité • Pronoms représentant une phrase		

Situations	Manières de dire/d'écrire	Grammaire	Vocabulaire	On en parle
UNITÉ 10	**Vos discussions avancent ?**			pp. 124-137
❶ Échanges	• Demander de donner ou d'expliquer son point de vue • Introduire, exprimer, caractériser un point de vue (synthèse)			Le désarroi des Arabes de New York
❷ Choisissez votre stratégie !	• Exemples de présentation des arguments en faveur ou contre un point de vue • Insister dans une argumentation	• Exprimer la conséquence	• Exprimer le contraire à l'aide de préfixes	
❸ Controverses	• Présenter une controverse	• « Faire » ou « se faire » + infinitif • Simplifier des phrases en utilisant des formes participiales	• Autour des médias	
UNITÉ 11	**Présentez vos arguments !**			pp. 138-151
❶ Voilà les données du problème !	• Exprimer la crainte • Schéma argumentatif : confronter des points de vue et en faire la synthèse • Construire une argumentation		• Mots et expressions de liaison	Une équipe à gauche pour lutter contre une logique libérale
❷ Ne mâchez pas vos mots !	• Comment tenter de déstabiliser son interlocuteur	• Les subordonnées circonstancielles (synthèse) • « Il y a » + nom + pronom relatif	• Caractériser des attitudes	
❸ Je ne suis pas sûr(e) d'avoir bien compris	• Réagir quand on n'a pas (bien) (tout) compris • Quelques exemples de reformulation	• Impératif + présent ou futur simple ou futur proche • Exprimer la postériorité		
UNITÉ 12	**Mettons tout sur la table et discutons !**			pp. 152-165
❶ Préparons-nous...	• Présenter des objectifs ou des tâches • Préciser le contexte		• Attitudes d'interlocuteurs • Caractériser des situations	La Charte des droits de l'enfant a 20 ans
❷ Exposé des motifs et tour de table	• Ouvrir une réunion • Justifier un choix • Articuler un raisonnement (synthèse)		• Verbes et expressions pour protester, menacer	
❸ Argument contre argument	• Réfuter des arguments, un point de vue, une analyse • Prendre la parole, garder la parole • Passer d'un point à un autre (orienter le débat) • Vers un compromis		• Verbes et noms (la dérivation)	

UNITÉ 1   Ce poste vous intéresse ?

❶ **Appel à candidature** 10
❷ **Avez-vous vos chances ?** 14
❸ **Tu les as convaincus ?** 17

ON EN PARLE...
À l'occasion du XIe Sommet de la Francophonie ... 20

Testez-vous 21

UNITÉ 2   Vous avez un nouveau poste ?

❶ **Renseignements et démarches** 22
❷ **Voilà l'organigramme !** 25
❸ **Vous êtes déjà installé ?** 29

ON EN PARLE...
Entretien avec Michel Barnier 32

Testez-vous 33

UNITÉ 3   Voilà vos collaborateurs !

❶ **Qui sont-ils ?** 34
❷ **Où en sont les dossiers ?** 37
❸ **Quels sont les postes que vous avez occupés ?** . 40

ON EN PARLE...
Interview de Céline Yoda Konkobo, ministre
de la Promotion de la femme du Burkina-Faso..... 44

Testez-vous 45

SIMULATION 1.. 46

Ce poste vous intéresse ?

1 APPEL À CANDIDATURE

document 1

D'après des extraits des informations générales sur le recrutement à l'Organisation mondiale du commerce (OMC)

Toutes les personnes qualifiées, sans distinction de sexe, sont invitées à présenter leur candidature ; un candidat doit être ressortissant d'un État Membre de l'OMC et avoir moins de 65 ans.

Les vacances de poste donnent lieu à un concours, annoncé par voie d'avis et on les trouve sur le site Web de l'OMC.

Les candidatures reçues après la date limite ne sont pas prises en compte. Les candidats dont les qualifications ne correspondent pas aux exigences sont aussi écartés. Les candidatures qui n'ont pas été rejetées sont transmises à la Division concernée qui procède à l'évaluation et à la sélection. Les candidats retenus peuvent être invités à Genève pour une entrevue. Après l'approbation du choix par le Directeur général, le candidat retenu reçoit une offre de nomination.

Pour postuler, vous devez :
– être titulaire d'un diplôme universitaire en économie, relations internationales ou droit ;
– connaître au moins deux langues étrangères (anglais, espagnol ou français) ;
– avoir au moins 5 ans d'expérience dans une administration nationale, une organisation internationale ou toute organisation s'occupant de politique commerciale à l'international.

D'après **http://www.wto.org**

document 2

Voilà un poste fait pour toi !

GILLES : Allô ? Jan ? Tu es toujours à la recherche d'un poste ? Je crois que j'ai trouvé quelque chose qui pourrait t'intéresser. Tu as une minute ?

JAN : Salut Gilles ! Je t'écoute !

GILLES : Eh bien, il s'agit d'un poste à l'Agence exécutive pour la santé et les consommateurs, l'EAHC, tu sais ! Un poste à l'unité Consommateurs et sécurité alimentaire.

JAN : Effectivement, ça pourrait m'intéresser. En quoi consiste le travail ?

GILLES : Attends… Attends… Donc… tu serais placé sous l'autorité immédiate du directeur. Tu devrais établir le programme de travail de l'unité, déterminer les objectifs prioritaires, assurer le suivi financier, coordonner les actions d'information du public, préparer les appels d'offres… Et puis tu seras chargé de superviser les conférences, les séminaires et…

JAN : Attends, je n'y suis pas encore. Quelles sont les conditions pour poser sa candidature ?

GILLES : Je te dis ça tout de suite… Je regarde… Conditions d'éligibilité : bac + 4, 12 ans d'expérience dont trois de gestion d'équipe. Il est indispensable que tu connaisses le domaine de la défense des consommateurs et il est obligatoire de parler anglais… Je t'envoie le lien, si tu veux.

JAN : Très bonne idée ! Je vais regarder ça de plus près. C'est très gentil à toi.

GILLES : Je t'en prie ! C'est la moindre des choses ! Salut… Et tiens-moi au courant !

1 À votre avis, le document 1 a pour objectif…

a. de recruter des fonctionnaires internationaux ?

b. de renseigner sur les conditions de candidature à un poste à l'OMC ?

c. de présenter à des candidats à un poste à l'OMC leurs futures conditions de travail ?

2 Relisez le document 1 et répondez aux questions.

    a. Comment sont publiés les appels à candidature ?

    b. Quelles sont les étapes de la procédure de sélection ?

    c. Qui peut faire acte de candidature à un poste à l'OMC ?

    d. Dans quelles conditions une candidature est-elle recevable ?

3 Écoutez le dialogue et répondez aux questions.

    a. Quel poste est à pourvoir ?   c. En quoi consiste le travail ?

    b. Dans quelle institution ?   d. Quelles sont les conditions exigées (formation et expérience) ?

GRAMMAIRE

La voix passive : auxiliaire être + participé passé

→ **Au présent**

Les candidats sont invités à se présenter à 9 heures.

Les personnes étrangères au service ne sont pas autorisées à entrer dans le bâtiment.

→ **Avec un verbe opérateur**

Les candidats doivent être convoqués par écrit.

Les personnes de nationalité étrangère ne peuvent pas être recrutées.

→ **Avec un adverbe**

Les offres d'emploi sont parfois publiées par voie de presse.

Les instructions sont toujours données par écrit.

→ **Au passé**

Les invitations ont été ≠ n'ont pas été envoyées.

Les lettres ont été postées.

Les convocations n'ont pas pu être imprimées.

Les règles ont toujours été ≠ n'ont pas toujours été respectées.

4 Mettez les phrases suivantes à la voix passive.

    a. En général, on prévient les personnes deux jours à l'avance.

    b. On a supprimé de nombreux avantages.

    c. On a donné systématiquement toutes les informations nécessaires.

    d. On ne peut pas recevoir individuellement toutes les personnes intéressées.

5 Répondez aux questions en utilisant la voix passive.

    a. Qui a transmis les documents de travail ?   (chef de cabinet)

    b. Pour qui a-t-on réservé des chambres ?   (invités d'honneur)

    c. Comment a-t-on informé les ministres ?   (téléphone ou texto)

    d. Qui n'a-t-on pas mis au courant de la situation ?   (directeur-adjoint)

VOCABULAIRE

→ **La procédure de recrutement**	→ **Les critères de recrutement**
Un avis de vacance de poste	La formation initiale, les diplômes
Un appel à candidature	L'expérience, la limite d'âge
La constitution du dossier	Les compétences en langues étrangères
La date limite de dépôt des dossiers	Les connaissances informatiques
L'évaluation/la sélection des dossiers	La disponibilité, la flexibilité, la mobilité

6 Dites de quoi il s'agit.

    a. Il faut avoir moins de 55 ans.

    b. Je dois accepter de changer de ville ou de pays.

    c. Le dossier doit parvenir à l'OMC au plus tard le 31 mai, le cachet de la poste faisant foi.

    d. La commission se réunit lundi à 14 h 30.

MANIERES DE DIRE

→ Lancer un appel à candidature
L'OMC lance un appel à candidature pour un poste de…
L'OCDE publie un avis de vacance de poste de…
Un poste de conseiller est publié dans le bulletin officiel.
Une procédure de recrutement est lancée par…

→ Définir les diplômes et l'expérience requis
Le futur conseiller devra être titulaire d'un diplôme de…/en…
Il devra pouvoir attester de 15 ans d'expérience en…
La connaissance de l'anglais est indispensable, celle du français souhaitée.
Le candidat devra posséder une solide expérience de…/en…

→ Définir les qualités du candidat
Il doit avoir le goût du travail d'équipe.
Il doit posséder des qualités d'écoute.
Un sens profond de l'organisation est indispensable.
Le poste proposé exige une grande disponibilité.
La rigueur et les capacités de synthèse constituent un atout déterminant.

→ Examiner une candidature
Le dossier de candidature est examiné par une commission d'experts.
Les dossiers incomplets sont rejetés/écartés.
Les candidats retenus passent un entretien.
Le processus de sélection relève du département des ressources humaines.
La candidature de M. Rogers a été rejetée mais celle de Mme Dalban a été retenue.

7 Complétez les phrases suivantes avec l'expression qui convient.

a. Le futur Premier secrétaire peut … une expérience de la communication externe.
b. Son dossier a été … car il n'y avait pas de pièces justificatives.
c. Ce poste … une connaissance approfondie de l'anglais.
d. Il est indispensable d'être … du permis de conduire B.

8 Trouvez les expressions correspondant aux situations suivantes.

a. On est en train de chercher un nouvel attaché de presse.
b. On écartera la candidature des personnes qui ne savent pas utiliser les logiciels de gestion.
c. Le futur conseiller devra parfois travailler le soir ou le week-end.
d. Les candidatures sont étudiées par des spécialistes.

MANIERES DE DIRE

Poser des questions sur un appel à candidature

Quel est le mode de recrutement ? Par concours ? Sur dossier ?
Quels sont les diplômes exigés ?
Combien d'années d'expérience demande-t-on ?
Quelles sont les conditions d'éligibilité/les critères de recrutement ?
À quels critères faut-il satisfaire ?
Y a-t-il une obligation de résidence ?
Quelles seront les attributions du futur chargé de mission ?

9 Trouvez les questions qui correspondent aux réponses suivantes.

a. Vous devez avoir un diplôme bac + 5 et être âgé de 48 ans au plus.
b. Vous serez chargé des programmes de développement dédiés à l'Afrique.
c. Vous devez d'abord passer un concours.
d. Vous devez être ressortissant d'un pays membre.
e. Oui, vous devez habiter Francfort.

VOCABULAIRE

Les attributions

Avoir la responsabilité de…
Être en charge de… / avoir pour tâche de…
Avoir sous sa responsabilité…
Travailler sous la tutelle / le contrôle de…
Être placé sous l'autorité de…
Devoir rendre compte de…

Établir, superviser, évaluer un programme
Mettre en œuvre des actions de…
Assurer le suivi financier de…
Prendre des initiatives concernant…
Motiver une équipe pour…
Développer des stratégies de…

10 Reliez les deux colonnes.

a. Vous serez en charge
b. Vous aurez pour tâche
c. Vous devez rendre compte
d. Vous travaillerez sous le contrôle
e. Vous serez responsable

1. d'assurer le contrôle de la qualité.
2. d'une équipe de vingt médecins.
3. du Bureau de Genève.
4. de la mise en œuvre des formations.
5. des résultats des actions d'éducation.

GRAMMAIRE

Subjonctif présent ou indicatif présent ?

→ **Fait avéré, certitude**
Tournure impersonnelle + *que* + indicatif
Verbe d'opinion + *que* + indicatif

Il est évident qu'il n'**est** pas d'accord.
Je trouve que le discours **est** bon.

→ **Fait envisagé, obligation, doute**
Il faut que + subjonctif
Tournure impersonnelle + *que* + subjonctif
Verbe d'opinion + *que* + subjonctif

Il faut que vous **envoyiez** une lettre de candidature.
Il est important que tu **lises** l'appel à candidature.
Je suggère que nous **participions** à cette conférence.
Je doute que ce **soit** un poste intéressant.

Attention

Je pense que c'**est** un poste intéressant.
Je ne pense pas que ce **soit** un poste intéressant.
Pensez-vous que ce **soit** un poste intéressant ?

11 Que disent-ils ? Reformulez les phrases en utilisant le subjonctif.

a. Un directeur général à un adjoint : «Vous devez lire tous les courriels. »
b. Un conseiller à son collègue : «Vous ne venez pas à la réunion ? C'est dommage ! ».
c. Un directeur général à son assistante : «Appelez-le encore une fois. C'est urgent ! ».
d. Un chef d'unité à un autre chef d'unité : «M. Ruiz est contre ce projet ? Cela m'étonne ! »

12 Complétez les phrases en utilisant le subjonctif ou l'indicatif.

a. Je vous dis que l'agent de sécurité … nouveau. *(être)*
b. Je ne voudrais pas que vous … votre avion. *(rater)*
c. Il est peu probable que nous … à conclure un accord. *(parvenir)*
d. Il est clair que la situation internationale … explosive. *(être)*

À vous

1. Vous avez vu un appel à candidature qui vous intéresse. Vous en parlez à votre collègue.
Il/elle vous pose des questions et pense que vous n'avez pas le bon profil.

2. Vous êtes responsable des ressources humaines dans une organisation internationale.
Vous devez recruter un administrateur. À votre avis, le futur administrateur devrait avoir un profil
d'économiste mais votre directeur préférerait recruter un juriste. Vous devez aboutir aujourd'hui
à un choix définitif. Vous avez à ce sujet un entretien avec votre directeur.

2 AVEZ-VOUS VOS CHANCES ?

document 1

Jan WORLOO
12, rue Marie de Bourgogne
10230 Bruxelles (Belgique)

Bruxelles, le 12 février 2010

Objet : Lettre de motivation pour la candidature au poste ED-H.685.A4

Madame, Monsieur,

Comme en témoigne mon CV, ma carrière s'est jusqu'à présent intégralement déroulée dans le domaine de la santé publique et les postes successifs que j'ai occupés m'ont conduit à traiter de sécurité alimentaire. Par ailleurs, les fonctions que j'exerce depuis 4 ans m'ont permis d'acquérir l'expérience de la communication avec le public sur différentes questions liées à l'alimentation. Mes attributions successives m'ont donné l'occasion d'encadrer des équipes et d'animer des groupes de travail sur des actions de communication visant l'ensemble de la population ou des groupes sociaux.

La logique de gestion de projets (planification/mise en œuvre/évaluation) s'est approfondie dans mes activités au sein de structures de coopération internationale où la langue de travail était le plus souvent l'anglais. J'ai piloté ces projets dans le respect des contraintes budgétaires et avec des acteurs variés dont les cultures étaient souvent différentes. Afin d'assurer l'efficacité des opérations de communication dont j'ai eu la charge, j'ai dû approfondir mes expériences dans le domaine de la production de documents de diffusion et dans la sphère de la rédaction administrative.

Ces différents éléments m'amènent à poser ma candidature au poste ED-H.685 dans lequel je vois la possibilité de mettre les aptitudes que j'ai acquises au service d'un contexte à la fois nouveau et familier. Cette perspective est en parfaite harmonie avec ma conception de la vie professionnelle aussi bien qu'avec mes convictions personnelles.

Je vous prie de croire, Madame, Monsieur, à l'expression de ma considération distinguée.

Jan Worloo

document 2

Le b-a-ba de la lettre de motivation

Pas de recette miracle certes, mais quelques règles simples, dictées par le bon sens.
La lettre de motivation doit avant tout être :

Écrite dans un français correct
C'est-à-dire sans fautes de grammaire ni d'orthographe. Sans répétitions.

Courte
Elle doit tenir sur une page, pas plus !

Capable de retenir d'emblée l'attention du recruteur
Évitez les phrases vides comme « *Profondément motivé(e) par votre annonce, je vous prie de bien vouloir accepter ma candidature. J'ai toujours rêvé de travailler dans votre organisation.* » Non. Dès la première ligne, le recruteur doit pouvoir se dire « *Tiens, voilà quelqu'un* *d'intéressant et de crédible. Enfin !* »

Positive et prometteuse
Ne parlez pas au conditionnel. Utilisez le présent. Affirmez-vous. Soyez convaincant(e), positif(ve).

Concrète et efficace
N'écrivez pas à chaque paragraphe « *J'ai la ferme conviction que…* », « *Je pense pouvoir contribuer à…* » Non ! Dites clairement ce que vous savez faire, montrez-vous capable de vous adapter, d'innover !

Déterminée mais mesurée
N'ayez pas peur de commencer vos phrases par « Je ». Mais… avec modestie, sans arrogance. Bref, en toute simplicité…

1 Répondez aux questions.

   a. Dans quel(s) domaine(s) Jan Worloo a-t-il travaillé?

   b. Quelles ont été ses responsabilités?

   c. Quelles expériences a-t-il acquises?

   d. Qu'est-ce qui le pousse à poser sa candidature?

2 Quels passages de la lettre peuvent illustrer les phrases suivantes?

   a. Le poste que vous publiez correspond parfaitement à mes attentes.

   b. J'ai des compétences en gestion.

   c. Je suis capable de m'adapter aux situations.

   d. J'ai occupé des postes à responsabilités.

   e. J'ai travaillé à l'international.

3 Est-ce que la lettre de motivation respecte les conseils donnés?
Justifiez votre réponse.

GRAMMAIRE

Questions et réponses : adverbes/pronoms interrogatifs et pronoms relatifs

→ Ils sont semblables

Qui a obtenu le poste?	Le monsieur **qui** arrive est mon chef de service.
Que dois-je fournir?	L'adresse **que** tu cherches est sur Intranet.
Où se trouve le chef de service?	La salle **où** a lieu la réunion est au 5ᵉ étage.
D'où venez-vous?	La ville **d'où** je viens n'est pas très éloignée d'ici.
Avec qui dois-je voyager?	La personne **avec qui** tu dois voyager vient d'arriver.
Dans quelle institution travailles-tu?	L'institution **dans laquelle** je travaille est à Genève.

→ Ils sont différents

De qui parlez-vous?	La personne **dont** je parle est estonienne.
De quelle réunion parlez-vous?	La réunion **dont** nous parlons a lieu à Prague.
Quelle langue parlez-vous?	La langue **que** je parle est le français.

→ La réponse se fait sans pronom relatif

D'où venez-vous?	Nous venons d'Arménie.
Quel est votre nom?	Mon nom est Klaus Ciocani.
Quelle langue parlez-vous?	Je parle géorgien.
De qui parlez-vous?	Je parle d'une collègue estonienne.
Comment allez-vous?	Je vais bien. Merci.

4 Complétez les dialogues.

   a. – ... a lieu la conférence? ... bâtiment?
     – Elle a lieu dans le bâtiment ... se trouvent les salles équipées de cabines.

   b. – ... chef d'unité s'agit-il?
     – Le chef d'unité ... l'épouse est slovaque.

   c. – ... avez-vous déjeuné? Avec les chargés de mission en communication?
     – Non. Les collègues ... nous avons déjeuné travaillent au service des contrôles.

   d. – ... sont les plus sympathiques : les Belges ou les Suédois?
     – Ceux ... je trouve les plus sympathiques sont les Portugais.

5 Complétez le texte.

J'arrive au bâtiment 6. Il y a deux escaliers. ... je prends? Bon, je prends celui ... est à droite et
je monte au troisième. Mais ... est le bureau 308? Il n'y a personne ... demander. Je vais tout droit et,
au bout du couloir, je rencontre une dame ... je connais. C'était la déléguée danoise ... j'étais à Genève.
Je lui demande ... se trouve le bureau de Mᵐᵉ Boc mais elle ne sait pas ... je parle. Elle est nouvelle
et ignore ... étage se trouve son bureau.

MANIÈRES DE DIRE

Parler de son expérience professionnelle

→ L'environnement professionnel

L'atmosphère de travail était très chaleureuse.

Les conditions de travail étaient difficiles mais passionnantes.

J'ai effectué ma mission dans un contexte extrêmement tendu.

J'ai rencontré/J'ai dû résoudre de nombreux problèmes.

→ L'expérience

J'ai découvert des phénomènes que je ne connaissais pas.

Je me suis familiarisé avec le traitement informatique des données.

J'ai expérimenté toutes les formes de communication électronique.

J'ai eu l'occasion d'observer d'autres pratiques.

J'ai été en contact avec d'autres habitudes diplomatiques.

J'ai eu la chance d'arriver au moment le plus intéressant. J'en ai retiré beaucoup d'enseignements.

Mon expérience est malheureusement très limitée dans ce domaine.

L'expérience n'était pas à la hauteur de mes attentes.

→ Les compétences acquises

J'ai senti la nécessité d'écouter les autres/de rechercher des compromis.

J'ai trouvé l'équilibre entre imposer et convaincre.

J'ai transposé mes expériences à d'autres contextes.

Cette expérience m'a aidé dans la manière de gérer un projet/une équipe.

6 Trouvez dans les phrases ci-dessus l'équivalent des phrases suivantes.

   a. Une multitude de difficultés ont dû être surmontées.

   b. J'ai eu l'opportunité de connaître d'autres habitudes professionnelles.

   c. J'ai beaucoup appris.

   d. J'ai appris qu'il fallait trouver des solutions négociées.

   e. J'ai développé mes capacités à diriger un groupe de travail ou une action.

7 Caractérisez les situations suivantes avec la phrase qui convient.

   a. Quand j'ai pris mes fonctions, il y avait une crise économique qui est devenue politique.

   b. J'ai eu l'opportunité de découvrir comment les Suédois gèrent les problèmes sociaux.

   c. Quand je disais «C'est comme ça», ça ne marchait pas toujours. Mais quand mon équipe avait compris ma méthode, tout allait très bien.

   d. Je n'ai fait que très peu de coopération universitaire. Les universités étaient en pleine crise.

VOCABULAIRE

Caractériser une expérience

→ Avec des adjectifs

Une expérience (particulièrement) sans intérêt

Des activités (plus ou moins) enrichissantes

Un contexte (extrêmement) complexe

Des attributions (peu) diversifiées/variées

Une opportunité exceptionnelle

→ Avec des expressions

Un domaine d'une haute technicité

Une activité à risques

Travailler dans un esprit de coopération

Travailler dans des cadres clairement définis

Collaborer de manière constructive

→ Avec des phrases

C'est une expérience (plutôt) enrichissante.

Cela a été (relativement) pénible pour moi.

J'ai mis longtemps à instaurer la confiance.

C'est une mission (tout à fait) déterminante.

J'ai énormément appris/réfléchi.

Nous avons beaucoup échangé.

8 Trouvez les phrases synonymes.

   a. Nous avons beaucoup discuté.

   b. Je me suis terriblement ennuyé.

   c. On savait exactement ce qu'on devait faire.

   d. C'était riche d'enseignements.

9 Recherchez le contraire des phrases suivantes dans les expressions ci-dessus.

   a. J'avais un travail assez répétitif et monotone.

   b. Notre collaboration a été un échec total. Chacun a travaillé dans son domaine propre.

   c. Ils ont dit oui avec enthousiasme. Nous avons travaillé ensemble de façon très productive.

   d. C'est une époque de ma vie professionnelle que j'oublierai très vite.

MANIERES D'ÉCRIRE

Comment écrire une lettre de motivation ?

→ Disposition

En haut à droite : la date

Un peu plus bas à gauche : vos nom, prénoms,
adresse personnelle

Au-dessous : l'objet

Au-dessous au milieu : Madame, Monsieur

Ensuite le corps de la lettre (une page maximum)

En sautant une ligne : la formule de politesse

Au-dessous à droite : la signature

→ Plan

1. Résumer sa formation.
2. Présenter brièvement ses expériences
   (une expérience > un enseignement).
3. Décrire vos méthodes de travail en
   les mettant en valeur.
4. Parler de votre motivation pour les activités
   énoncées dans le descriptif de poste.
5. Dire pourquoi vous êtes candidat (montrer
   que vous correspondez au profil).

10 Faites à plusieurs une maquette de lettre de motivation.

11 À quelle(s) rubrique(s) du plan correspondent les extraits suivants ?

   a. « Je trouve les attributions du futur chef de bureau très intéressantes. »

   b. « Ces problèmes m'ont permis de découvrir les principes de base de la gestion de groupe. »

   c. « Mes expériences professionnelles me semblent correspondre au profil recherché. »

   d. « J'ai senti le besoin de compléter ma formation par un diplôme de sociologie. »

À vous

1. Choisissez une rubrique de la lettre de motivation et rédigez un paragraphe pour un poste proche de votre poste actuel ou pour un poste que vous aimeriez occuper.

2. Un étudiant lit à un ami le brouillon d'une lettre de demande de stage. L'ami donne des conseils pour réécrire la lettre. Jouez la scène à deux.

3 TU LES AS CONVAINCUS ?

 document 1

HUBERT : Alors, comment ça s'est passé ?

JANA : C'est difficile à dire. Ils avaient vu dans mon CV que je suis binationale slovaque-française et que j'ai fait mes études secondaires au Lycée français de Vienne et mes études supérieures à Sciences Po Paris et que j'ai fait un stage en relations publiques. Je leur ai dit que je suis bilingue, que je parle aussi anglais, espagnol et allemand. Ils ont voulu savoir pourquoi j'avais appris toutes ces langues. J'ai expliqué que j'aimerais travailler dans un milieu multiculturel.

HUBERT : Et ils t'ont posé des questions sur l'Union européenne ?

JANA : Très peu. Ils ont voulu savoir pourquoi ça m'intéresse de travailler pour la présidence française de l'Union Européenne. Ensuite, ils ont cherché à cerner ma personnalité, comme on dit. Ils ont voulu savoir si j'avais déjà organisé des manifestations, si je suis capable de résoudre des problèmes inattendus. Alors là, j'étais à l'aise : je leur ai parlé de l'association dont je m'occupe, des colloques que j'ai organisés. J'ai dit que j'étais capable de réagir dans l'urgence, que je considérais les situations critiques comme des défis à relever. Je crois que ça a marché. Enfin, on verra bien…

Comment gérer l'entretien de recrutement ?

Le recruteur va tenter d'évaluer...	et a donc besoin de savoir...
• si vous allez pouvoir être rapidement opérationnel(le).	• ce que vous savez faire. *Avez-vous déjà eu l'occasion de mettre vos connaissances théoriques en pratique au cours de stages, jobs, d'un emploi précédent...* • ce que vous avez appris au cours de ces précédentes expériences et comment vous pourrez mettre ces compétences au service de l'institution qui recrute.
• si vous êtes motivé(e) par le poste offert et pourquoi.	• quelles sont les raisons qui vous poussent à vouloir travailler dans cette institution (et pas une autre) et à occuper ce poste-là. *Vous devez connaître un peu l'organisation, savoir en quoi consiste le travail proposé (en plus de ce qui est dit dans l'appel à candidature).*
• si vous allez vous adapter à votre nouvel environnement professionnel.	• votre personnalité. *À compétences égales, le recruteur choisira la personnalité qui correspond le mieux à ce qu'il attend d'un collaborateur.*

1 Vous faites partie du comité de recrutement des contractuels pour la présidence française de l'UE. À partir de vos notes, faites une fiche sur Jana Richterova.

2 Le document 2 vous donne des conseils pour réussir votre entretien de recrutement...

    a. en énumérant les différents points auxquels vous devez penser ?

    b. en vous proposant une liste de conseils pratiques ?

    c. en précisant les objectifs du recruteur et les moyens qu'il va utiliser pour les atteindre ?

    d. en mettant en relation ce que le recruteur veut apprendre sur vous et ce que vous devez dire ?

3 Réécoutez le récit de Jana Richterova. Ses propos vous semblent-ils répondre aux différentes recommandations du document 2 ? Justifiez vos réponses.

MANIERES DE DIRE

→ Parler de ce que l'on a déjà fait

J'ai organisé/monté des colloques internationaux/des projets de coopération.

J'ai négocié des accords. / J'ai présidé des réunions.

J'ai écrit/rédigé des discours officiels. / J'ai fait des comptes-rendus de réunions.

J'ai déjà eu l'occasion de diriger un service. / J'ai occupé plusieurs postes à responsabilités.

→ Parler de ce que l'on sait faire

Je sais monter/je peux organiser des manifestations culturelles.

J'ai l'habitude de développer des actions pilotes. – J'ai l'expérience des relations avec les médias.

J'ai la pratique de la rédaction de rapports. – Je suis capable de diriger une équipe.

Je suis compétent(e) pour élaborer un budget. – Je fais régulièrement partie de jurys d'experts.

On fait souvent appel à moi comme consultant.

4 Retrouvez dans la liste ci-dessus de quelle compétence/expérience il s'agit.

    a. Pour Ian Koor, l'objectif 2009 est de redresser les finances de l'Agence pour l'innovation.

    b. Mikis Stavros a développé un programme innovant d'économies d'énergie.

    c. Angela Arregui était la rédactrice des interventions du commissaire.

    d. Lise Lamarre a dirigé le service de presse puis le secrétariat général.

5 Retrouvez dans la liste ci-dessus l'équivalent des phrases suivantes.

    a. Il m'arrive souvent de donner des conseils à des gouvernements de pays émergents.

    b. J'ai participé aux discussions concernant le traité de Lisbonne.

    c. La conduite de réunions ? Cela n'a aucun secret pour moi.

    d. Je peux écrire des lettres, des comptes-rendus, des notes de service, etc.

Les propositions interrogatives indirectes

Je ne sais pas **qui** pourrait nous répondre.
Elle voudrait comprendre **quels** sont ses objectifs et **quelle** est sa stratégie.
Vous pouvez me dire **comment** aller au Sénat ?
Nous ignorons **où** retirer nos accréditations.
J'aimerais savoir **pourquoi** il a été recruté et **quand** il prendra ses fonctions.
On pourrait demander **si** la salle de conférence est à cet étage.
La délégation française ne sait pas **ce qu**'elle veut.
Demandons **comment** l'entrevue s'est déroulée.

6 **Complétez les phrases.**

a. ... les négociations se sont terminées.
b. ... a lieu la réception.
c. ... il n'est pas d'accord.
d. ... il est d'accord ou pas.
e. ... tout le monde arrivera à l'heure.
f. ... est l'objet de sa visite.

7 **Que dites-vous si…**

a. Vous souhaitez vous informer sur la tenue à porter pour la réception.
b. Vous ne savez pas si des voitures sont prévues pour aller à la soirée de gala.
c. Vous ignorez le nom des personnes qui participent à la négociation.
d. Vous avez besoin de savoir les points qui sont à l'ordre du jour de la réunion.

Exprimer des stratégies pour « se vendre »

Geneviève Basil tente de prouver qu'elle sait animer une équipe.
Irina Boltany souhaite convaincre le recruteur qu'elle a un très bon niveau en anglais.
Ludovic Balastrini s'efforce de mettre en évidence ses qualités de rédacteur.
Tamás Aleva voudrait apparaître comme un spécialiste de communication.
Nicolae Vazaru cherche à faire comprendre son goût pour le dialogue des cultures.
Ann Fox parle d'expériences vécues pour affirmer sa capacité à gérer des crises.
Matti Grosser se présente comme un des meilleurs spécialistes du droit de la concurrence.
Hélène Cottard veille à montrer par sa manière d'être son caractère très ouvert.

8 **Complétez les phrases suivantes.**

a. Andreas Neophytou ... le meilleur négociateur de son ministère.
b. Dan Alexandrescu ... qu'il a l'expérience du travail d'équipe.
c. Sandy Belt ... son aptitude à résoudre les conflits d'intérêts.

9 **Répondez librement aux questions en utilisant les expressions ci-dessus.**

a. Que souhaite faire Miroslav Bocherova ?
b. En quoi consiste la stratégie de José Maria Alvarez ?
c. Comment Medhi Mourad fait-il pour convaincre le jury de ses capacités d'adaptation ?

Continuez l'exercice en posant ce type de question à votre voisin.

En situation

Activité en groupes de 3-4 personnes :
Un jeune diplômé cherche du travail dans une organisation internationale.

1. Un groupe choisit l'institution qui recrute, définit le poste à pourvoir, rédige l'appel à candidature et le passe à un deuxième groupe.
2. Ce groupe imagine la personnalité et le cursus d'un candidat et rédige le CV et la lettre de motivation.
3. Le dernier groupe décide du nombre de recruteurs qui participent à l'entretien, définit le rôle de chacun et joue l'entretien avec un candidat pris dans le groupe 2.

On en parle...

À l'occasion du XIe Sommet de la Francophonie (Bucarest, 2006)

De quoi s'agit-il ?

1. **Regardez le document une fois et dites…**

a. à quelle occasion ce reportage a-t-il été fait ;

b. quels sont les chiffres de l'enseignement du français aujourd'hui ;

c. comment Bucarest était-elle surnommée avant-guerre ;

d. pourquoi la résistance du français est « presque une surprise ».

2. Complétez le tableau suivant en style télégraphique.

	Avant	Aujourd'hui
Place du français en Roumanie		
Motivations pour apprendre le français		
Représentation de la langue française		
Culture dominante		

Justifiez oralement vos réponses.

Qu'en pensez-vous ?

Le français, ça permet de trouver du boulot.

Parler une seule langue étrangère, c'est banal. Il faut en parler au moins deux, voire trois.

Le français est avant tout une langue de culture.

On ne peut plus se passer de l'anglais.

Avec la montée en puissance des pays émergents, le monde sera fatalement multilingue.

Vous choisissez un de ces thèmes pour…
– présenter oralement votre point de vue ;
– exprimer votre point de vue dans un article de presse ;
– avoir une conversation informelle avec un ami, un collègue… ;
– organiser un débat télévisé.

Et chez vous ?

Présentez des faits et des points de vue sur les sujets suivants.
• Le français et moi
• Le français dans mon pays
• Le français dans les organisations internationales
• L'importance des langues étrangères dans mon pays
• Le rôle international de ma langue maternelle

Testez-vous ·····················➤

1 🎧 Compréhension orale

1. Selon Bérangère Tillol, quels sont les objectifs à atteindre pendant un entretien
de recrutement?

2. Complétez le tableau.

Éléments stratégiques	Éléments pratiques

2 Pratique de la langue

GRAMMAIRE

1. Complétez le texte suivant avec les pronoms ou les conjonctions qui conviennent.

... sont les meilleurs atouts pour trouver un poste dans le domaine ... vous avez choisi
et ... correspond à vos qualifications? On dit parfois ... cela dépend de l'université ...
vous avez fait vos études, de l'institution dans ... vous avez fait votre stage, du nombre
de langues ... vous parlez. Mais, on cherchera aussi à comprendre ... est votre personnalité
et ... manière vous parviendrez à vous intégrer dans une équipe ... a sa propre culture
de travail.

2. Répondez aux questions suivantes en utilisant un pronom relatif quand c'est possible.

   a. À quel service voulez-vous vous adresser?

   b. Pour quel commissaire devez-vous réserver une chambre double?

   c. Quelle est sa fonction exacte?

   d. Sur qui comptez-vous pour l'organisation matérielle?

   e. Comment comptez-vous sélectionner les candidats?

   f. Où dois-je me rendre?

3. Complétez le texte avec les verbes proposés au temps et au mode qui conviennent :

être – devoir – trouver – veiller – décrire

Il est certain qu'un bon appel à candidature ... avant tout être clair. Il faut donc que
vous ... à la précision de votre formulation mais il n'est pas nécessaire que vous ... le poste
dans ses moindres détails. Je suis convaincu que le meilleur appel à candidature n'... pas
le plus long. Il suffit que vous ... le bon équilibre.

VOCABULAIRE

Dites autrement.

   a. Toute ma carrière s'est construite sur cette expérience.

   b. Cette proposition est pour vous une chance à exploiter.

   c. Votre travail consistera en des activités d'organisation et de contrôle.

   d. Vous avez jusqu'à lundi pour faire acte de candidature.

3 Expression orale

Vous passez la soirée avec un ami. Vous venez de passer un entretien de recrutement.
Vous lui faites part de vos impressions et il vous raconte une expérience similaire.

4 Expression écrite

Votre entretien de recrutement s'est mal passé et votre candidature n'a pas été retenue.
Vous décidez de rédiger, pour une association de conseil, une fiche intitulée :
Les dix erreurs à ne pas commettre. Énoncez les erreurs et donnez un exemple
pour chacune d'elles.

Vous avez un nouveau poste ?

1 RENSEIGNEMENTS ET DÉMARCHES

document 1

ARTICLE I

301.1 Devoirs, obligations et privilèges

301.1.1 Les membres du personnel de l'Organisation sont des fonctionnaires internationaux. Leurs responsabilités ne sont pas d'ordre national, mais exclusivement d'ordre international. En acceptant leur nomination, ils s'engagent à remplir leurs fonctions et à régler leur conduite en ayant exclusivement en vue l'intérêt de l'Organisation. [...]

301.1.3 Dans l'accomplissement de leurs devoirs, les membres du personnel ne doivent solliciter ni accepter d'instructions d'aucun gouvernement ou d'aucune autorité extérieure à l'Organisation.

301.1.4 Tout membre du personnel doit, en toutes circonstances, avoir une conduite conforme à sa qualité de fonctionnaire international. [...] Il n'a pas à renoncer à ses sentiments nationaux ou à ses convictions politiques ou religieuses, mais il doit, à tout moment, observer la réserve et le tact dont sa situation internationale lui fait un devoir. [...]

301.1.5 Les membres du personnel doivent observer la plus grande discrétion sur toutes les questions officielles. Sauf à titre officiel ou avec l'autorisation du Directeur général, ils ne doivent à aucun moment communiquer à qui que ce soit ou utiliser dans leur intérêt propre un renseignement dont ils ont eu connaissance du fait de leur situation officielle et qui n'a pas été rendu public. La cessation de service ne les dégage pas de ces obligations. [...]

301.1.8 Les membres du personnel jouissent des privilèges et immunités des institutions spécialisées dans la mesure où cette convention a été ratifiée par les gouvernements intéressés. Ces privilèges et immunités sont conférés dans l'intérêt de l'Organisation. Ils ne dispensent pas les membres du personnel qui en jouissent d'exécuter leurs obligations privées, ni d'observer les lois et règlements de police en vigueur. [...]

Extraits du statut du personnel de l'Organisation des Nations Unies pour l'alimentation et l'agriculture (FAO), d'après http://www.fao.org

1 En quoi les fonctionnaires internationaux suivants n'ont pas respecté les devoirs et obligations liés à leur statut ?

a. Au cours de négociations, Mme Raghuramb a justifié les positions prises par le gouvernement de son pays.

b. Après son départ, M. Douwert a écrit un livre où il fait des révélations sur l'organisation où il a travaillé.

c. M. Farid Azar est intervenu dans la campagne électorale pour des élections dans son pays.

d. Mlle Maria Pinter ne paie jamais ses contraventions.

e. M. Gordon Bradley a utilisé des arguments d'ordre religieux pour soutenir son argumentation.

f. M. Bachelet a publiquement critiqué l'organisation internationale qui l'emploie.

document 2

MARIANA LELLOU : Bonjour M. Landowski et bienvenue dans notre organisation. Asseyez-vous et voyons les démarches à accomplir. Voici une fiche individuelle que je vous demande de me remettre dûment complétée. Je vais faire une photocopie de votre passeport et de votre visa long séjour. J'aurai besoin de 4 photos d'identité de 4 cm sur 3,5. Vous les avez ? … Oui, c'est le bon format. Votre famille vous accompagne, n'est-ce pas ?

M. LANDOWSKI : Oui, mon épouse et deux de mes enfants.

MARIANA LELLOU : Il faudra que vous m'apportiez les mêmes pièces pour eux ainsi qu'un certificat de mariage et un extrait d'acte de naissance pour vos enfants.

M. LANDOWSKI : Vous avez besoin du contrat de location de l'appartement ?

MARIANA LELLOU : Oui, bien sûr… vous n'avez pas d'appartement de fonction. Vous avez une voiture, n'est-ce pas ?

M. LANDOWSKI : Deux voitures…

MARIANA LELLOU : Alors laissez-moi les certificats d'imma-triculation. Il me faut aussi une copie du contrat d'assurance. Voilà, je crois que c'est tout. Je vous propose mainte-nant que nous passions chez ma collègue Roxana… Elle va faire les formalités d'usage pour le badge électronique, la carte de restaurant, la commande à distance pour le garage. Ensuite, je crois que M. le Directeur vous attend.

2 Complétez le tableau.

Pièces à fournir pour M. Landowski	Pièces à fournir pour sa famille	Pièces à fournir pour son logement	Pièces à fournir pour ses voitures

3 À quoi sert chacun des objets que Roxana doit remettre à M. Landowski ?

GRAMMAIRE

Les différentes négations

– La conférence a-t-elle **déjà** commencé ?
– A-t-il **souvent** tenu des propos agressifs ?
– L'Ambassadeur connaît-il **tout le monde** ?
– Le décret est-il **encore** sur son bureau ?
– Je dois rencontrer le directeur **et** le secrétaire général ?
– Il est chargé de faire le discours d'ouverture **et/ou** le discours de clôture ?

– Non, elle **n'a pas encore** commencé.
– Non, il **n'a jamais** tenu de propos agressifs.
– Non, il **ne** connaît **que** les chefs de délégation.
– Non, il **n'est plus** sur bureau.
– Non, vous **ne** devez rencontrer **ni** le directeur, **ni** le secrétaire général.
– Non, il **n'est pas** chargé de faire le discours d'ouverture **ni** le discours de clôture.

4 Répondez négativement aux questions.

a. Vous avez aussi le visa pour le Pakistan ?
b. M. Rostovski travaille-t-il encore à l'OCDE ?
c. Avez-vous déjà rencontré le commissaire ?
d. Avez-vous écrit au conseiller ou à son adjoint ?

5 Dites le contraire.

a. Le président interviendra encore pendant le sommet.

b. Le secrétariat finalise toujours les comptes rendus de réunion aussitôt après la réunion.

c. L'attaché a pris connaissance de l'ordre du jour de la réunion et de la documentation.

d. Il suit les travaux du Parlement et ceux du Conseil.

e. Les délégués ont déjà lu la documentation.

Bien, c'est bien, c'est même très bien !

VOCABULAIRE

→ Effectuer des démarches administratives

Remettre un formulaire dûment complété/rempli
Faire une photocopie du visa (en trois exemplaires)
Fournir/joindre des pièces justificatives
Faire précéder la signature de la mention manuscrite
« Lu et approuvé », dater et signer
Faire une procuration / Signer une décharge
Signer un accusé de réception / Contresigner un contrat
Faire une réclamation / Écrire une lettre de réclamation

→ Effectuer un travail administratif

Transmettre pour signature
Tamponner/mettre un tampon
Enregistrer le courrier départ/arrivée
Prendre les communications téléphoniques
Transmettre des messages
Réceptionner les demandes de…
Valider une traduction
Certifier conforme à l'original

6 Complétez les phrases suivantes avec le mot ou l'expression qui convient.

a. Marie, pouvez-vous me … cette lettre en cinq exemplaires ?

b. Pouvez-vous … et … au secrétariat votre demande de congé s'il vous plaît ?

c. Vous devez … à votre demande une photocopie du certificat de mariage.

d. Il faut que vous … les pièces justificatives suivantes.

7 Nommez les démarches administratives qui correspondent aux actions suivantes.

a. M. Massada signe un papier au chauffeur afin qu'il fasse immatriculer sa voiture.

b. L'assistante note dans un cahier la date d'envoi ou de réception des lettres.

c. Mᵐᵉ Kovacs signe un imprimé après avoir reçu le badge magnétique.

d. Les documents à signer sont dans un parapheur sur le bureau du directeur.

MANIERES DE DIRE

→ Demander quelque chose

Auriez-vous le numéro de M. Lévy ?
Est-ce que vous auriez 2 euros, s'il vous plaît ?
Je peux/pourrais vous demander un service ?
Pourrais-je vous demander une lettre
de recommandation ?
Cela vous dérangerait si je vous demandais
un exemplaire du dossier ?

→ Demander de faire quelque chose

Je vous demande de patienter un instant.
Je peux vous demander de m'en donner une
copie ?
Pourriez-vous me noter le code d'entrée ?
Cela vous dérange de me mettre en copie ?
Vous est-il possible de me représenter à Genève ?

8 Complétez les dialogues.

a. – … ? – Oui, je vous l'apporte tout de suite.

b. – … ? – Mon assistante s'en occupe demain.

c. – … ? – Il vous la faut pour quand ?

d. – … ? – Pas du tout. Au contraire.

e. – … ? – Non. Soyez le bienvenu !

f. – … ? – Je vous en prie.

9 Demandez à quelqu'un :

a. les pièces justificatives d'une situation personnelle ;

b. le numéro de son visa longue durée ;

c. de relire la lettre que vous venez d'écrire.

Posez d'autres questions.

GRAMMAIRE

Construction de verbes

Je vous **propose un poste** de conseiller.
Je vous **propose de venir** me voir.
Je **propose que nous passions** au salon.

Vous **voulez un exemplaire** de la lettre ?
Vous **voulez obtenir** un rendez-vous ?
Vous **voulez que nous déjeunions** ensemble ?

10 Reliez les deux colonnes.

a. Je ne comprends pas
b. Il faut éviter de
c. Je voudrais que
d. Mme Sanchez veut proposer
e. Nous sommes d'accord pour

1. un compromis.
2. signer le protocole.
3. votre position.
4. provoquer un échec des négociations.
5. nous nous mettions d'accord à l'avance.

11 Faites trois réponses possibles à chaque question. Utilisez les constructions ci-dessus.

a. Que me demandes-tu ?
b. Que lui souhaitez-vous ?
c. Que peut-on lui suggérer ?
d. Que faut-il leur conseiller ?

À vous

1. Vous travaillez au département des ressources humaines d'une institution. On vous demande de rédiger un « code de conduite » des employés. Formez un groupe de travail. Discutez du contenu, puis rédigez le texte.

2. Vous êtes en train d'accomplir les formalités d'usage pour un collègue qui prend ses fonctions aujourd'hui. Mais le téléphone ne cesse de sonner. Jouez la scène à plusieurs.

2 VOILÀ L'ORGANIGRAMME !

M. La Mongie	: Bien, je vous montre l'organigramme. Je dirige le service *Justice et Affaires intérieures* auquel vous êtes rattaché. Quatre conseillers en dépendent, avec chacun sa spécialisation, son domaine de responsabilité. M. Krifka est le conseiller Affaires intérieures ; il a une adjointe, Mme Grosser. Certains conseillers travaillent seuls, Mme Antonescu par exemple qui est chargée de la Sécurité intérieure. Comme vous le voyez, chaque conseiller est assisté par un secrétariat. Et la conseillère Justice s'appelle Mme Goureau. En ce qui concerne vos tâches en tant que conseiller adjoint pour les Douanes, M. Falandin, le conseiller en titre, vous les précisera mais je ne veux pas le déranger pendant qu'il est en réunion. Je vous le présenterai dès que la réunion des conseillers sera terminée.
M. Falguiere	: Les réunions ont toujours lieu le même jour à la même heure ?
M. La Mongie	: Donc, il y a en principe une réunion de coordination tous les lundis à 10 heures. Mais la tenue ou le report de cette réunion dépend du calendrier des réunions au Conseil. J'ai le planning dans mon bureau. Je ne vous l'ai pas donné tout à l'heure, excusez-moi, j'ai oublié. Je vous le transmettrai après que nous ayons terminé la visite.

1 Répondez aux questions.

a. De quel service M. Falguière fait-il partie ?
b. Qui est Mme Grosser ?
c. Quel est le titre du supérieur hiérarchique direct de M. Falguière ?
d. Qu'est-ce qui conditionne la tenue de la réunion de coordination du lundi à 10 heures ?

2 Reconstituez l'organigramme du service que dirige M. La Mongie.

Extraits de l'organigramme de la Représentation permanente de la France auprès de l'Union européenne

①

Ambassadeur
Représentant permanent

Représentant permanent adjoint

Conseillère (Groupe Antici, coordination COREPER II – Représentants permanents, coordination relations extérieures)

Conseiller (Groupe Mertens, coordination COREPER I – Représentants permanents adjoints, compétitivité)

②

Affaires juridiques

Présence française dans les institutions européennes

Presse et information

Parlement européen

Action extérieure

Comité Politique et de Sécurité

Politiques internes

Participation aux programmes d'aide extérieure

Service administratif

Représentants des Assemblées parlementaires

Antenne École Nationale d'Administration (CEES)

③

Marché intérieur

Justice, affaires intérieures

Affaires économiques, financières et monétaires

Industrie, société de l'information

Écologie, énergie, développement durable et mer

Transports

Mer

Outre-mer

Agriculture et pêche

Emploi, politique sociale et santé

Environnement

Énergie

Questions nucléaires

Politique régionale

④

Conseiller (politique régionale et aménagement du territoire, relations avec la DIACT, Comité des régions)

Conseiller (Politique régionale : cadre juridique et financier, politique maritime)

Chargé de mission

3 À votre avis, à quel service de la Représentation permanente doivent-ils s'adresser ?

   a. Un journaliste qui veut interviewer un représentant permanent.
   b. Un fonctionnaire de l'Agence française de la sécurité sanitaire des aliments pour connaître la réglementation concernant les politiques de prévention des pandémies.
   c. Un chercheur qui s'intéresse au développement de la numérisation des données.
   d. Un militant d'ONG qui s'intéresse à la protection de la faune marine.

   À vous d'imaginer des visiteurs et de demander à votre voisin où ils doivent s'adresser.

VOCABULAIRE

Services et fonctions

Le ministère → le/la ministre d'État, le ministre délégué, le ministre sans portefeuille
Le secrétariat d'État → le/la secrétaire d'État, les conseillers, les conseillers techniques
La direction générale → la directrice générale, le directeur général adjoint, le secrétariat
L'ambassade → le premier conseiller, le conseiller culturel/commercial, le premier secrétaire
La cellule de sécurité → l'attaché(e) de police, l'attaché(e) de défense
Le service de presse → le/la porte-parole, l'attaché(e) de presse
Le secrétariat général → le secrétaire général, l'assistante de direction, l'assistante
L'accueil → les hôtesses, le/la standardiste
Le service technique → le chef des travaux, le chef d'équipe, un(e) technicien(-ienne)

4 Qui sont-ils ?

   a. Il est le chef de la représentation diplomatique.
   b. Il est le numéro 2 de l'ambassade.
   c. Il est ministre sous la tutelle d'un autre ministre.
   d. Elle oriente les communications téléphoniques.

   À vous de proposer des définitions.

5 Utilisez les expressions ci-dessus pour établir l'organigramme d'une ambassade ou d'une administration centrale.

GRAMMAIRE

La double pronominalisation au présent et au passé composé

La chargée de mission présente le nouveau conseiller au chef de service.
→ Elle **le** présente **au chef de service**. → Elle **le lui** présente.

→ **La place des pronoms**
Je (ne) vous donne (pas) le dossier. → Je **vous le** donne. Je ne **vous le** donne pas.
Je (ne) vous ai (pas) donné le dossier. → Je **vous** l'ai donné. Je ne **vous** l'ai pas donné.
Le portier (ne) donne (pas) le courrier au directeur. → Il **le lui** donne. Il ne **le lui** donne pas.
Il (n') a pas donné le courrier au directeur. → Il **le lui** a donné. Il ne **le lui** a pas donné.

→ **L'accord du participe passé**
Le chef de service a commenté **le programme** à ses collaborateurs. → Il **le** leur a commenté.
Le chef de service a annoncé **la nouvelle** à ses collaborateurs. → Il **la** leur a annoncée.
Le chef de service a distribué **les dossiers** à ses collaborateurs. → Il **les** leur a distribués.
Le chef de service a transmis **les instructions** à ses collaborateurs. → Il **les** leur a transmises.

6 Répondez par « oui » puis par « non » en utilisant la double pronominalisation.

   a. Les diplomates vous ont-ils remis la documentation ?
   b. L'hôtesse a remis son badge à la déléguée ?
   c. Vous nous donnez la feuille de route ?
   d. Vous lui avez transmis le document ?

7 Imaginez des questions auxquelles les phrases suivantes pourraient répondre.

   a. Non, Mme Andreani ne le lui a pas rappelé.
   b. Mais si ! M. Tuchszirer vous les a envoyés !
   c. Daniela Tichané ne les leur a pas expliquées.
   d. Oui, Helmut Mauss la leur a présentée.

MANIERES DE DIRE

Exprimer des relations hiérarchiques

→ Diriger
Être à la tête de… / Assurer la direction de…
Se situer au rang de…
Déléguer une responsabilité à… /
Être déchargé de…
Cumuler la direction de… et l'animation de…
Il y a un lien hiérarchique entre… et…

→ Être dirigé par…
Avoir… comme supérieur hiérarchique
Relever de/Être placé sous l'autorité de…
Travailler sous les ordres de…
Avoir pour tutelle…/Être (placé) sous la tutelle de…
Dépendre de…/Appartenir au service de…/Relever de…/Être rattaché à…

8 Complétez les phrases suivantes avec l'expression qui convient.

a. M. Galbraith … à son adjoint les relations avec la presse.

b. Eleonora Marzano … différentes fonctions.

c. Dans votre ministère, qui … de la coordination européenne?

d. La cellule de crise … directement de la direction générale.

9 Remplacez les expressions en italiques par une expression équivalente.

La chef de bureau ne peut plus tout faire. Elle a trop de dossiers à traiter et *ses fonctions sont multiples*. Il faut *qu'elle fasse faire certaines tâches* aux chargés de mission. S'*ils travaillent sous sa direction*, ils pourront *faire certains travaux qu'elle fait elle-même*. Il faut tout de même qu'elle demande l'avis de *son propre chef*. Si *elle n'a plus autant de tâches*, elle sera plus disponible pour le groupe de réflexion que nous devons former.

GRAMMAIRE

Les subordonnées temporelles

Le secrétaire de séance rédige le procès verbal **quand** la réunion est terminée.
Lorsque la conférence de presse a commencé, les journalistes se sont assis.
Les résultats seront publiés **dès qu'**ils seront connus.
Aussitôt que le sommet s'est terminé, les délégations ont quitté le Palais des Congrès.
Il y a eu un incident technique **pendant que** la chancelière parlait.
Les journalistes envoient des informations **avant** même **que** le point de presse soit achevé.
Après que chacun a exprimé sa position, le président de séance fait une synthèse.

10 Complétez avec le verbe au temps et au mode qui convient.

a. Dès qu'on … *(connaître)* le programme de la visite, les dispositions de sécurité seront prises.

b. Avant que vous … *(pouvoir)* le rencontrer, il doit envoyer un message urgent.

c. Aussitôt que le président … *(entrer)*, les invités ont applaudi.

d. Après que les participants … *(se présenter)*, la réunion commence.

11 Complétez avec la conjonction qui convient.

a. … la date sera connue, elle sera publiée.

b. … l'ordre du jour a été lu, on aborde le premier point.

c. … je déjeunais, j'ai eu un appel d'urgence.

d. … la réception ait lieu, il faut préparer la salle.

Allo, oui?!

À vous

1. Vous êtes devant des futurs diplomates en voyage d'étude. Présentez-leur l'organigramme de votre service ou de votre administration et commentez-le.

2. Un nouveau fonctionnaire vient d'être recruté dans votre service. Il vient vous voir et vous pose beaucoup de questions: qui est qui…? qui fait quoi…? de quoi s'occupe…? etc.

3. Vous êtes chargé(e) par votre chef de service de rédiger un texte sur le département où vous travaillez pour le site internet de l'institution. Présentez l'objectif du service, l'organisation du travail, les personnes qui y travaillent.

3 VOUS ÊTES DÉJÀ INSTALLÉ ?

document 1

EXTRAIT DU RÉGLEMENT INTÉRIEUR

Article 1 : Application de la législation locale
Le bâtiment est soumis à toutes les dispositions règlementaires locales. Chaque agent doit s'y conformer sans exception.

Article 2 : Ouverture quotidienne des locaux
2. 1. Le bâtiment est ouvert du lundi au vendredi de 7 h 30 à 21 h 00 sans interruption.
2. 2. Le samedi, le bâtiment est accessible de 8 h 00 à 14 h 00.
2. 3. Le bâtiment est fermé du samedi 14 h 00 au lundi 7 h 30.

Article 3 : Accessibilité des différentes parties du bâtiment
2. 1. Les étages 0 à 4 sont accessibles au public. Toute personne peut y pénétrer sans contrôle.
2. 2. Les 5e et 6e étages sont accessibles aux seuls agents pourvus d'un badge électronique.
2. 3. Tout visiteur aux 5e et 6e étages doit être muni d'un badge « visiteur » délivré à l'accueil après vérification de l'identité ou être accompagné par un agent exerçant ses fonctions aux étages sous protection.

Article 4 : Accessibilité des locaux pendant le week-end et les jours fériés
4. 1. Seul le personnel de direction et les chefs de service sont autorisés à pénétrer dans le bâtiment pendant les heures de fermeture.
4. 2. Les autres personnels doivent en informer le secrétariat général à l'avance et émarger le registre tenu par la société de gardiennage.
4. 3. Il est interdit, pendant les heures de fermeture, de faire pénétrer dans le bâtiment toute personne étrangère à l'organisation.

Article 5 : Utilisation du garage
5. 1. Seuls sont autorisés à utiliser le garage les agents en possession d'une commande à distance attribuée lors de la prise de fonctions et devant être restituée lors de sa cessation. Les autres agents n'y ont pas accès.
5. 2. Les agents souhaitant garer leur véhicule 2 roues dans le garage doivent en faire la demande écrite et doivent utiliser l'interphone installé à la porte du garage.

Article 6 : Tabac
6. 1. En application de la législation locale, il est interdit de fumer à l'intérieur des locaux.
6. 2. Tout manquement à cette disposition fera l'objet d'un avertissement.

Article 7 : Respect des locaux
7. 1. Afin de limiter les coûts en énergie, il est demandé à chaque agent d'éteindre la lumière et de fermer les fenêtres avant de quitter les lieux.
7. 2. Chacun est responsable du matériel qu'il utilise. À ce titre, chaque agent doit veiller à prévenir tout vol de matériel. En cas de vol consécutif à une négligence, l'agent en sera tenu pour responsable. [...]

Article 12 : Jours chômés
12. 1. En ce qui concerne les fêtes, l'organisation respecte les habitudes locales.
12. 2. En raison du caractère international de l'organisation, les fêtes nationales des pays dont le personnel est ressortissant ne sont pas prises en compte.

Ce règlement a été définitivement formalisé au cours de la réunion de dialogue social tenue le 16 janvier 2009 et reste valable jusqu'à nouvel ordre.

---

1 Lisez le règlement intérieur et...

a. citez quatre informations concernant les jours d'ouverture ;
b. précisez les modalités d'utilisation du garage ;
c. expliquez pourquoi seules les fêtes du pays d'accueil sont respectées ;
d. donnez des exemples de règles que le personnel doit respecter.

MANIERES DE DIRE

Exprimer des règles qui concernent…

→ un ensemble de personnes

Tout visiteur doit se présenter à l'accueil.
Chaque agent doit être à son poste à 9 heures précises.
Chacun doit éviter la dégradation des locaux.

→ un nombre restreint de personnes

Seuls les attachés ont droit à l'usage de la valise diplomatique.
Les visiteurs accompagnés sont **les seuls** à pouvoir circuler dans le bâtiment.

→ ce qui doit/ne doit pas être fait

Les agents **sont tenus de** signaler leur absence momentanée.
Il est (formellement) interdit de recevoir des visites personnelles.
Il est demandé/recommandé de fermer les portes et les fenêtres.

→ les conséquences du non respect des règles

Tout manquement au règlement **entraînera** des sanctions.

2 Reformulez les phrases suivantes.

a. Vous devez laisser votre adresse de vacances au secrétariat.

b. Si vous ne signalez pas une absence, vous serez sanctionné(e).

c. Être présent à la cérémonie est obligatoire pour tous les employés.

d. Tous les employés signent le règlement intérieur après avoir écrit «Lu et approuvé».

3 Relisez l'extrait du règlement intérieur et formulez…

a. une règle qui s'applique à tout le monde ;

b. une règle qui s'applique seulement à quelques personnes ;

c. une interdiction ;

d. une sanction possible.

GRAMMAIRE

Les pronoms « en » et « y »

→ « en » comme simple pronom

Je reçois souvent des offres commerciales. **→** J'**en** reçois souvent.
Il parle de l'actualité économique. **→** Il **en** parle.

→ « en » exprimant la quantité

J'adore le Martini mais je n'**en** prendrai qu'un petit peu.

→ « en » exprimant le lieu

Le Parlement européen ? J'**en** viens à l'instant !

→ « y » comme simple pronom

Les personnes ayant droit à un congé exceptionnel seront prévenues. **→** Les personnes **y** ayant droit seront prévenues.

→ « y » exprimant le lieu

Les États-Unis, j'**y** vais la semaine prochaine.

Attention

Je parle de mon collègue. **→** Je parle **de lui**. / Je parle de mon travail. **→** J'**en** parle.
Je pense à mon directeur. **→** Je pense **à lui**. / Je pense à ma mission. **→** J'**y** pense.

4 Répondez de façon affirmative.

a. Tu penses à ta demande de visa ?

b. Tu prends des congés pour Pâques ?

c. Tu as des rendez-vous aujourd'hui ?

d. Tu as rencontré des oppositions ?

5 Trouvez des questions possibles.

a. Bien sûr que M. Laguérodie y pense !

b. Non, je n'en reviendrai pas avant mardi.

c. Non, je n'en veux pas. Je vous remercie.

d. Vous avez raison, il faudra en parler.

VOCABULAIRE

La sécurité

Des locaux accessibles à tous	Vérifier l'identité de quelqu'un
Un étage sécurisé ≠ en accès libre	Limiter l'accès à un lieu
Un agent de sécurité/Une société de gardiennage	Connecter ≠ déconnecter le système d'alarme
Une caméra de surveillance/Un signal d'alarme	Faire appel à une société de surveillance
Un badge visiteur	Inviter à quitter les lieux
Surveiller les entrées/les sorties	Donner l'alarme

6 Reliez.

a. Il faut se préoccuper de la sécurité
b. Comment voulez-vous
c. Il faut absolument installer
d. Nous avons été contraints de
e. Est-ce que c'est une entrée

1. vérifier les papiers de chacun ?
2. surveillée ou en accès libre ?
3. faire appel à la police.
4. des congressistes.
5. une caméra de surveillance à l'entrée.

7 Trouvez des situations dans lesquelles il faut…

a. doubler le nombre d'agents de sécurité ;
b. connecter la caméra de surveillance 24h/24 ;
c. actionner le signal d'alarme ;
d. conseiller aux employés de quitter les lieux.

MANIERES DE DIRE

Exprimer l'obligation et l'interdiction

→ **Les degrés de l'obligation**
Merci de préparer les dossiers !
Je vous demande de faire des photocopies.
Je suis obligé de travailler jusqu'à 18 heures.
Il m'a obligée à traduire son discours.
Je suis tenu/contraint d'être présent.
Je ne peux pas dire non.
C'est pour elle une obligation (absolue).
C'est une contrainte quotidienne.

→ **Les degrés de l'interdiction**
Je vous demande de ne rien dire.
Je vous invite à être prudent(e).
Je vous défends d'en parler avec lui !
Il vous est interdit d'intervenir.
Je vous l'interdis formellement.
Il s'agit d'une interdiction totale.
C'est interdit sans aucune exception.

8 Complétez les phrases suivantes.

a. Je sais que c'est … mais vous n'avez pas le choix.
b. Je vous … à donner le moins d'informations possible.
c. Rappelez-vous que … d'en parler en public.
d. Vous savez bien que je … non.

9 Que dites-vous…

a. pour demander à votre assistant de vous transférer un dossier ;
b. pour interdire fermement à un agent de votre service de téléphoner à l'étranger ;
c. pour informer un collaborateur qu'il doit faire des propositions constructives ;
d. pour présenter la participation de M. Todd à la réception comme une obligation incontournable.

> **En situation**
>
> Vous avez été désigné(e) par l'organisation qui vous emploie pour participer à un groupe de travail visant à créer une nouvelle agence spécialisée.
> Vous devez décider de quelle agence il s'agit, préciser le statut des futurs employés, construire un organigramme, élaborer un règlement intérieur.
> Jouez le débat puis rédigez les documents en fonction des discussions qui ont eu lieu.

http://www.tv5monde.com/objectifdiplomatie2

Entretien avec Michel Barnier

On en parle...

1. **Regardez le document une fois et dites...**

a. à quelle occasion cette interview a été réalisée ;

b. qui est Michel Barnier ;

c. dans quel contexte il a été nommé ;

d. quel pays a réagi avec réserve à cette nomination et pourquoi.

2. **Recherchez dans le document les éléments concernant...**

a. le rôle de la Commission et des commissaires selon Michel Barnier ;

b. les procédures d'investiture des commissaires et du président de la Commission ;

c. la façon dont Michel Barnier envisage son action ;

d. les différentes crises que subit actuellement le monde ;

e. les identités de vue entre la Commission européenne et le G20.

Réagissez aux prises de positions de Michel Barnier sur les différentes crises que subit le monde, exposez votre point de vue sur l'une d'entre elles afin de lancer un débat.

– pour présenter le parcours de Michel Barnier ;

– pour présenter le président / secrétaire général / directeur d'une organisation internationale ;

– pour présenter une personnalité politique, un dirigeant de votre pays.

Vous pouvez le/la présenter à l'oral, écrire une note pour une publication de type Who's who, faire une interview, etc.

Parlez des points suivants.

• L'État est-il interventionniste ou pas ?

• Que fait l'État pour lutter contre les crises qui secouent le monde ?

• Quelle est la place de votre pays dans les organisations internationales ?

• Y a-t-il des personnalités qui jouent/ont joué un rôle international ? Présentez-les.

Testez-vous ·······················➤

1 🎧 Compréhension orale

1. Faites un tableau récapitulatif des aspects successifs de la politique énergétique dans la construction européenne.

2. Présentez avec vos propres mots les objectifs de la politique énergétique européenne.

3. À partir des priorités de la DG Énergie, définissez deux axes majeurs de sa politique.

4. Présentez le programme «Énergie intelligente – Europe».

2 Compréhension écrite

Mission de la Délégation de l'Union européenne à New York

En 1964, la Commission européenne a mis en place un bureau d'information à New York, qui est devenu, en 1974, la Délégation auprès des Nations Unies. Elle a pour fonction de veiller au renforcement de la coordination des politiques et approches communes ONU/UE.

En 2001, la Commission européenne a adopté deux nouvelles dispositions visant à renforcer les liens entre l'UE et l'ONU.

Le Bureau de la Presse et des Affaires publiques de la délégation aide à faire connaître les politiques de l'UE à la communauté onusienne. L'équipe du Bureau de la Presse gère le site web UE@ONU et le service d'alerte par Email. Il travaille en relation avec la Présidence de l'Union, le Secrétariat du Conseil et les Missions des États Membres basées à New York. Le Bureau de Presse organise aussi des programmes et forums à l'intention de visiteurs de marque de l'UE, fournit des orateurs sur des sujets afférents à l'UE, organise des réunions sur des sujets d'actualité, traite avec les médias, répond aux questions d'information générale et publie en direct le bulletin EURECOM.

D'après http://www.europa-eu-un.org

1. Au cours des 50 dernières années, les liens entre UE et ONU se sont-ils renforcés ou non? Justifiez votre réponse.

2. Quels sont les services proposés par le Bureau de la Presse? Classez-les en deux catégories: a. Mise à disposition – b. Interventions directes.

3. Énumérez les partenaires du Bureau de la Presse.

4. Jouez à deux une interview à propos de la Délégation de l'Union européenne à New York.

3 Expression orale

Recherchez l'organigramme d'une institution que vous connaissez bien.
Vous le présentez à des collègues qui doivent prochainement visiter cette institution.
Après votre présentation, ils vous posent des questions.

4 Expression écrite

Rédigez un article pour un site internet sur une institution (ou un service d'une institution) que vous connaissez bien.

Voilà vos collaborateurs !

1 QUI SONT-ILS ?

 document 1

DIRECTEUR GÉNÉRAL	: Bonjour Mesdames et Messieurs… J'ai l'honneur de vous présenter Mme Handley qui va occuper le poste laissé vacant par M. Zajdenweber et gérer les dossiers relatifs à l'agriculture. Mme Handley, voici M. Graaf, qui est chargé de la coordination du groupe biodiversité, lui-même rattaché au programme « Systèmes éco-naturels ». Je vous présente Mme Goncalvès, qui assure le secrétariat des trois chefs de projets. Vos collègues chefs de projets sont Mme Haag, qui s'occupe du changement climatique et Mme Vassiliu qui est en charge des dossiers liés à la protection de la nature. Enfin, voici M. Christensen dont le rôle consiste à collecter des données et définir des indicateurs.
M. GRAAF	: Merci M. le Directeur d'avoir présenté le groupe à notre collègue. Mme Handley, je vous souhaite la bienvenue et m'engage à tout faire afin que vous vous intégriez facilement à l'équipe.
MME HANDLEY	: M. le Directeur, M. Graaf, je vous remercie pour ces présentations ainsi que pour l'accueil que vous m'avez réservé. J'ai le sentiment que ce groupe travaille dans une ambiance chaleureuse et je ne doute pas de vivre de nouvelles expériences enrichissantes à votre contact.

document 2

> NOMINATIONS

Mme Jelena Crisan vient de prendre ses fonctions comme chef de section à l'unité de la formation des enseignants à l'UNESCO. Elle est responsable de l'élaboration des budgets, de la collecte de fonds pour les programmes liés à leur formation. À ce titre, ses équipes travaillent en étroite collaboration avec les institutions spécialisées des États membres. De plus, elle assure pour plusieurs programmes le lien entre l'UNESCO et l'OIT. Enfin, elle participe à la rédaction de documents de travail et est en charge de coordonner l'information du public.

···· LES ARRIVÉES ····

Mlle JAANA KERSTING a été recrutée par la Croix-Rouge après avoir fait des études de droit suivies d'une période de volontariat dans une ONG. Elle va faire un stage de formation à l'issue duquel elle deviendra responsable de programmes. Elle veut se spécialiser dans l'intervention d'urgence. La formation comprend un volet juridique et un volet logistique. Ensuite, elle partagera son temps entre des missions sur le terrain et des périodes de travail au siège de l'Organisation ou dans une de ses représentations.

1 🎧 Établissez l'organigramme du groupe biodiversité en précisant les noms et fonctions de chacun.

2 Lisez le document 2 et dites de qui il s'agit. Justifiez votre choix.

    a. Elle est responsable du suivi financier.

    b. Elle ne fera pas toujours le même type de travail.

    c. Elle a des fonctions de mise en relation de deux organisations.

    d. Elle doit acquérir des compétences en droit, en organisation et en matière financière.

3 Vous présidez une table ronde à laquelle participent Jaana Kersting et Jelena Crisan. Vous présentez leurs parcours respectifs. Prenez des notes et parlez sans regarder le document.

L'infinitif présent

→ Complément

J'espère trouver du plaisir à exercer ces fonctions.
Elle s'engage <u>à</u> faire le nécessaire.
Elle a l'obligation <u>de</u> participer à ces réunions.

→ Interrogation indirecte

Je me demande <u>à qui</u> m'adresser.
Il faudrait savoir <u>où</u> demander des informations.

→ Circonstanciel

Temps	<u>Avant de</u> poser ma candidature, je demande des renseignements.
	<u>Au moment de</u> partir, il a été appelé par son chef de service.
Manière	Il a envoyé le rapport <u>sans</u> prévenir son supérieur hiérarchique.
Cause	Elle est intervenue <u>afin de</u> régler le problème.
But	Je suis venu <u>pour</u> vous présenter votre nouvelle collègue.

L'infinitif passé

Je vous remercie <u>de</u> ne pas avoir envoyé ce message.
<u>Après</u> avoir fait un stage d'informatique, elle a pris ses nouvelles fonctions.
Il espère être revenu <u>avant</u> le début de la réunion.

4 Complétez en mettant le verbe entre parenthèses à l'infinitif présent ou passé.

a. Je serai sans doute en mesure de vous ... *(donner)* une réponse ce soir.
b. Vous devez ... *(remettre)* le rapport d'ici un mois.
c. Préparez le séminaire seulement après ... *(terminer)* le dossier « énergie ».
d. De peur de ... *(se tromper)*, ils ont refait tous les calculs.

5 Complétez avec le verbe qui convient à la forme qui convient :
terminer, éviter, être, recevoir, avoir, pouvoir, préparer.

Afin de ... le stress, M. Sergeïev a préparé
son voyage à l'avance. Après ... l'invitation
à la conférence, il a demandé son visa
en septembre. Pour ... choisir son vol,
il vient de réserver son billet d'avion.
Il pense ... toutes les démarches d'ici fin
octobre. Dans le but de ... son intervention,
il va prendre trois jours de vacances et
pour ... au calme, il partira en province. Comme ça,
il pourra travailler sans ... autre chose à faire.

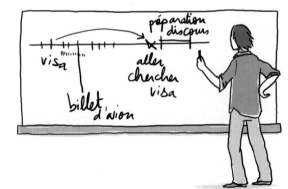

Parler des attributions de quelqu'un

Gilles Portet est en charge du protocole.
Pedro Frutuoso s'occupe de la logistique.
Mlle Dobos dirige le secrétariat du ministre.
M. Makobowski gère les dossiers confidentiels.
Yvonne Müller supervise le travail des secrétaires.
Mon ami Marcello représente son pays à l'OMC.
Madame Collins est responsable du/a en charge le service de presse.
Gilberto Diaz occupe le poste de chef de bureau du multilinguisme.
M. Gaessler assure des tâches de conseil en communication.
Jocelyne Parmalon participe aux travaux de la commission des lois.

6 Posez des questions en utilisant les expressions ci-dessus (p. 35). Votre voisin(e) y répond.

    a. M. Krugman : directeur général, département de l'harmonisation juridique

    b. Camille Tchuruk : stagiaire, bureau pour la coopération décentralisée

    c. Régis Landais : chargé de mission, division de l'Éducation, UNESCO

    d. Luc Piketty : service de presse, Commissariat aux énergies renouvelables

7 Présentez les personnes suivantes.

Nom	Service et attributions
Maté Hausenbar	Commission de la solidarité mondiale : conseil financier, gestion
Piotr Hankélévitch	Cellule «formation continue» : – de 25 ans, réinsertion des séniors
Ulla Kaaler	Comité rénovation de l'administration publique : RH, suivi des carrières
Aziza Fuentes	Conseil économique : affaires sociales, insertion des jeunes

GRAMMAIRE

→ **Des verbes et leur forme pronominale**

Elle occupe un poste important. / Elle s'occupe des visiteurs étrangers.

Il doit rendre compte de ses résultats. / Elle se rend compte de ses erreurs.

La Bulgarie a intégré l'UE en 2007. / Ce n'est pas facile de s'intégrer à une équipe.

Je vous permets de partir. / Je ne peux pas me permettre de refuser.

→ **Des verbes construits sans préposition et avec préposition**

Il a réussi son concours. / Il a réussi à changer de service.

On demande M. Biled. / Je demande à changer de poste.

Je propose une date. / Je propose de modifier la loi.

8 Complétez les phrases avec le verbe qui convient à la forme qui convient :
intégrer/s'intégrer à, proposer/se proposer de, adresser/s'adresser à, attendre/s'attendre à.

    a. J'ai eu de grosses difficultés pour … ce groupe de travail.

    b. En définitive, est-ce que … un plan de travail alternatif ?

    c. Il y a des grèves. Nous devons … de nombreux retards dans les arrivées.

    d. Il faut que … service des visas et tout sera réglé en quelques minutes.

Trouvez d'autres verbes construits sur les mêmes modèles et utilisez-les dans des phrases.

9 Reliez.

    a. Nous devons systématiquement prévoir   **1.** à être entendu par la justice ?

    b. Pourquoi ne demandez-vous pas   **2.** de prendre ta retraite ?

    c. Ils ont réussi   **3.** leur campagne électorale.

    d. Quand prévois-tu   **4.** à manifester le 23 mars.

    e. Les dirigeants syndicaux ont appelé   **5.** des réunions de synthèse.

À vous

1. Dites en quoi consiste votre travail. Les autres apprenants vous posent des questions.

2. À l'occasion d'un pot de rentrée, présentez un nouveau collègue à vos collaborateurs et expliquez-lui qui est qui. Vos collègues peuvent poser des questions au nouveau venu.

3. Rédigez, pour le «trombinoscope» de votre institution, la biographie professionnelle d'un collaborateur ou de votre supérieur hiérarchique.

2 OÙ EN SONT LES DOSSIERS ?

document 1

NOUVELLE ATTACHÉE	: Pourriez-vous me dire en gros… – nous rentrerons dans le détail plus tard – quelles sont les urgences ? D'abord les rencontres sur la gestion de l'eau, c'est bientôt… Vous pouvez me dire où vous en êtes ?
CHARGÉ DE MISSION	: Tout à fait. Il me reste à obtenir la confirmation de la présence d'un chercheur du CEA. Je devrais l'avoir en fin de semaine. Les invitations sont prêtes, le programme à l'imprimerie, les interprètes sont retenus.
NOUVELLE ATTACHÉE	: Parfait… Bon je vais étudier le dossier plus en détail. Par ailleurs, M. Garral avait attiré mon attention sur les relations avec le Bureau pour le développement, surtout à propos des fonds structurels…
CHARGÉ DE MISSION	: C'est ça. J'ai organisé pour la semaine prochaine plusieurs rendez-vous. Ainsi, vous ferez la connaissance de nos interlocuteurs. Ils sont tous ou francophones ou anglophones et ils comptent fortement sur notre aide car ils manquent de pratique. Par contre, je voudrais vous parler du dossier de la coopération en matière de sécurité qui, lui, est problématique. M. Garral a fait un rapport très circonstancié à l'ambassadeur avant de quitter ses fonctions et ce rapport a fait l'objet d'un TD.
NOUVELLE ATTACHÉE	: Oui, j'ai vu le document mais je n'ai pas pu l'étudier. On en reparlera.

document 2

TD DIPLO 324

OBJET : LA COOPÉRATION DANS LE DOMAINE DE LA SÉCURITÉ : UNE PÉRIODE DIFFICILE

     RÉSUMÉ : LA COOPÉRATION A BIEN FONCTIONNÉ JUSQU'À L'ENTRÉE DANS L'ESPACE SCHENGEN MAIS DEPUIS, ELLE MARQUE LE PAS.

XXX

PENDANT LA PHASE DE PRÉPARATION À L'ENTRÉE DANS L'ESPACE SCHENGEN, LA COOPÉRATION BILATÉRALE ENTRE NOS PAYS A ÉTÉ TRÈS INTENSIVE, COMME LE MONTRE LE TD DIPLOMATIE DE MAI 2007. DE NOMBREUX CONTACTS AVAIENT EU LIEU ENTRE LES ADMINISTRATIONS DES DEUX PAYS. PLUSIEURS VOYAGES D'ÉTUDES AVAIENT ÉTÉ ORGANISÉS AVEC LES SERVICES COMPÉTENTS DU MINISTÈRE DE L'INTÉRIEUR ET PLUS DE 40 FONCTIONNAIRES AVAIENT PU Y PARTICIPER. DE PLUS, PLUSIEURS INTERVENANTS FRANÇAIS EXERÇANT LEURS FONCTIONS SUR LE TERRAIN AVAIENT PU DÉCRIRE, À L'OCCASION DE STAGES ORGANISÉS SUR PLACE, LE FONCTIONNEMENT DES SERVICES, ANALYSER DES SITUATIONS PRATIQUES, PRÉSENTER LES PROCÉDURES DE RÉSOLUTION DE CAS, ETC.

À LA SUITE DE LA RESTRUCTURATION DES MINISTÈRES, CONSÉCUTIVE AU REMANIEMENT DE L'ÉTÉ 2008, ET EN RAISON DU DÉPART EN MISSION À L'ÉTRANGER DE DEUX DE NOS INTERLOCUTEURS, LES CONTACTS SE SONT POUR L'HEURE LIMITÉS À DES VISITES DE COURTOISIE ET DES DÉCLARATIONS DE BONNES INTENTIONS.

XXX

     COMMENTAIRE : CETTE SITUATION EST SANS DOUTE TRANSITOIRE ET MÉRITE D'ÊTRE DÉBLOQUÉE. LE THÈME DE LA COOPÉRATION EN MATIÈRE DE SÉCURITÉ EST PRIORITAIRE. POUR CETTE RAISON, IL SERAIT OPPORTUN DE L'INSCRIRE À L'ORDRE DU JOUR DE LA VISITE OFFICIELLE DU PREMIER MINISTRE PRÉVUE POUR JUIN PROCHAIN.

SIGNÉ : GRANDPIERRE

1 🎧 Écoutez le dialogue et complétez le tableau.

« Déjà fait »	« En attente »

2 **Lisez le télégramme diplomatique, prenez des notes et complétez sans regarder le document.**

a. Avant novembre 2007 : . . . .   Justification : . . . .

b. Depuis l'été 2008 : . . . .   Justification : . . . .

c. Bilan : . . . .   Proposition : . . . .

GRAMMAIRE

Présent, imparfait, passé composé et plus-que-parfait

→ **Phrase simple (un verbe)**

Aujourd'hui, je rencontre le directeur technique.

À Paris, je rencontrais le directeur technique *toutes les semaines*.

Le mois dernier, j'ai rencontré le directeur technique.

Trois mois plus tôt, j'avais rencontré le directeur technique.

→ **Phrase complexe (deux verbes)**

Présent → passé composé ou imparfait

Je réécris la lettre que vous m'avez transmise *hier*.

Je comprends *maintenant* les raisons pour lesquelles tu réécrivais toutes mes lettres.

Imparfait ou passé composé → plus-que-parfait

Quand vous êtes arrivé, je réécrivais la lettre que vous m'aviez transmise *hier*.

Ce matin, j'ai réécrit la lettre que vous m'aviez transmise *la semaine dernière*.

3 **Complétez avec les verbes au temps qui convient.**

a. Mme Bada, qui ... *(faire)* ses études à Berlin il y a 20 ans, ... *(être)* contente d'y retourner.

b. Je les ... *(déjà rencontrer)* à plusieurs reprises et je les ... *(beaucoup apprécier)*. Mais la première fois que je ... *(leur proposer)* une coopération plus étroite, nos partenaires ... *(refuser)*. Ils ... *(vivre)* une période très difficile et ils ... *(ne pas être)* prêts à engager des opérations. L'année dernière, ils ... *(ne plus y être)* opposés et hier ils ... *(accepter)*. Je ... *(être)* très satisfait.

4 **Continuez les séquences de phrases.**

a. Hier, nous avons invité le consul à dîner. Mais ce n'était pas la première fois.
Il y a quelques semaines…

b. Après déjeuner, je vais revoir la liste. C'est la deuxième fois. En effet,…

c. MM. Raskov et Stirley se sont vus le mois dernier. La rencontre s'est bien passée.
Pourtant, la fois précédente,…

VOCABULAIRE

→ **Activités quotidiennes**

Convoquer une réunion

Participer à une réunion/une séance/un déjeuner de travail

Répondre à une invitation

Confirmer sa participation à un colloque

Se rendre au ministère/au parlement

Remplir une obligation professionnelle

Rédiger une note/un télégramme diplomatique (TD)/un compte rendu/des instructions

Représenter l'ambassade/le ministère/la commission/l'organisation

Intervenir dans une manifestation/une conférence/un événement

5 **Reformulez les phrases en utilisant une des expressions ci-dessus.**

a. J'ai bien noté les dates. Je serai là.

b. M. Calaman sera à la conférence.

c. Jeudi à midi, je ne suis pas libre, je dois participer à une réunion.

d. Quand devez-vous aller au Comité des régions ?

6 **Que faire pour satisfaire ces exigences?**

   a. Il faut absolument faire une réunion.

   b. Vous devez dire si vous allez au séminaire ou non.

   c. Il faut que nous traitions la question pendant le petit-déjeuner.

   d. Aujourd'hui quelqu'un doit remplacer l'ambassadeur à une cérémonie.

GRAMMAIRE

La place des pronoms avec les verbes opérateurs

La demande de visa? J'ai voulu **la** faire mais j'ai oublié.
Je n'ai pas voulu **la** faire avant d'avoir reçu l'invitation officielle.
Les agents de sécurité, vous avez pu **leur** parler?
Des informations sur la catastrophe? Oui, j'ai pu **en** avoir.
Hélas, je n'ai pas pu **y** aller.

Attention! Ne pas confondre!
Vous voulez **la** brochure?
– Oui, je la veux.
Vous voulez demander la brochure?
– Oui, je veux **la** demander.

7 **Répondez négativement aux questions.**

   a. Est-ce que vous avez pu obtenir des informations?

   b. Est-ce que vous voulez emporter le dossier pour le week-end?

   c. Devons-nous faire des démarches supplémentaires?

   d. Allons-nous demander les garanties bancaires?

8 **Imitez l'exemple.**

La cérémonie? Oui, bien sûr, j'ai dû y participer.

   a. Les invitations? ...   *(pouvoir, envoyer)*

   b. Les statistiques? ...   *(devoir, diffuser)*

   c. Des traducteurs? ...   *(pouvoir, trouver)*

Je VEUX ces informations!

MANIERES DE DIRE

Organiser un emploi du temps

Prendre un rendez-vous/Donner un rendez-vous – Avoir (un) rendez-vous
Proposer/Choisir/Retenir/Fixer une date – Convenir d'un rendez-vous/d'un lieu/d'une date
Faire/Prévoir un calendrier de réunions/de rencontres/de contacts
Planifier le travail – Remettre à une date ultérieure – Avancer/Retarder une réunion
Déplacer un rendez-vous/un déjeuner – Différer/Reporter/Annuler une réunion
Informer d'un retard/d'un imprévu – Avoir un contretemps – Faire face à une urgence

9 **Que font-ils en prononçant les phrases suivantes?**

   a. « La réunion aura lieu vendredi à 16 heures. »

   b. « Je suis désolé, je ne peux pas vous voir aujourd'hui. Mardi à 9 heures, ça vous convient? »

   c. « Je suis dans les embouteillages. J'arrive vers 10 heures. »

10 **Dites ce qui se passe.**

   a. M. Mandon téléphone au ministère de l'Intérieur pour modifier la date d'une réunion.

   b. Les trois partenaires parlent des dates auxquelles ils se réuniront.

   c. Le Consul doit annuler ses rendez-vous : un car de touristes français a eu un accident.

   d. Mme Mara déplace son rendez-vous de mardi 10 heures à jeudi à la même heure.

À vous

1. Vous recevez un nouveau collègue et vous lui parlez des activités de votre service. Jouez la scène à deux.

2. Votre chef de service rentre de voyage et vous lui parlez d'un dossier problématique. Vous devez aboutir à une solution. Jouez la scène à deux.

3. Présentez un problème, une situation dans un télégramme diplomatique.

❸ QUELS SONT LES POSTES QUE VOUS AVEZ OCCUPÉS ?

 document 1

M. Balistrini	: […] Donc… vous avez toujours occupé des postes en relation avec l'Union européenne…
M. Solatero	: Vous savez, j'ai d'abord travaillé à l'ambassade d'Espagne en Pologne pendant les négociations d'adhésion à l'Union européenne et…
M. Balistrini	: Tiens, quelle coïncidence ! J'ai été Premier conseiller à l'Ambassade d'Italie à Varsovie… mais c'était il y a plus longtemps. Excusez-moi…
M. Solatero	: J'ai alors décidé de me spécialiser dans les affaires européennes et j'ai posé ma candidature au Collège d'Europe de Bruges et, en même temps, je me suis présenté à la sélection pour le cycle international long de l'ENA, à Strasbourg. J'ai été accepté aux deux mais j'ai choisi l'ENA.
M. Balistrini	: En fait, vous avez décidé de refaire des études pour entrer dans une organisation européenne. C'est exactement la même chose pour moi. Je ne suis plus un diplomate italien, je suis un fonctionnaire de l'OCDE.
M. Solatero	: En effet, quelle coïncidence ! Après l'ENA, j'ai travaillé à la Cour des Comptes européenne pendant trois ans, puis je suis revenu au ministère des Affaires étrangères à Madrid et maintenant, je commence une mission de trois ans au Service commun des relations extérieures de la Commission. Alors, vous voyez… Et vous ?
M. Balistrini	: Je vous ai déjà presque tout dit. Avant la Pologne, j'avais été Premier secrétaire à l'ambassade d'Italie à Moscou, puis conseiller culturel au Caire. Bon, entre-temps, j'ai travaillé à l'administration centrale, à Rome. Voilà !

document 2

Le Collège d'Europe

Accueil | Collège d'Europe | Programmes d'études | Admission | Recherche | Actualités | Calendrier | Service | Contacts

Programmes post-universitaires

Master en
- Études européennes interdisciplinaires
- Relations internationales et diplomatiques de l'UE
- Études politiques et administratives européennes
- Études économiques européennes
  - Études économiques européennes générales
  - Intégration économique européenne et monde des entreprises
- Études juridiques européennes

Spécialisation
- Droit européen et analyse économique (DEAE)

Pourquoi étudier au Collège d'Europe ?

- Le Collège d'Europe est un institut universitaire de formation spécialisé dans les études européennes, situé sur deux campus : Bruges (Belgique) et Natolin (Varsovie, Pologne).
- Le Collège assure une formation universitaire dans un environnement international, caractérisé par sa diversité linguistique et culturelle.
- Un grand nombre de bourses complètes et partielles sont accordées par les États. Elles couvrent non seulement le coût des études mais aussi le logement, la pension complète, les frais de bibliothèque, de voyages d'études, etc.

D'après http://www.coleurop.be

1 🎧 **Retracez les parcours professionnels de MM. Balistrini et Solatero.**

Parcours professionnel de M. Balistrini	Parcours professionnel de M. Solatero

2 **Présentez le Collège d'Europe.**

a. Énumérez les programmes en faisant des phrases complètes. Pensez à varier les formulations.

b. Pourquoi étudier au Collège d'Europe ? Répondez sans regarder le document.

c. Comment vit-on au collège d'Europe ?

MANIERES DE DIRE

Parler de son parcours professionnel

J'ai débuté au ministère des Affaires étrangères.

Il a effectué une mission de deux ans en Mongolie extérieure.

Il a eu/obtenu une promotion. – Gilles Pompadour a été affecté au Service du protocole.

M. Heller a été nommé Premier conseiller.

Après quatre ans passés en Ukraine, il a été muté au Brésil.

Elle est détachée auprès de l'UNESCO. – Il a été réintégré à l'administration centrale.

Miradela Popescu a obtenu un poste de conseiller juridique ?

Il est affecté à l'antenne de Bucarest de l'Agence universitaire de la Francophonie.

3 **Reformulez les phrases suivantes.**

a. M. Jolivet vient d'avoir un poste au consulat belge de Madrid.

b. Depuis l'année dernière, Marika Jansen représente son gouvernement à l'OMC.

c. Il vient de changer de poste. Il est maintenant à Rabat.

d. Après une mission à l'étranger, M. Gorilov est retourné dans son administration d'origine.

VOCABULAIRE

Les indicateurs temporels

Qu'est-ce que vous faites ce soir ?

Quel jour sommes-nous ?

J'ai vu le chef de cabinet ce matin.

J'aurais la réponse dans la soirée/en soirée.

C'est une journée qui commence mal.

Téléphonez-lui dans la matinée.

Nous nous rencontrons tous les après-midi/tous les jours/toutes les semaines/tous les mois/ tous les ans.

On se rencontre trois/plusieurs fois par jour/par semaine/par mois/par an.

Il est à Paris deux ou trois jours par semaine.

Il y a une réunion un vendredi sur deux.

Ne pas confondre !

Le matin, j'arrive au bureau à huit heures.

À midi, je mange en général à la cantine.

Le soir, je ne sors jamais.

Ce matin, je suis arrivé à dix heures.

À midi, j'ai déjeuné avec l'ambassadeur.

Ce soir, je vais à un dîner de gala.

4 **Reformulez les phrases en utilisant l'indicateur temporel qui convient.**

a. Nous nous rencontrons régulièrement le mardi à 11 heures.

b. J'aurai l'information entre 20 et 23 heures.

c. Le lundi, le mercredi, le vendredi, je commence plus tard et je finis plus tard.

d. Chaque mois, j'organise deux tables rondes le mercredi après-midi.

e. Le jeudi ? Nicholas Flos est à son bureau avant midi, au parlement après le déjeuner.

Un stagiaire

VOCABULAIRE

Les types de formation

Une formation théorique/pratique/universitaire/post-universitaire
La formation continue/La formation tout au long de la vie
La formation « sur le tas »/La formation interne
Une formation complémentaire/Une formation en économie
Des études universitaires/de droit/générales/spécialisées
Une spécialisation en…

5 **Caractérisez les formations suivantes.**

   a. Un master en droit

   b. Un diplôme de sciences politiques (relations internationales)

   c. Un stage de formation technique

   d. Une formation proposée aux administrateurs recrutés par la Croix-Rouge

6 **Caractérisez la formation des personnes suivantes.**

   a. Lise Andersen, chef de bureau, a bénéficié d'un stage de formation en communication.

   b. Après ses études en économie, Melinda Szép a fait une formation en informatique.

   c. Titulaire d'un master de droit, Medhi Massada fait une formation de 18 mois à l'ENA.

   d. Ce que Jean-Marc Lacaze sait faire, il l'a appris en travaillant.

GRAMMAIRE

L'ordre des mots au passé composé

J'ai souvent donné des conseils à mon adjoint. ➜ Je lui ai souvent donné des conseils.
➜ Je lui en ai souvent donné.
Je n'ai pas souvent donné de conseils à mon adjoint. ➜ Je ne lui ai pas souvent donné de conseils.
➜ Je ne lui en ai pas souvent donné.

M. Boc a toujours demandé à son assistante de venir tôt. ➜ Il lui a toujours demandé de venir tôt.
➜ Il le lui a toujours demandé.
M. Boc n'a pas toujours demandé à son assistante de venir tôt. ➜ Il ne lui a pas toujours demandé
de venir tôt. ➜ Il ne le lui a pas toujours demandé.

Irène s'est posé des questions. ➜ Irène s'en est posé.
Irène ne s'est pas posé de questions. ➜ Irène ne s'en est pas posé.

7 **Complétez avec le(s) pronom(s) qui convient/conviennent.**

   a. C'est un sujet tabou pour des financiers. Comment … avez-vous parlé sans les rendre furieux ?

   b. Moi, je ne … ai rien dit à ces journalistes trop bavards !

   c. Pourquoi … avez-vous acheté autant ? C'est de l'argent dépensé pour rien.

   d. Des doutes, j' … ai eu beaucoup. Je … suis souvent interrogé. Mais les points les plus importants, je ne … ai jamais vus.

8 **Répondez en pronominalisant.**

   a. Vous avez parlé du problème à Mme Francisque ?

   b. Vous n'avez jamais rédigé de note sur ce problème pour votre hiérarchie ?

   c. Elle ne s'est pas demandé ce qui se passait ?

   d. Vous avez pu transmettre tout de suite le TD au Premier secrétaire ?

9 **Imaginez des mini-dialogues.**

   a. M. Preda n'a jamais demandé d'aide à ses amis bruxellois.

   b. Mme Kadra n'a donné que très peu d'informations aux journalistes.

   c. Non. Je l'ai utilisée seulement deux ou trois fois.

   d. Mme Lakanov s'est rarement demandé si elle avait à faire à des espions ou non.

MANIERES DE DIRE

Caractériser une expérience de travail

→ **De façon positive**

Cela a été pour moi une expérience passionnante.

Cette expérience a été déterminante.

J'ai particulièrement apprécié la courtoisie de mes interlocuteurs.

Il y avait une excellente ambiance de travail dans cette équipe.

Mon supérieur hiérarchique me faisait une totale confiance.

C'était un travail très créatif.

Leur attitude était fiable/directe.

→ **De façon critique**

C'était un poste difficile. – J'ai connu de grosses difficultés.

J'ai dû gérer des situations délicates/tendues/problématiques.

On m'a chargé de dossiers très lourds/extrêmement spécialisés/sensibles.

Il a été confronté à un choix difficile. – Il s'est trouvé dans des situations très critiques.

La situation était instable/floue/incertaine/difficile à comprendre.

Mes interlocuteurs avaient un comportement ambigu/insaisissable.

10 Continuez les témoignages en utilisant une des expressions ci-dessus.

a. « Quand j'ai pris mes fonctions, c'était dans une atmosphère d'hostilité… »

b. « Le pays est dans un véritable chaos… »

c. « J'ai travaillé avec des partenaires extrêmement amicaux… »

d. « Les relations étaient délicates, la situation complexe, les moyens faibles… »

e. « On m'a très vite laissé une très large autonomie. En effet,… »

11 Reformulez en utilisant l'expression qui convient.

a. Le contexte manque de clarté.

b. J'ai eu à faire à des collaborateurs sur lesquels je pouvais totalement m'appuyer.

c. Je vous confie cette mission délicate en vous laissant carte blanche.

d. Mon séjour à Cuba m'a beaucoup marqué.

12 Dites le contraire.

a. Ma mission s'est déroulée sans le moindre souci.

b. J'ai eu à faire à une délégation qui a joué le jeu de la franchise et de la transparence.

c. Les tâches qui étaient les miennes manquaient souvent d'attrait.

d. Pendant ces trois années, j'ai travaillé de façon très sereine.

En situation

1. Vous êtes 4 employés d'un service. Lors d'une réunion, votre supérieur hiérarchique vous annonce qu'il est muté. Vous lui posez des questions sur le parcours de son successeur.

2. Le supérieur hiérarchique rédige une note de synthèse à l'intention de son successeur. Elle comporte deux parties : l'une présente l'équipe, l'autre les dossiers en cours.

3. Il le reçoit. Il fait le point sur la situation du service. Le successeur pose des questions.

4. Avant de partir en congé, chaque membre du service rédige une note sur son propre parcours à l'intention du futur directeur.

5. Le nouveau supérieur arrive. Votre ancien directeur le présente à chaque employé. Vous faites connaissance avec lui.

6. Deux mois plus tard, il rédige un rapport de prise de fonctions.

On en parle...

Interview de Céline Yoda Konkobo,
ministre de la Promotion de la femme du Burkina-Faso

1. Notez dans quel ordre apparaissent les points suivants dans l'interview.

	Céline Yoda Konkobo devient ministre.
	Un forum réunissant des déléguées des 13 régions du Burkina-Faso
	Remerciements
	Travail de terrain auprès des femmes du Burkina-Faso
	Un tournant dans la condition féminine en Afrique : la conférence de Bedgin
	Céline Yoda Konkobo dans les pays scandinaves

2. Retracez le parcours professionnel de Céline Yoda Konkobo comme dans un CV.

1.
2.
3.
4.

Complétez oralement vos réponses.

J'ai été fascinée par ce que j'ai vu de cette égalité hommes/femmes en Scandinavie.

Il faut mettre l'accent non sur la protection de la femme mais sur sa promotion.

Défendre la position des femmes suppose une vigilance constante.

Arriver un jour au même niveau d'égalité en Afrique que dans les pays scandinaves, pourquoi pas ?

Vous choisissez un de ces thèmes pour…

– présenter oralement votre point de vue ;
– exprimer votre point de vue dans un article de presse ;
– avoir une conversation informelle avec un ami, un collègue… ;
– organiser un débat télévisé.

Présentez des faits et des points de vue sur les sujets suivants.

• Le rôle de la tradition dans les rapports hommes/femmes
• L'égalité des chances hommes/femmes dans mon pays
• Le machisme dans mon pays
• Le militantisme des femmes dans mon pays

Testez-vous ·····························➤

① 🎧 Compréhension orale

1. Résumez le contenu de la lettre de mission adressée par le président de la République au ministre des Affaires étrangères et européennes tel qu'il apparaît dans l'interview.

2. À votre avis, quel est le jugement porté par Pierre-Henri Malevergne sur les missions assignées au ministre ? Justifiez votre réponse.

3. Résumez l'interview de Pierre-Henri Malevergne.

② Pratique de la langue

GRAMMAIRE

1. Complétez avec le pronom qui convient.

Pourquoi ne . . . ' avez-vous pas accepté, ce poste ? Vous ne voulez pas . . . dire ?
Vous ne voulez pas . . . parler ? C'était à cause de l'affectation à Genève ? Mais vous auriez pu . . . rester deux ans et demander ensuite New York. Je suis certaine que vous . . . auriez obtenu. À votre place, je ne . . . aurais pas refusé. Une telle opportunité, on ne . . . rencontre pas tous les jours.

2. Complétez en mettant les verbes au temps du passé qui convient :

être – prévenir – il faut – donner – être – se passer – faire – pouvoir

C'. . . le deuxième jour du sommet. Je/J' . . . mon équipe qu' . . . être très prudent. Je/J' . . . les arguments, je/j' . . . très clair sur les objectifs. Mais, pendant la réunion, rien . . . comme prévu et les négociateurs . . . ce qu'ils . . . .

3. Complétez avec un verbe de votre choix à l'infinitif présent ou passé.

a. Après . . . les messages, nous sommes allées déjeuner.
b. Ils se préparent à . . . de poste.
c. Je ne suis pas habilité à . . . à cette question.

VOCABULAIRE

1. Complétez avec le verbe qui convient au mode et au temps qui conviennent.

Hier, nous . . . une rapide réunion afin de . . . l'arrivée de la délégation que nous allons . . . pendant une semaine. Nous . . . les différentes rencontres que nous voulons . . . .
Nous . . . également les lieux qu'elle visitera et nous . . . qui . . . sera chargé d'. . . ces visites.
C'est moi qui . . . la réunion. Après le départ des participants, j' . . . une note à l'intention du chef de cabinet.

2. Complétez avec l'indicateur temporel qui convient.

a. Demain, . . . serons-nous, mardi ou mercredi ?
b. Hier, avec Basile, nous avons discuté du projet toute . . . .
c. . . . , je ne travaille jamais après dix heures.
d. Il passe à Bordeaux . . . semaine, ça dépend.

③ Expression orale

Vous déjeunez avec un collègue qui trouve que certains responsables de votre service n'ont pas une qualification et une expérience suffisantes par rapport à leurs fonctions. Vous tentez de lui prouver le contraire.

④ Expression écrite

Vous êtes chargé d'écrire l'article du *Who's Who* consacré à un haut responsable connu de tous.

Une organisation nationale ou internationale de votre choix a décidé de créer un nouveau bureau ayant des objectifs à définir par le groupe. Commence maintenant le travail d'organisation de cette institution ainsi que le recrutement de son personnel.

A. Plantez le décor !

1. Rédigez un document précisant les objectifs du nouveau bureau.
2. Vous décidez de la composition d'un comité chargé de la mise en œuvre du projet : nombre de membres, attributions de chacun, liens hiérarchiques…
3. Faites un descriptif des locaux qui l'abriteront, éventuellement assorti d'un plan.

B. Préparez le terrain !

1. Établissez l'organigramme et le profil de poste des principales fonctions.
2. Rédigez un document sur le statut des futurs employés ainsi qu'un règlement intérieur.

NB. Ces travaux peuvent s'effectuer en séance plénière du comité ou au sein de deux commissions.

C. Lancez les opérations !

1. Préparez les appels à candidature ainsi que le calendrier de recrutement.
2. Formez un jury de sélection pour le directeur, le directeur adjoint et les chefs de service.
3. Organisez une réunion d'examen et de classement des candidatures.
4. Réalisez les entretiens d'embauche pour les candidats présélectionnés.
5. Faites une réunion ayant pour objet le choix définitif des candidats.

D. Le jour J

1. Les personnels recrutés effectuent les démarches de prise de fonctions.
2. Une réunion plénière est organisée. Le directeur y présente le fonctionnement interne. Les employés posent des questions.
3. Une réception de bienvenue est organisée.
4. Un rendez-vous avec la presse a également lieu. Jouez les scènes et produisez les documents nécessaires à la couverture médiatique de l'événement.

NB. Rédigez plusieurs comptes rendus de ces réunions destinés à des usages différents.

Conseils pour la « mise en scène »

Vous pouvez…

– imaginer, à tel ou tel niveau du processus, des conflits internes qui supposent des réunions tendues, des stratégies d'alliance, des conversations de couloir ;
– jouer des contretemps et des difficultés : le directeur adjoint recruté retire sa candidature au dernier moment ; les locaux ne sont pas prêts à temps ; des conflits d'intérêts bloquent le lancement du bureau ; une panne informatique au moment des formalités de prise de fonctions, etc. ;
– jouer des scènes privées : deux nouveaux collègues déjeunent ensemble ; des conversations informelles entre employés qui partagent un même bureau, une invitation à dîner, etc.

Veillez à…

– mettre en scène des situations vraisemblables ;
– doter les protagonistes d'une personnalité propre : psychorigidité, autoritarisme excessif, indécision, goût de la confrontation, sens du compromis, etc.

UNITÉ 4   Tout est prêt ?

1 Les invitations sont lancées! 48
2 Dans les coulisses d'un événement international. 52
3 Quelle est la thématique à l'ordre du jour?.... 55

ON EN PARLE...
Paris, toujours Paris 58

Testez-vous 59

UNITÉ 5   Et les discours ?

1 Soyez les bienvenus 60
2 Interventions publiques......................... 64
3 Discours de circonstance 67

ON EN PARLE...
Entretien avec Javier Solana 70

Testez-vous 71

UNITÉ 6   La médiatisation
dans tous ses états

1 Les autorités politiques communiquent 72
2 Devant le micro des journalistes 76
3 Lu et entendu 79

ON EN PARLE...
Pleins feux sur l'information 82

Testez-vous 83

SIMULATION 2 84

Tout est prêt ?

1 LES INVITATIONS SONT LANCÉES !

Le Directeur général

Aux parties prenantes du SMSI :
– **Gouvernements**
– **Secteur privé**
– **Société civile**
– **Organisations intergouvernementales**

Ref. : DG/5/06/29

Madame, Monsieur,

L'UNESCO est l'une des agences chargées de faciliter la mise en œuvre du Plan d'action du Sommet mondial de la société de l'information (SMSI). En conformité avec l'agenda de Tunis et suite à la réunion récente des modérateurs et coordonateurs, j'ai le plaisir de vous inviter à une réunion de consultation sur la grande orientation C8 qui aura lieu le 12 mai 2006, au palais des Nations, Genève, Suisse.

L'Agenda de Tunis affirme que « le moment est venu de passer des principes à l'action. » […] Dans cette perspective, la réunion visera à :
– faciliter les contacts préliminaires et l'échange d'informations entre les multi-parties sur leurs priorités ;
– établir une équipe multipartenaire pour la grande orientation C8 ;
– identifier un/des modérateur(s), un/des coordinateur(s) pour l'équipe multipartenaire ;
– déterminer les méthodes de travail multipartenaires ainsi que les activités et résultats attendus.

Vous trouverez ci-joint l'ordre du jour provisoire. Une proposition de méthode de travail est également jointe.

Les formulaires d'inscription et de demande de badges ainsi que d'autres informations relatives à cette réunion sont disponibles sur le site web à l'adresse suivante : http://www.int/wsis/implementation-fr.htlm.

Dans l'espoir d'une réponse positive de votre part, je vous prie d'agréer, Madame, Monsieur, l'assurance de ma considération distinguée.

KOÏCHIRO MATSURA

2 P. J.

D'après http://portal.unesco.org

Coordination pour la grande orientation du SMSI :
« Diversité et identité culturelles, diversité linguistique et contenus locaux »
12 mai 2006, *Palais des Nations*, Genève, Suisse

Ordre du jour provisoire

1. Ouverture
2. Adoption de l'ordre du jour
3. Présentation des réunions précédentes
   a) Résultat général de la phase de Tunis du SMSI
   b) Résultat des autres rencontres et en particulier de la réunion des modérateurs/coordonnateurs
   c) Résultat des consultations sur d'autres grandes orientations du SMSI
4. Premier échange de vue entre les parties prenantes sur leurs actions et priorités dans la mise en œuvre de la grande orientation C8

5. Modalités de mise en œuvre de la grande orientation C8
   a) Termes de référence de l'équipe multipartenaire pour la grande orientation C8
   b) Termes de référence et désignation du coordinateur/ modérateur
   c) Activités de l'équipe multipartenaire et résultats attendus
   d) Autres sujets
6. Prochaines étapes

D'après http://portal.unesco.org

1 Répondez aux questions suivantes.

    a. Qui est l'expéditeur de la lettre d'invitation ?

    b. Qui sont les destinataires ?

    c. Quel est l'objet de la lettre ?

    d. Quelles sont les deux pièces jointes ?

2 Vrai ou faux ? Justifiez vos réponses en relisant la lettre.

    a. L'UNESCO vient de lancer le Plan d'action du SMSI.

    b. La lettre se réfère à deux documents antérieurs.

    c. La réunion a pour but de définir les principes de l'orientation C8.

    d. L'ordre du jour et la proposition concernant les méthodes de travail sont téléchargeables.

3 Observez les points de l'ordre du jour et dites s'ils sont mentionnés dans la lettre.

MANIÈRES DE DIRE / D'ÉCRIRE

Inviter

→ **Inviter à l'oral**

J'aimerais vous inviter à dîner. Êtes-vous libre vendredi soir ?

On présente un spectacle de musique vocale ce soir. Vous serez des nôtres, n'est-ce pas ?

J'organise une garden-party dimanche prochain. Il va de soi que vous êtes invité.

Je voudrais vous convier à intervenir à une table ronde. Je peux compter sur vous ?

→ **Inviter à l'écrit**

J'ai le plaisir de vous inviter/convier à un dîner qui aura lieu/sera donné…, à l'occasion de…

M. Sobieski vous prie de lui faire l'honneur de participer au débat organisé par…, afin de…

M. le Premier ministre prie M. Bron de bien vouloir assister à la réception qu'il offrira…

M. le Ministre et Mme Louis Moran seront heureux de vous accueillir pour une réception…

4 Reliez les parties de phrases.

    a. J'organise un colloque sur le désarmement.

    b. J'aimerais que vous présentiez votre projet devant les congressistes.

    c. Jeudi, on fête l'anniversaire de mon mari.

    1. Vous pensez que vous pouvez vous libérer ?

    2. Vous y interviendrez, n'est-ce pas ?

    3. Vous serez des nôtres, n'est-ce pas ?

5 Quelle(e) phrase(s) prononceriez-vous/écririez-vous dans les situations suivantes ?

    a. Vous travaillez dans une ambassade. Vous préparez le carton d'invitation pour la réception donnée à l'occasion de la visite d'État du ministre des Affaires étrangères.

    b. Vous êtes femme de diplomate et vous invitez à dîner le directeur général des Affaires européennes dont l'épouse est votre meilleure amie.

MANIÈRES D'ÉCRIRE

Terminer une lettre

→ **Avec le gérondif**

En vous remerciant par avance, …

En vous renouvelant ma demande, …

En espérant vous compter parmi nous, …

→ **Avec un adjectif ou un participe**

Confiant dans la réussite de…

Convaincu de votre compréhension, …

Comptant vivement sur votre présence, …

→ **Préposition + nom**

Dans l'espoir d'une réponse positive/favorable, …

Avec (tous) mes remerciements anticipés, ….

→ je vous prie de croire à…/
je vous prie d'agréer/veuillez agréer…

→ Madame, Monsieur, …/
cher/chère collègue, …/
Madame la Directrice,…/
Monsieur le Conseiller,…

→ l'assurance de ma considération distinguée/
l'expression de ma profonde considération/
de mon plus profond respect/
de mes sentiments les plus sincères/les meilleurs/
les plus respectueux

6 **Vous terminez une lettre…**

a. adressée à la directrice d'une agence européenne pour l'inviter à une réunion de travail.

b. adressée à votre ambassadeur afin de demander une autorisation d'absence.

c. adressée au directeur exécutif d'une société d'organisation de conférences pour lui demander de prendre en charge l'organisation d'un regroupement régional de fonctionnaires.

GRAMMAIRE

Autre

→ **Autre, adjectif indéfini**

L'autre programme est meilleur./Les autres problèmes/difficultés sont secondaires.
Une autre solution est possible./D'autres projets sont à l'étude.

→ **Autre, pronom indéfini**

Certains participants sont à l'heure. D'autres sont en retard.
Un chauffeur, ce n'est pas assez. Il en faut un autre.
Cette calculette ne marche pas. Donnez-moi l'autre, s'il vous plaît.
Ils/elles s'informent l'un l'autre/l'une l'autre/les uns les autres/les unes les autres.
Ils/elles se parlent l'un à l'autre/l'une à l'autre/les uns aux autres/les unes aux autres.
Ils vont examiner les solutions l'une après l'autre/les unes après les autres.

→ **Expressions**

Est-ce qu'il y a autre chose à discuter ?
Est-ce que vous voyez autre chose ? (= un autre sujet dont nous devons discuter)
Le problème est autre. (= est différent)
Il faut parler de la situation financière, entre autres. (= entre autres problèmes)
Nous en parlerons une autre fois/un autre jour/à une autre occasion.

7 **Complétez les phrases en utilisant l'expression avec « autre » qui convient.**

a. Pour un dîner de gala, ce menu vous paraît approprié ou préférez-vous . . . , celui avec du poisson ?

b. Certains sont prêts à se battre pour ce projet. Mais . . . préfèrent réfléchir.

c. Les deux responsables s'accusent . . . d'être à l'origine de l'échec des négociations.

d. Nous allons aborder les différents points . . . .

8 **Répondez aux questions en utilisant l'expression avec « autre » qui convient.**

a. On examine les dossiers de candidature tous ensemble ? – Non, c'est trop compliqué. Examinons-les . . . .

b. Est-ce que nous avons encore des problèmes à régler ? – Oui, . . . celui des invitations.

c. Est-ce que nous avons examiné tous les cas ? Non, il en reste encore deux . . . .

d. Que pensez-vous de ce projet ? – Excusez-moi, je suis pressé. Nous en parlerons . . . .

MANIERES DE FAIRE

Le déroulement d'une réunion

1. Ouverture/introduction : mot/discours de bienvenue
2. Lecture et approbation du compte rendu/du procès verbal de la précédente réunion
3. Lecture et approbation de l'ordre du jour
4. Désignation du secrétaire de séance
5. Examen des points à l'ordre du jour :
– présentation des résultats de…/des conclusions de l'expertise technique portant sur…
– exposé de M. Manza suivi d'un débat/rapport (d'expertise) sur… suivi d'un vote
– tour de table/échanges concernant…/activités de/du… des…
– présentation et vote du budget/du compte financier/du rapport moral/d'activités
– choix des dates pour…/mise au point d'un calendrier de…
– questions diverses

9 **Vous assistez à une réunion visant à établir l'ordre du jour d'une autre réunion. Après la discussion, vous êtes chargé de rédiger l'ordre du jour.**

VOCABULAIRE

Introduire des informations…

… sur le contenu

→ **Faire le lien avec des faits passés**
En conformité avec…/Conformément à…
Suite à…/Dans le prolongement de…

→ **Rappeler un contexte**
De nos jours, …/Au XXIe siècle, …
Dans le contexte international actuel, …
Face à la situation de…, …

→ **Introduire les objectifs**
Dans la perspective de… /Dans le but de…/
Avec la volonté de…/Convaincu que…, je…

… pratiques

→ **Documents joints**
Vous trouverez/Je vous prie de trouver ci-joint/
en pièce jointe…

→ **Documents/informations disponibles**
Vous trouverez le formulaire sur le site de…
Les chiffres relatifs au PIB sont disponibles/
à votre disposition à l'adresse suivante…
Pour toute information supplémentaire,
veuillez vous adresser à…, consulter…

10 Complétez les phrases suivantes.

a. …, personne n'évoque plus le respect des traditions.

b. … votre demande, je vous prie de trouver ci-joint la documentation demandée.

c. … actuelle de tension sociale, le projet est très impopulaire.

d. … de la réunion, veuillez prendre connaissance des documents ci-joints.

11 Que dire pour…

a. signaler que des documents accompagnent une lettre ?

b. informer que des documents complémentaires sont téléchargeables ?

c. demander poliment de signer un document et de le renvoyer ?

d. indiquer un endroit où des renseignements complémentaires peuvent être obtenus ?

MANIÈRES DE DIRE / D'ÉCRIRE

Présenter le contenu d'une réunion

→ **Rappeler le cadre dans lequel la réunion est organisée**
Cette réunion fait suite à…/fait partie de…/s'inscrit dans le processus lancé lors du sommet de…
Comme cela a été décidé lors du précédent congrès tenu à…, le…, …

→ **Rappeler la problématique, les enjeux**
Chacun reconnaît l'urgence de…/Nous sommes tous conscients que…
L'impact majeur des nouvelles technologies est une évidence. Cependant…/C'est pourquoi…
Nous devons donc…/Il est de notre devoir, en tant que …, de…

→ **Énoncer l'objectif/les objectifs de la réunion**
Dans cette perspective, la réunion visera (en premier lieu/avant tout) à…
Compte tenu des objectifs du millénaire, cette rencontre s'attachera à…
Étant donné l'urgence de la situation, notre colloque a/se donne pour objectif de…

12 Complétez les phrases suivantes.

a. … que la planète ne peut plus attendre. Alors qu'attendons-nous pour agir ?

b. … de la situation financière, tout nouvel investissement doit être reporté.

c. Ce projet … aux différentes consultations effectuées l'année dernière.

d. Notre proposition … dans la continuité des précédentes actions … améliorer la communication interne.

13 Reformulez les phrases suivantes en utilisant une des expressions ci-dessus.

a. Pourquoi nous réunissons-nous aujourd'hui de manière exceptionnelle ? Parce que la gravité de la situation l'exige.

b. Nous déplorons tous l'uniformisation culturelle et ne proposons rien pour inverser la tendance.

c. Plusieurs projets n'ont pas de financement. Nous devons réfléchir et trouver des solutions.

14 Vous rappelez les objectifs…

   a. d'un projet de création de syndicats internationaux.

   b. de la mise en place d'un réseau d'associations d'aide aux SDF (sans domicile fixe).

   c. de la création d'une fédération des groupes d'action écologique.

À vous

1. Écrivez une lettre d'invitation à une réunion ou un colloque. La rencontre doit être replacée dans son contexte. La lettre en fixe les objectifs et donne les informations pratiques.

2. Une réunion (thème, lieu, date de votre choix) va avoir lieu. Avec vos collègues, vous préparez l'ordre du jour. Vous n'êtes pas toujours d'accord. Vous rédigez ensuite l'ordre du jour.

❷ DANS LES COULISSES D'UN ÉVÉNEMENT INTERNATIONAL

document 1

AVANT   **Pour le jour J, quelques règles à respecter, quelques questions à se poser…**

1. Accueillir des personnalités

a. Le service du protocole gère uniquement les déplacements et le programme des chefs d'État et de gouvernement et des ministres des Affaires étrangères.

b. Les autres personnalités sont accueillies et accompagnées par des représentants de l'institution organisatrice. Ou bien c'est l'Ambassade qui les prend en charge.

c. Les participants à un événement sont accueillis suivant leur rang. On prévoit une réception dans le salon d'honneur de l'aéroport ou on les attend simplement à leur sortie de l'aéroport.

2. L'entrée dans la salle de réunion

a. Pour les réunions de niveau gouvernemental, ne pas perdre de vue les règles de préséance et d'ordre protocolaire : 1. Préséance selon le rang – 2. Préséance selon l'ancienneté dans la fonction – 3. Pas de préséance selon le sexe – 4. Règle de l'ordre protocolaire inversé.

b. Pour les autres types de réunion, il n'y a pas de règles.

3. La question des formats : a. Format de la réunion – **b.** Format de la délégation – **c.** Format de la traduction (régime linguistique) – **d.** Format des repas.

4. Le respect du planning horaire : le réajuster si nécessaire.

5. Les périmètres d'accès et les badges : qui peut aller où et comment le savoir ?

document 2

PENDANT   **L'équipe d'organisation au travail**

1. La ministre grecque est mécontente parce qu'aucun traducteur en grec n'est prévu. Est-ce qu'on en a un qui soit disponible ?

2. Le ministre chypriote a amené deux délégués. Vous pouvez les accréditer ?

3. La traductrice de polonais ne sait pas si, pendant le repas, elle fait de la traduction chuchotée ou consécutive. Elle doit s'asseoir à table ou non ? Qui peut me procurer un plan de table ?

4. Allô ? Où est le secrétaire d'État ivoirien ? Il était absent au dîner de gala et il n'est pas à son hôtel. Merci de vous renseigner et de me tenir au courant.

5. Allô ? Angela ? La réunion « énergie » a pris du retard et ne se terminera pas avant 19 heures. Il faut retarder la réception d'un quart d'heure. Tu peux t'en occuper et diffuser l'information ?

6. La déléguée à la santé veut une interview dans un journal français ! Tu peux voir ça avec le service de presse ?

1 À quelles règles correspondent les extraits de ce reportage sur un sommet international ?

 a. Les diplomates de la délégation sont dirigés par un représentant de l'ambassade.

 b. Les ministres des Affaires étrangères arrivent, suivis par les chefs de gouvernement.

 c. Le Président moldave est accueilli par le Premier ministre dans le salon VIP de l'aéroport.

 d. Monsieur Cameduis entre dans la salle suivie de Madame Tamolino.

 e. Pour le dîner de gala, le chef de délégation est accompagné de son épouse et de deux délégués.

2 Écoutez les extraits de conversation et notez la catégorie dont ils relèvent.

Organisation	Régime linguistique	Sécurité	Communication

VOCABULAIRE

Un événement international

→ Les lieux
La salle de réunion
La salle de presse
Le périmètre d'accès/de sécurité

→ Le déroulement
L'arrivée/le départ des participants
Le déjeuner de travail, le dîner de gala
Un programme culturel
Un débat ouvert/à huis clos
Une réunion, une séance plénière
La photo de famille
Un point/une conférence de presse

→ Les objets
Un badge, une épinglette
Un dossier de presse
Une pochette d'information
Un dossier technique
Un plan de table

→ Les participants
L'institution organisatrice
Le pays hôte
Le chef du protocole
Le personnel de sécurité
Le chef de délégation

→ Les rituels
L'accréditation des participants
Le régime linguistique
Le discours d'ouverture/de clôture
Les toasts

3 De qui s'agit-il ?

 a. Il veille à ce que l'événement se déroule conformément aux pratiques habituelles.

 b. Ils vérifient qui entre dans la salle de réunion.

 c. Il a organisé l'événement et il accueille les participants.

 d. Il dirige le groupe représentant un État.

4 De quel moment de l'événement s'agit-il ?

 a. De nombreuses voitures s'arrêtent devant le Palais des congrès.

 b. Tout le monde est réuni dans la grande salle de réunion.

 c. Il est 20 heures. Chacun est amené à sa place.

 d. Le concert va commencer dans quelques instants.

5 De quoi s'agit-il ?

 a. Un objet qui identifie qui vous êtes et quel rôle vous jouez dans l'événement.

 b. Le nombre de langues dans lesquelles la traduction est assurée.

 c. Une réunion à laquelle seules les délégations assistent.

 d. L'espace où l'on ne peut pénétrer que si on est accrédité.

GRAMMAIRE

La pronominalisation

J'ai <u>le</u> plan de table → Je <u>l'</u>ai.
J'ai <u>la</u> liste des participants. → Je <u>l'</u>ai.
J'ai <u>les</u> badges rouges. → Je <u>les</u> ai.

Je n'ai pas <u>le</u> plan de table. → Je ne <u>l'</u>ai pas.
Je n'ai pas <u>la</u> liste des participants. → Je ne <u>l'</u>ai pas.
Je n'ai pas <u>les</u> badges rouges. → Je ne <u>les</u> ai pas.

– Vous avez <u>votre</u> carte d'accréditation ?
– Je dois mettre <u>mon</u> badge ?

– Non, je ne <u>l'</u>ai pas.
– Bien sûr, Monsieur, vous devez <u>le</u> mettre.

J'ai <u>un</u> dépliant. → J'<u>en</u> ai <u>un</u>.
J'ai <u>une</u> brochure. → J'<u>en</u> ai <u>une</u>.
J'ai <u>des</u> brochures. → J'<u>en</u> ai.

Je n'ai pas <u>de</u> dépliant. → Je n'<u>en</u> ai pas.
Je n'ai pas <u>de</u> brochure. → Je n'<u>en</u> ai pas.
Je n'ai pas <u>de</u> brochures. → Je n'<u>en</u> ai pas.

6 Complétez les dialogues.

a. – Est que vous avez une pièce d'identité ?
   – Oui, ... La voilà.
   – Vous avez votre carte d'accréditation ?
   – Non, ... Attendez ! Si, ... , la voilà.
   – Bien. Vous voulez combien de dossiers touristiques pour votre délégation ?
   – .... Vous me donnez un dossier technique, s'il vous plaît ?
   – Bien sûr que ... . Le voilà.
   – Je vous remercie.
   – Je vous en prie.
   – Ah et puis vous avez un bloc notes avec le logo de l'événement ?
   – Pas de problème, Monsieur. Je ... .

b. – ... ?
   – Bien sûr, Monsieur, vous devez le mettre. Je peux vous aider ?
   – Merci, c'est gentil. ... ?
   – Bien sûr Monsieur. Je vous en donne trois. Un par membre de la délégation. ... ?
   – Je vous les donne tout de suite : ma carte d'identité et le passeport de mes collaborateurs. ... ?
   – Je ne peux pas vous la donner mais vous pouvez la consulter.
   – Je voudrais simplement savoir qui fait partie de la délégation du Danemark. ... ?
   – Impossible de garder ce document, Monsieur.

MANIERES DE DIRE

Énoncer des règles/des usages

Vous devez être là une heure avant l'embarquement.
Vous ne pourrez demander la parole qu'après l'exposé du président.

Il faut que vous demandiez la parole.
Pour demander la parole, **il est obligatoire de** lever la main.
Il convient d'apporter des fleurs./**On se doit d'**offrir des fleurs.
Il est conseillé/d'usage d'envoyer un mot de remerciement.

Merci/prière de respecter les instructions.
Les accréditations **sont à** présenter le premier jour.
Les participants **auront à** présenter leur accréditation le premier jour.

7 Dites autrement.

a. En général, on apporte un petit cadeau.
b. Il faut arriver une demi-heure avant le début de la réunion.
c. Les questions des participants ne peuvent être posées qu'à la fin de la présentation.

8 Que faut-il dire/écrire/faire...

a. pour indiquer à quelqu'un qu'il doit montrer un pièce d'identité à l'entrée ?
b. pour demander la parole ?
c. le lendemain d'un dîner chez un partenaire ?
d. pour informer qu'il est interdit de fumer.

Présentez les actions suivantes comme des règles à respecter.

- **a.** Dire un mot de bienvenue
- **b.** Offrir des cadeaux publiquement
- **c.** Ne pas aborder de sujet délicat ou faisant l'objet d'un désaccord
- **d.** Serrer la main à tous les ministres

À vous

1. Vous êtes chargé(e) d'organiser des événements dans l'institution qui vous emploie. Vous expliquez à un stagiaire comment se déroule un événement multilatéral.

2. Vous participez à une réunion informelle des États membres de l'Union européenne (vous pouvez être membre d'une délégation ou faire partie de l'organisation). Vous racontez l'événement tel que vous l'avez vécu dans un courriel à un collaborateur ou à un proche.

3 QUELLE EST LA THÉMATIQUE À L'ORDRE DU JOUR ?

`document 1`

 `document 2`

PENDANT

AVANT

Consultations dans les capitales européennes : en route vers l'Acte unique !

Dès l'été 1984, nous nous mettons au travail, en nous focalisant sur la préparation des visites de capitales, à partir d'excellentes notes préparatoires de la Commission.

[…] j'étais parti avec l'idée de tester trois propositions choc :

– Et si nous nous donnions pour objectif une monnaie commune ?

– En plein contexte de guerre froide, pourquoi l'Europe ne ferait-elle pas un effort pour arriver à une politique commune de la défense ?

– Une réforme institutionnelle transcendera les difficultés et fera converger les volontés. Pourquoi pas une mutation institutionnelle sous le signe de la démocratisation du processus ?

Je développais ces idées dans tous mes contacts avec les chefs de gouvernement, mais aussi dans le cadre de séances de travail avec les principaux ministres. […]

À tous je tenais le langage suivant : « … je suis persuadé que, si nous réalisions vraiment l'objectif du Traité de Rome, un grand espace sans frontières, avec liberté de circulation des biens, des services, des capitaux et, un jour, des personnes, nous donnerions un stimulant à nos économies.

[…] J'avais fixé une date butoir : 1992.

D'après Jacques Delors, *Mémoires*, Plon, 2004, pp. 182-185.

Exposé des motifs : la Commission européenne devant un groupe d'experts du Conseil

Merci à la Présidence de nous donner la parole. Je lui adresse tous mes encouragements pour faire passer ce dossier. La directive que nous vous proposons est d'une importance primordiale. Aujourd'hui, nous nous accordons tous pour considérer que le marché intérieur des marchandises, qui était un des objectifs de l'Acte unique, fonctionne bien. Néanmoins l'Union européenne, et la Commission européenne en particulier en tant que gardienne des traités, est très attachée à la mise en œuvre des quatre grandes libertés : la libre circulation des marchandises, des capitaux, des services et des personnes. Or il nous apparaît aujourd'hui que si la libre circulation des marchandises est une réalité, la liberté des services, par contre, reste très hétérogène d'un État membre à un autre.

Si l'Union européenne élargit ses frontières, il paraît important de mettre en place un cadre unifié, dans un marché de plus de 400 millions de citoyens européens. Ce que nous proposons, c'est que toute entreprise européenne puisse venir travailler dans un pays membre avec l'ensemble de sa force de travail, que celle-ci soit composée de ressortissants de ce pays ou de pays tiers. C'est là l'objectif de la mise en service de la carte européenne de prestation de services. Une situation, qui était jusque-là source de réels handicaps pour les entreprises, serait fondamentalement changée. La Commission européenne demande aux États membres d'alléger les contrôles sur les prestataires de services. Elle vous propose un dispositif qui, s'il est mis en place de façon rigoureuse, garantit un niveau fort de sécurité puisque ces cartes auront été certifiées par les administrations nationales. Je vous remercie de votre attention.

D'après une simulation de réunion d'un groupe d'experts du Conseil européen.

1 À votre avis, est-ce que Jacques Delors prépare…

   a. la réforme des institutions de l'Union européenne ?

   b. l'élargissement de l'Union européenne ?

   c. la création de l'Euro ?

   Anticipe-t-il sur d'autres points ?

2 Répondez aux questions.

   a. Pourquoi Jacques Delors et ses collaborateurs font-ils une tournée des capitales européennes ?

   b. Au cours de ces consultations, quels sont leurs interlocuteurs ?

3 Écoutez l'intervenante du document 2 et numérotez les phrases dans l'ordre où les idées sont exprimées.

   a. ☐ Le projet de directive sera utile dans la perspective de l'élargissement de l'UE.

   b. ☐ Le représentant de la Commission salue la présidence.

   c. ☐ Le représentant de la Commission remercie les auditeurs d'avoir écouté son exposé des motifs.

   d. ☐ L'objectif est de mettre en place la libre circulation des travailleurs.

   e. ☐ Le représentant de la Commission réitère la proposition de directive.

   f. ☐ La libre circulation des services n'est pas encore une réalité.

4 Répondez aux questions.

   a. Quel est l'objectif de la proposition de directive ?

   b. Comment se justifie-t-il ?

   c. Dans quelle perspective cet objectif serait particulièrement efficace ?

MANIÈRES DE DIRE

Construire une argumentation simple (1)

→ Marquer une opposition

Nous avons cru à cette méthode. Or, elle ne fonctionne pas bien.

Malgré des progrès, il reste un long chemin à faire.

À l'heure actuelle, la situation est globalement satisfaisante. Cependant/pourtant/
malgré cela, il faudrait apporter quelques améliorations.

→ Ajouter un argument à un autre

L'économie se dégrade. De plus/de surcroît/en plus, le chômage augmente.

→ Ajouter un dernier argument

Enfin, les consommateurs sont pessimistes.

→ Exprimer la cause

C'est pourquoi/c'est la raison pour laquelle aucune solution immédiate n'est possible.

→ Exprimer le but

Afin de/pour/en vue de relancer l'économie, des mesures vont être prises.

→ Conclure une argumentation

Pour finir/finalement/en définitive, il faut reconnaître que la crise va durer.

5 Complétez avec l'expression qui convient.

   a. Après tous ces arguments, je dirai … que ce projet est vital pour notre organisation.

   b. La situation est difficile. … l'atmosphère est au pessimisme.

   c. …, on ne peut plus utiliser ces méthodes dépassées.

   d. … mon avis défavorable, ils ont quand même décidé de rendre l'information publique.

6 Formez des phrases.

   a. Vous tenez à rappeler qu'il y a des difficultés mais que, selon vous, il n'y a pas d'autre solution que de poursuivre les réformes.

   b. Vous avez donné plusieurs arguments en faveur d'une augmentation de l'aide aux pays victimes de la sécheresse. Vous en ajoutez un dernier : selon vous, aider ces pays est une obligation morale.

GRAMMAIRE

Les constructions segmentées pour mettre en valeur

→ **Mettre en valeur un nom**
Le protectionnisme, ça ne marche pas.

→ **Mettre en valeur une action (un verbe)**
Oublier le passé, c'est la meilleure solution.

→ **Mettre en valeur des personnes**
À tous, je tenais le même langage.

→ **Mettre en valeur le moment**
C'est à huit heures que la réunion a commencé.

→ **Mettre en valeur le lieu**
C'est à Avignon qu'il est intervenu.

→ **Mettre en valeur la manière**
C'est avec plaisir que je vous reçois ici ce soir.

7 Reformulez les phrases en utilisant une construction segmentée.

a. Il faut organiser la rencontre le matin de bonne heure.

b. Le gouverneur de la Banque rendra public le nouveau taux d'intérêt à Bâle.

c. Je participerai à la réunion sans enthousiasme.

d. Nous informerons en premier le chef de cabinet et le secrétaire général.

8 Complétez les phrases selon le contexte.

a. C'est ... que les Nations Unies ont été créées.

b. C'est ... que j'ouvre ce sommet très prometteur.

c. ... , ça n'intéresse plus personne.

d. C'est ... qu'ont eu lieu les négociations de paix en 1919-1920.

GRAMMAIRE

L'imparfait

→ **L'imparfait exprime une habitude**
Tous les matins, il consultait son agenda électronique.

→ **L'imparfait exprime une situation (dans laquelle une action est au passé composé)**
Les négociateurs étaient fatigués (*situation*). Ils ont décidé de faire une pause (*action*).

→ **L'imparfait caractérise une situation**
Les affaires marchaient bien et personne ne songeait à une crise.

9 Transposez les phrases suivantes en utilisant l'imparfait quand c'est possible.

a. Le soir, il classe ses papiers avant de quitter le bureau.

b. Avant de rentrer chez lui, il va chez le coiffeur.

c. L'ambassadeur prend généralement ses vacances en août.

d. Pendant le repas, ils parlent de leur travail, de leurs collègues, de choses et d'autres.

10 Complétez les phrases en mettant le verbe au temps passé qui convient.

a. Le représentant de la Slovaquie ... *(hésiter)* sur la réaction à avoir aux propositions de la Commission. Donc, il ... *(consulter)* son ministre de tutelle qui lui ... *(donner)* des instructions.

b. Madame Hansen ... *(renouveler)* ses propositions, ... *(ajouter)* des arguments, ... *(faire appel)* à leur sens des responsabilités, rien n'y ... *(faire)*. Les discussions ... *(piétiner)* comme d'habitude.

En situation

Mettez-vous par groupe de deux ou trois.

1. Chaque groupe écrit une lettre d'invitation à un événement international.

2. C'est le jour de l'événement. Vous faites le reportage de l'événement en direct.

3. Nous sommes dans la salle de réunion. Le porte-parole d'un autre groupe fait un exposé des motifs sur le thème à l'ordre du jour.

4. Vous écrivez le texte de l'exposé des motifs qui sera publié sur le site de votre organisation en mettant en valeur les recommandations qu'il contient.

On en parle...

Paris, toujours Paris...

De quoi s'agit-il ?

1. Complétez le tableau sur l'image de Paris.

Image positive	Image négative

Selon vous, quelles appréciations de Paris correspondent à des stéréotypes ? Justifiez vos réponses.

2. La carte d'identité de Paris... et de la France.

a. L'origine du nom de la ville
b. Les aspects géographiques
c. Les aspects historiques
d. La population française
e. Comment se porte la France aujourd'hui ?

3. Retracez le parcours de Monsieur Jean.

1.
2.
3.
4.

Complétez oralement vos réponses.

Qu'en pensez-vous ?

Ah, les Parisiens, moi, je ne les aime pas trop !

Pour moi, c'est la capitale de la fête et de la nuit !

C'est une très belle ville. Faut la voir la nuit, avec ses lumières, c'est vraiment très beau.

Vous choisissez un de ces thèmes pour...

– présenter oralement votre point de vue ;
– exprimer votre point de vue dans un article de presse ;
– avoir une conversation informelle avec un ami, un collègue... ;
– organiser un débat télévisé.

Et chez vous ?

Présentez des faits et des points de vue sur les sujets suivants.

• Votre pays d'un point de vue géographique
• La capitale de votre pays d'un point de vue historique
• Votre pays et ses ressources touristiques
• L'image de votre pays et/ou de sa capitale dans le monde
• Votre pays et sa capitale tels que vous les voyez personnellement

Testez-vous ···➤

1 🎧 Compréhension orale

1. Justifiez les points de vue suivants en vous appuyant sur le document oral :
   – la presse joue un rôle assez limité ;
   – la presse, c'est très important dans un sommet.

2. Faites la liste des situations dans lesquelles la presse intervient.

3. Vous êtes journaliste et vous racontez un sommet pour lequel vous étiez accrédité.
   Reprenez les informations du document en les exprimant avec vos propres mots.

2 Compréhension écrite

Comment se déroule une réunion informelle des ministres de l'UE ?

Une réunion informelle se décline rarement sur plus de deux jours. Les ministres arrivent par exemple le dimanche soir. Il y a une réunion qu'on appelle « trio + Commission » à laquelle participent les ministres des trois pays qui en sont membres et le commissaire correspondant à la thématique de la réunion. Il y a un repas de gala, souvent un programme culturel… Le lendemain, les travaux se déroulent sans interruption : réunions plénières, comités restreints, déjeuner de travail, réunion à huis clos, etc. Puis le soir, il y a à nouveau un dîner de gala et un autre programme culturel.

La taille des délégations est variable. Il y a les délégations composées de quelques membres et celles qui comprennent quinze membres. En général, le chef de délégation est le ministre accompagné des secrétaires d'État ou d'autres collaborateurs : chef de cabinet, directeurs généraux, experts, etc. Tous les membres de la délégation ne participent pas aux réunions ou pas en même temps. On peut changer les délégués si on change de thématique. Par ailleurs, il y a les membres des délégations qui sont là pour assurer le lien des participants à la réunion avec l'extérieur. Notamment en situation d'urgence. Ainsi, l'attaché de presse peut être amené à informer le ministre de quelque chose qui se passe dans le pays. Enfin, les ministres sont parfois accompagné(e)s de leur conjoint(e).

1. Rassemblez les informations concernant les délégations aux réunions informelles de l'UE et construisez un tableau destiné à les présenter.

2. Faites la liste des participants en précisant le rôle joué par chacun.

3. Utilisez les informations du document pour construire le programme d'une réunion informelle de votre choix.

3 Expression orale

Vous avez fait partie du service du protocole d'un événement officiel récent. Vous racontez ce que vous avez observé à un collègue qui vous pose des questions.

4 Expression écrite

Un événement international vient de se terminer. Il y a eu des « couacs » dans l'organisation et au niveau de la sécurité. Vous écrivez une note à ce sujet afin d'informer le ministre de tutelle.

Et les discours ?

1 SOYEZ LES BIENVENUS !

**Allocution de la ministre
des Relations internationales
du Québec et ministre responsable
de la Francophonie (extraits)**

ORGANISATION
INTERNATIONALE DE
la francophonie

Madame le Président, Mesdames et Messieurs les Ministres,
Monsieur le Secrétaire général,
Mesdames et Messieurs,

C'est avec joie et fierté que le Québec accueille le XIIᵉ Sommet de la Francophonie.
En vous souhaitant la bienvenue, j'ai conscience que votre présence ici atteste
votre attachement à la Francophonie et votre affection pour le peuple québécois.
Soyez-en chaleureusement remerciés.

À la Conférence ministérielle de Vientiane, en novembre 2007, j'ai eu l'honneur
de dévoiler les principaux paramètres du prochain Sommet. J'ai rappelé que les
gouvernements hôtes s'étaient fixé pour ambition de corriger le déficit d'image
dont souffre la Francophonie.

L'objectif était ambitieux... Il est trop tôt pour déclarer « mission accomplie ». En
revanche, on peut d'ores et déjà affirmer que la plupart de nos promesses ont été
tenues.

Le Sommet de Québec, pour sa part, traitera d'enjeux qui mobilisent l'attention
de la communauté internationale. La Francophonie débattra des sujets de l'heure,
des questions qui affectent chaque jour la vie de nos États et de nos populations...
Je me réjouis, enfin, de constater que, pendant nos travaux préparatoires, la majorité
des États s'est associée à notre réflexion. C'est dire combien les résultats de ce Sommet
seront ceux de chacun de ses membres.
Je vous remercie.

Votre avis sur le discours d'ouverture ?

Conversation 1

– C'était assez conventionnel, vous ne trouvez pas ?

– Je ne suis pas d'accord. Ce qu'elle a dit est tout à fait juste ! Ce dont elle a parlé
  est en parfait accord avec les objectifs du sommet.

Conversation 2

– Avez-vous le sentiment que la Francophonie a changé de visage ?

– Écoutez, deux ans, ce n'est rien de ce point de vue ! Néanmoins, me semble-t-il,
  la ministre a raison : nous sommes sur la bonne voie. Ce dont il s'agit ici,
  c'est du lancement d'un processus, pas de son aboutissement.

1 Lisez le document et complétez le tableau.

Objectifs définis à Vientiane	
Évaluation de leur mise en œuvre	
Enjeux du Sommet de Québec	
Évaluation des travaux préparatoires	

2 Trouvez dans le document l'équivalent des phrases suivantes.

a. On ne peut pas encore dire que l'on a atteint nos objectifs.

b. Les participants sont attachés au Québec.

c. Il faut mieux communiquer sur la Francophonie.

d. Le sommet de Québec traitera de l'actualité et de problèmes qui se posent quotidiennement aux gens.

3 🎧 Écoutez les dialogues et dites auquel se rattache chacune des phrases suivantes.

a. Le dialogue traite de l'évolution de la Francophonie.

b. La mutation de la Francophonie relève d'un processus à long terme.

c. Les deux interlocuteurs échangent leurs impressions sur le discours d'ouverture.

d. Le discours n'a rien apporté de nouveau ni d'original.

GRAMMAIRE

Dont

→ **Dont représente quelqu'un/quelque chose (pronom relatif)**
Le conseiller dont je parle est nouveau.
Les informations dont nous avons eu connaissance sont confidentielles.

→ **Dont = une partie de…**
La délégation est composée de cinq personnes, dont le chef de cabinet.
Trois conseillers, dont vous, seront chargés du dossier.

→ **Ce dont = une idée, une donnée non encore formulée, etc.**
Ce dont je veux vous informer est de première importance.
Précisez-moi en quelques mots ce dont vous vous occupez.
Ce dont je voudrais vous parler, c'est de la diversité culturelle.

Ne pas confondre !
La personne dont je parle ≠ « Je pense donc je suis. »

4 Complétez avec *dont* ou *ce dont*.

a. Le sommet … je parle n'est pas celui de Beyrouth.

b. Les informations … vous faites état, de qui les tenez-vous ?

c. … je vais parler ? Je n'ai pas encore pris de décision définitive.

d. Je voudrais inviter des représentants de la société civile, … des présidents d'ONG.

5 Reformulez les phrases suivantes en utilisant *dont* ou *ce dont*.

a. Je suis en train de lire un rapport. Nous en avons parlé l'autre jour.

b. Il est très réservé sur les moyens employés. Personne ne s'en étonne.

c. Je vous parle d'une conférence. Elle a été un tournant dans la lutte contre la pauvreté.

d. Oui je voudrais vous parler. J'ai quelque chose de très délicat à vous dire.

6 Complétez avec *dont* ou *donc*.

a. La personne … vous parlez n'est pas présente aujourd'hui.

b. …, si je comprends bien, vous voterez contre la modification de l'article 6.

c. M. Rapière est hostile à la directive, … il va tout faire pour qu'elle ne soit pas adoptée.

d. La mission … j'ai été chargé s'avère plus délicate que prévu.

Civilités

→ Formules d'adresse

Monsieur le Président, Madame la Ministre, Mesdames et Messieurs les députés
Madame, Monsieur, Mademoiselle/Mesdames, Mesdemoiselles, Messieurs
Chers amis, chers compatriotes

→ Salutations et remerciements

Je voudrais tout d'abord vous saluer/vous remercier d'être venus si nombreux/d'avoir répondu
si nombreux à notre invitation.
Vous avez répondu favorablement à notre invitation/Vous avez accepté de participer à ce sommet…
Soyez-en (chaleureusement) remerciés.

→ Exprimer ses sentiments

C'est avec (grand) plaisir que je vous accueille ici aujourd'hui.
C'est pour moi un honneur/une joie/un plaisir de présider cette cérémonie.
Je tiens à vous dire le plaisir/la joie/l'émotion que j'éprouve d'être aujourd'hui parmi vous.
Je formule/J'exprime mes vœux les plus sincères de réussite de ce congrès.

7 Comment dire pour…

a. remercier les participants car ils sont venus de très loin.

b. exprimer sa satisfaction devant le nombre de participants.

c. formuler le souhait que la conférence remplisse les objectifs
   qu'elle s'est fixés.

8 Reformulez les phrases suivantes de façon officielle et formelle.

a. Je suis vraiment content de voir des représentants
   des cinq continents.

b. Je suis très émue que vous ayez accepté de venir.

c. Je veux que vous sachiez à quel point je suis contente
   de vous voir.

d. J'espère que nos travaux vont nous apporter beaucoup
   de satisfactions.

Les verbes introducteurs de l'opinion peuvent exprimer…

→ une conviction, une certitude, un espoir

Je crois/J'ai la ferme conviction que la négociation aboutira.
Je suis convaincu que les discussions vont aboutir.
Je suis certaine que vous parviendrez à les convaincre.
Je considère que ce sujet fait l'unanimité.
Je crois à la réussite de cette entreprise.
Je suppose/J'espère qu'ils réussiront.

→ le doute, des réserves

Je ne crois pas/pense pas/je n'ai pas l'impression que le résultat soit favorable.
Je ne suis pas sûr/persuadé/convaincu que nous puissions réussir.
Je crains de mauvaises surprises/qu'ils ne jouent un double jeu.
J'ai des doutes en ce qui concerne sa sincérité.
Je soupçonne l'existence d'une malversation./qu'ils ne sont pas sincères.
Nous avons des réserves quant à la fiabilité du projet.
Nous sommes sceptiques par rapport à/en ce qui concerne la sincérité de leurs interlocuteurs.
Nous ne sommes pas persuadés que c'est la bonne stratégie.

→ le ralliement à un autre point de vue

Je reconnais/J'admets/Je conviens/Je vous accorde que le délai est très court.

9 Que pouvez-vous dire dans les situations suivantes ?

a. Votre collègue dit toujours que, dans une négociation, il vaut mieux ne pas exprimer tout de suite ses objectifs. Vous étiez sceptique mais finalement, vous pensez qu'il a raison.

b. Vous vous demandez si vos interlocuteurs n'ont pas des intentions cachées.

c. Vous pensez vraiment que la loi sur la taxe carbone sera efficace.

À vous d'imaginer des situations et de demander à votre voisin ce qu'on peut en dire.

10 Complétez les phrases.

a. ... ayons les moyens techniques de réaliser ce projet. Mais je peux me tromper.

b. ... chacun est décidé à aboutir à un compromis.

c. ... cet aspect du problème est secondaire. Vous avez probablement raison.

MANIERES DE DIRE

L'expression de l'opinion

→ **Poser une question**

Comment voyez-vous l'avenir de la planète ?

Avez-vous le sentiment que la situation va évoluer favorablement ?

→ **Formuler une opinion et attendre une réaction**

On a modifié l'ordre du jour ! C'est inadmissible !

Je suis exaspéré ! Aucune de nos demandes de modifications n'a été prise en compte !

→ **Formuler une opinion et demander une réaction**

Le résultat dépasse les espérances, vous ne trouvez pas ?

Même les États du Nord ont voté oui ! Qu'est-ce que vous en pensez/dites ?

C'est stupide, n'est-ce pas/non ?

→ **Exprimer des opinions**

C'est formidable/tragique/intéressant/incroyable !

C'est un (gros) succès/une (immense) tragédie/un progrès (incontestable).

Voilà une avancée monumentale !

À votre avis, la situation a évolué ? – Fondamentalement/sur le fond, non !

Vous pensez qu'une solution est en vue ? – Incontestablement/de toute évidence, oui !

Ce que vous dites est juste/n'est pas faux/est proche de mon point de vue.

C'est une bonne chose/une victoire/un premier pas qu'un compromis ait été trouvé.

Pour moi, c'est (vraiment/clairement) une grande réussite/un échec de premier ordre.

11 Reliez.

a. – C'est un scandale ! Il a tout réécrit !

b. – Vous trouvez ça intéressant ?

c. – Vous pensez que c'est définitif ?

d. – Comment voyez-vous la situation ?

1. – Peut-être pas. On verra.

2. – Ce sommet est une catastrophe absolue.

3. – Assez, oui. Pas vous ?

4. – Et alors ? Ça n'est pas forcément mauvais !

12 Imaginez librement les questions.

a. – ... ?   – Je ne suis pas d'accord. Vous exagérez.

b. – ... ?   – Je le trouve passionnant.

c. – ... ?   – Non, je ne trouve pas ça scandaleux. Au contraire !

d. – ... ?   – Voilà un des plus graves problèmes de la société contemporaine. Á mon avis.

Imaginez librement des dialogues sur ce modèle en utilisant d'autres expressions.

À vous

1. Vous faites un discours de bienvenue. Imaginez d'abord la situation : votre fonction, qui vous accueillez, à quelle occasion, etc.

2. À l'occasion d'une visite officielle, votre ministre vous charge de rédiger le discours de bienvenue. Vous en parlez avec lui, puis vous rédigez le discours.

② INTERVENTIONS PUBLIQUES

24 MARS 2009 - SÉANCE DE L'ASSEMBLÉE GÉNÉRALE SUR LA RÉFORME DU CONSEIL DE SÉCURITÉ : INTERVENTION DU REPRÉSENTANT PERMANENT DE LA FRANCE AUPRÈS DES NATIONS UNIES

Monsieur le Président,

Je vous remercie d'avoir organisé cette nouvelle réunion de nos négociations sur la réforme du Conseil de Sécurité. Votre lettre du 20 mars sur la question de la représentation régionale rappelle utilement les termes des discussions déjà intervenues sur ce sujet.

S'agissant de la France, je souhaiterais préciser les éléments essentiels suivants :

▶ La France soutient un élargissement du Conseil dans les deux catégories de membres, permanents et non permanents.

▶ Être membre du Conseil de Sécurité est une responsabilité particulière devant la communauté internationale. À cet égard, la Charte des Nations Unies met l'accent, en premier lieu, sur l'importance de tenir compte de la contribution des États au maintien de la paix et de la sécurité internationale et aux autres fins de l'Organisation.

▶ C'est au regard de ce critère que nous soutenons l'accession à un siège de membre permanent de l'Allemagne, du Brésil, de l'Inde et du Japon.

▶ Nous appuyons également une présence plus importante des pays africains au Conseil de Sécurité, notamment parmi les membres permanents. Se pose également la question de la présence d'un pays arabe au rang des membres permanents du Conseil de Sécurité.

▶ Nous rappelons notre soutien à l'option d'une réforme intérimaire, afin de permettre d'aboutir plus sûrement à une réforme du Conseil de Sécurité.

Je vous remercie.

Extraits d'après http://www.franceonu.org

19 septembre 2008 : Discours de clôture du forum européen du tourisme – Bordeaux

Mesdames et Messieurs les ministres et secrétaires d'État,
Mesdames et Messieurs les chefs de délégation,
Mesdames et Messieurs les élus,
Mesdames et Messieurs les participants,

Alors que ce 7e forum européen du tourisme s'achève, je souhaite remercier la Commission européenne, la mairie de Bordeaux, les organisateurs, les intervenants, les animateurs et Monsieur le Rapporteur pour le travail fourni et sans lesquels le forum n'aurait pu se tenir.
Je remercie également mes collègues et les chefs de délégation ainsi que tous les participants qui ont su rendre cette rencontre vivante et enrichissante pour la qualité des débats.
Je crois que nous avons partagé, à travers nos travaux et les moments plus festifs, le sentiment d'appartenir à une «Destination Europe» unique et pourtant très diversifiée.
Je pense aussi que ce forum nous a donné la conviction de devoir inventer un «modèle européen du tourisme».
Ce «modèle européen du tourisme» que j'appelle de mes vœux doit reposer sur trois piliers : compétitivité, qualité et développement durable.
Nous avons, en effet, l'obligation, si nous voulons conserver le profit, le bien-être qu'apporte le tourisme, de nous mobiliser pour adapter notre offre touristique à la fois aux évolutions de la demande mondiale et aux exigences environnementales. [...]
Je me réjouis d'avoir pu présider ce forum et je vous invite maintenant à profiter de Bordeaux et de sa région.

Je vous remercie.

Extraits d'après http://www.minefe.gouv.fr

1 Répondez aux questions à propos du document 1.

a. À quel document se réfère l'orateur au début de son intervention ?

b. Quel(s) mode(s) d'augmentation du nombre de membres du Conseil de Sécurité la France soutient-elle ?

c. Qu'attend la France des futurs nouveaux membres du Conseil de Sécurité ?

d. À quel type d'évolution la France est-elle favorable ?

Caractérisez la forme de l'intervention du représentant permanent de la France.

2 Écoutez le document 2. Les affirmations suivantes sont-elles conformes au texte ? Justifiez votre réponse.

a. L'orateur exprime sa satisfaction.

b. L'orateur exprime la position de la France avec clarté.

c. L'orateur fait des propositions en rupture avec le passé.

d. L'orateur regrette que les conclusions de ce sommet ne fassent pas l'unanimité.

3 Dites si les propositions suivantes sont vraies ou fausses. Justifiez votre réponse.

a. Le document 1 est un discours lu, le document 2 est un discours improvisé.

b. Les deux discours respectent les rituels du discours officiel.

c. Les deux documents expriment des sentiments personnels.

d. Les deux documents sont des discours de clôture.

MANIERES DE DIRE

Construire une argumentation simple (2)

→ Introduire une série de données, de faits, d'arguments

Je souhaite préciser/mentionner/traiter les trois points suivants : …

Les raisons de cette décision sont les suivantes : …

Voilà les faits/aspects qui nous amènent à la position que je viens d'exprimer : …

Cette prise de position se justifie de plusieurs points de vue : …

→ Énumérer une série de faits, de données, d'arguments

Commencer : D'abord/Tout d'abord/En premier lieu/Avant toute chose, il faut évoquer le…

Continuer : Ensuite/Puis/En second lieu/Par ailleurs/De plus/En outre, se pose la question de savoir si…

Terminer : Enfin/En dernier lieu/Pour finir/Pour terminer, je déclarerai que…/je mentionnerai que…/ je tiens à signaler que…

→ Rappeler des faits, des données, des arguments

Je souhaite/souhaiterais rappeler que de grands progrès ont déjà été accomplis.

N'oublions pas que ces questions ont déjà fait l'objet d'un débat.

Citons/Rappelons pour mémoire qu'un accord a déjà été trouvé en 2008.

Comme cela a été rappelé ces derniers jours, la situation ne cesse de s'aggraver.

4 Imaginez le début des phrases suivantes.

a. … : en premier lieu, je vais aborder la situation financière, ensuite la situation sociale, enfin les aspects politiques.

b. … que les difficultés que nous rencontrons ne sont pas nouvelles. Ainsi, en 1987,…

c. … : il semble parfois bien difficile de trouver sa place dans la société !

5 Complétez les séquences suivantes.

a. Le choix de favoriser le développement durable s'appuie sur trois piliers : … la baisse des émissions de gaz à effet de serre, … , des choix clairs concernant les énergies du futur et ,… , une révision totale des modes de consommation. … , … la nécessité de mettre en place des plans de sensibilisation des citoyens.

b. Deux raisons de diminuer les impôts : … la relance de la consommation et … l'encouragement à acquérir son propre logement.

GRAMMAIRE

Les subordonnées relatives

→ La subordonnée déterminative
La délégation **qui vient d'arriver** est la plus nombreuse.
Le projet **que je préfère** est le projet N° 2.
Le ministère **où je travaille** se trouve dans le VIIe arrondissement.

→ La subordonnée explicative
La délégation de la Finlande, **qui est la moins nombreuse**, entre actuellement dans la salle.
Le communiqué, **que le ministre a relu**, est clair.
Le palais des Congrès, **où se tient le sommet**, est entouré d'un périmètre de sécurité.

6 Reformulez les phrases suivantes en ajoutant une proposition relative explicative.

a. Le nouveau secrétaire général a fait une excellente impression.

b. Le lieu de la rencontre est tout à fait approprié à la circonstance.

c. L'arrivée de M. Xi-Tiang dans notre service est pour moi une excellente nouvelle.

7 Complétez les phrases suivantes avec une proposition relative déterminative.

a. Le collègue ... me déposera en voiture au ministère.

b. Le député ... a tenu à s'expliquer publiquement.

c. C'est dans le lycée ... qu'étudient les enfants du Président.

MANIERES DE DIRE

Formuler son accord, son désaccord de manière officielle

→ Formuler une position favorable
L'ONU **apportera tout son soutien** à cette initiative.
La délégation belge **a utilement rappelé** les avancées en matière de démocratisation.
Voilà vraiment la résolution que de nombreux États **appelaient de leurs vœux**.
La France **ne peut qu'adhérer à/se réjouit de** la position exprimée par la Grande-Bretagne.

→ Formuler une position défavorable
Notre délégation **ne saurait** accepter / **Il ne nous est pas possible** d'accepter de telles propositions.
Les États signataires **se refusent à** tolérer la situation dramatique des populations civiles.
À notre sens, la proposition **n'est pas de nature à** faire évoluer le sentiment national.

→ Formuler une position nuancée
C'est un plan de travail qui **mérite réflexion**.
Le projet de loi **demande à être amélioré**.
Nous allons examiner les conséquences de cette décision.

8 Complétez les phrases suivantes.

a. Mon gouvernement est formel : ... tolérer plus longtemps cette situation.

b. Voilà un organigramme qui ... être modifié. Il manque de clarté.

c. En voyant des résultats aussi inattendus, je ... et vous féliciter.

9 Exprimez-vous dans les situations suivantes, puis inventez d'autres situations.

a. Votre gouvernement partage pleinement le point de vue de l'Espagne et de l'Italie.

b. Vous jugez le plan de relance incapable de résoudre les problèmes financiers du moment.

c. Vous dite votre opposition complète à la position du Brésil.

À vous

1. Une conférence internationale est organisée sur un thème d'actualité de votre choix.
Des représentants s'expriment en séance plénière pour présenter officiellement la position de leur État, de leur organisation, de leur association, etc.

2. Après cette séance, il y a une pause. Mettez-vous par groupes et imaginez des conversations au cours desquelles les participants échangent des commentaires sur les interventions entendues.

3 DISCOURS DE CIRCONSTANCE...

Extraits du toast prononcé par Nicolas Sarkozy, Président de la République, à l'occasion de la visite d'État de M. Jalal Talabani, Président de la République d'Irak (Paris, 16 novembre 2009)

Monsieur le Président,

Madame,

[...] En effectuant en février dernier la première visite d'un chef d'État français à Bagdad, j'ai voulu exprimer ma confiance dans le nouvel Irak. [...]

L'Irak est sur la bonne voie. Il retrouve sa place dans la communauté des nations. Le peuple irakien reprend la maîtrise de son destin. La France est heureuse de pouvoir contribuer à cette renaissance. [...]

C'est pourquoi Monsieur le Président, Cher Jalal, Chère Madame Talabani, au nom de l'amitié séculaire entre nos deux pays, permettez-moi de vous dire [...] la joie qui est la nôtre de vous recevoir, et à travers vous, l'Irak tout entier, ce soir à Paris. [...]

Vive l'Irak Monsieur le Président !

Vive la France !

Vive l'amitié entre nos deux pays, nos deux civilisations et nos deux peuples !

Extraits d'après http://basedoc.diplomatie.gouv.fr

Monsieur le Ministre,

Mon Général,

Chers compatriotes, Chers amis de la France,

Je vous remercie tous du fond du cœur d'être venus ici ce matin.

C'est avec émotion que je préside aujourd'hui, pour la première fois en tant qu'ambassadeur dans votre pays, cette cérémonie de commémoration de l'Armistice du 11 novembre 1918.

Nous sommes ici rassemblés, en ce 89ᵉ anniversaire de l'armistice qui a marqué la fin de la Première Guerre mondiale. Et si nous sommes ici, c'est pour honorer la mémoire de ceux qui, quel que soit leur camp, ont risqué ou sacrifié leur vie pour leur patrie pendant ces sombres années de barbarie où l'immense majorité des familles ont été touchées, de nombreux destins brisés, des trajectoires de vie à jamais compromises. Nous n'avons pas traversé ces épreuves mais c'est pour nous un devoir collectif de mémoire de rappeler, chaque fois que nous le pouvons, les sacrifices qui ont été faits pour préserver la patrie, la protéger, la défendre.

Dans quelques semaines, les frontières vont disparaître avec plusieurs des pays qui nous entourent. Nos nations respectives et l'Union européenne qui les unit sont aujourd'hui déterminées à défendre des valeurs pacifistes et fraternelles. Et c'est justement aujourd'hui, alors qu'une étape historique va être franchie, que le souvenir de ceux qui sont morts pour leur patrie doit être encore davantage présent à nos mémoires. Ce sont eux qui nous ont montré le chemin. C'est aujourd'hui que nous tirons les leçons de leurs combats. C'est maintenant que nous savons, grâce à eux et à beaucoup d'autres victimes des guerres, combien la liberté, le droit et la justice sont l'intérêt de nous tous.

Je vous remercie de votre attention.

1 Comparez les deux documents et complétez le tableau.

Contenus des interventions	Toast de Nicolas Sarkozy		Discours de l'ambassadeur	
	Oui	Non	Oui	Non
Formule d'adresse				
Sentiments ressentis à l'occasion de l'événement				
Rappel historique				
Évocation des relations entre pays				
Toast à l'intention d'un pays				
Évocation de l'actualité				
Exclamation finale				
Remerciements				

2 🎧 **Relisez et réécoutez les documents, répondez aux questions et justifiez vos réponses.**

a. Quel est le message principal donné par M. Sarkozy dans cet extrait de toast ?

b. Selon M. Sarkozy, comment la renaissance de l'Irak se manifeste-t-elle ?

c. Comment l'ambassadeur fait-il le lien entre le passé et le présent ?

d. Quelles valeurs l'ambassadeur défend-il ? Évoque-t-il des aspects qu'il condamne ?

GRAMMAIRE

Constructions segmentées avec « c'est… » ou « ce sont… »

→ **C'est + GN + que/qui/dont/auquel…**
C'est le premier argument que je vais développer.
C'est l'objectif qui est le nôtre.
Ce sont justement les problèmes dont j'aimerais vous entretenir.
C'est l'objection à laquelle je voudrais répondre maintenant.
Ce sont les raisons pour lesquelles notre gouvernement n'interviendra pas.

→ **C'est + GN + de + infinitif**
C'est un grand honneur d'animer cette table ronde.
C'est un immense plaisir de vous accueillir en ces lieux.

→ **C'est + préposition à ou de + GN + que…**
C'est au ministre de l'Intérieur que je m'adresse.
C'est de votre prise de position qu'il veut vous parler.

→ **C'est + autres prépositions + GN + que…**
C'est dans un esprit de tolérance que nous faisons la déclaration suivante.
C'est avec joie que j'accepte.

→ **C'est + préposition + infinitif + que…**
C'est pour faciliter les relations que j'interviens.
C'est afin de trouver une solution que nous discutons.

→ **C'est + adverbe + que…**
C'est aujourd'hui et ici que l'histoire s'écrit.
C'est ainsi qu'on arrive à des résultats.

3 **Complétez les phrases suivantes.**

a. … une profonde émotion … j'inaugure aujourd'hui ce mémorial.

b. … faire aboutir ces négociations … la Grèce fait la proposition suivante.

c. … l'intervention du délégué estonien … vous prendrez la parole ?

4 **Que convient-il de dire dans les situations suivantes ? Utilisez « C'est… » / « Ce sont… ».**

a. Vous êtes un chef de gouvernement étranger en vacances dans la région. Le maire de la ville de Bordeaux vous a invité à participer aux cérémonies du 14 juillet.

b. Des négociations difficiles sont engagées entre deux pays. Vous êtes un haut fonctionnaire international et un des pays négociateurs vous a demandé d'intervenir en tant que médiateur.

c. Vous manifestez le plaisir que vous éprouvez à intervenir dans une conférence internationale.

Imaginez d'autres situations et prononcez les mots de circonstance.

MANIERES DE DIRE

Remercier quelqu'un

→ **Dans la vie courante**
Un grand merci pour/à propos de… !
Je vous remercie beaucoup pour/de…
Je ne sais comment vous remercier.
Je suis très reconnaissant(e).
Je vous remercie du fond du cœur.

→ **Dans des situations officielles**
Je vous remercie chaleureusement/infiniment pour/de…
Je vous adresse mes plus sincères remerciements pour…
Je vous suis très reconnaissant(e) de…
Mes remerciements s'adressent tout d'abord à…
Tous mes remerciements vont à…

5 **Imaginez ce que vous pouvez dire dans les situations suivantes.**

a. C'est votre anniversaire. On vous fait un cadeau surprise qui vous fait particulièrement plaisir.

b. Vous faites un discours de clôture d'une réunion informelle très réussie. Vous tenez à remercier les personnes grâce auxquelles les travaux ont été aussi fructueux.

c. Un chef d'État est dans le salon d'honneur de l'aéroport. Il dit quelques mots de remerciements avant d'embarquer.

GRAMMAIRE

Exprimer des relations temporelles

→ La répétition, l'habitude
Il s'endort **chaque fois qu'**il participe à une conférence.

→ Situer dans le temps
La première fois que j'ai présidé une réunion, j'étais très tendu.
À l'époque où je travaillais en Afrique, tu n'étais pas encore né.
La dernière fois que j'ai consulté ce site, il était en reconstruction.

→ La simultanéité
Tandis que/Alors que les délégations s'installent, les invités bavardent.
J'écoute de loin la conversation **en même temps que** je réponds au courriel.

→ La durée
Il n'y aura pas de réunions inutiles **aussi longtemps que** je serai le directeur.
En attendant que la tension internationale diminue, nous devons rester très prudents.

6 Complétez les phrases avec la locution qui convient.

a. ... que les travaux se poursuivent, la foule des manifestants ne cesse de grandir.

b. ... les relations étaient au plus bas, les échanges étaient rares.

c. ... j'écoute la conférence, je pense à ce que je dois faire demain.

Imaginez d'autres situations et trouvez les phrases de circonstance.

7 Reformulez en faisant une seule phrase.

a. Nous espérons que les débats seront fructueux. Je lève mon verre à la réussite du sommet.

b. Il prend la parole et il est tout de suite très ému. C'est toujours comme ça.

c. Le cortège du Président ne va pas tarder à arriver. La foule est de plus en plus nombreuse.

VOCABULAIRE

Caractériser des relations officielles (entre personnes/institutions/États)

→ positivement	→ négativement
Entretenir/Avoir d'excellentes relations/ des relations amicales/fondées sur la confiance	Entretenir des relations difficiles/tendues/ complexes/conflictuelles
Avoir des rapports cordiaux/étroits/fructueux	Avoir des rapports superficiels/orageux
Être en bons/excellents termes	Être en mauvais termes
Entretenir des rapports suivis/réguliers/quotidiens	Entretenir des rapports irréguliers/épisodiques
Avoir/présenter des points de convergence	Constater des divergences entre... et...

8 Caractérisez les relations qu'entretiennent deux États/deux hommes politiques/deux négociateurs, etc. de votre choix en utilisant l'expression qui convient.

En situation

1. Une commémoration importante a lieu dans votre pays. Votre chef de gouvernement ainsi que des personnalités étrangères font des discours de circonstance. Écrivez les discours puis prononcez-les devant les participants à la cérémonie. Vous devez prévoir l'ordre dans lequel les discours seront prononcés et qui donne la parole à qui. Travaillez en groupes.

2. Une rencontre internationale d'une journée vient de se dérouler. Vous décidez ensemble où, à quelle occasion, avec quel objectif, etc.

a. Il a fallu écrire une lettre d'invitation, un ordre du jour, deux discours officiels.

b. Il a fallu organiser plusieurs réunions de préparation. Jouez les scènes.

c. Il y a eu des situations imprévues qu'il a fallu résoudre. Jouez les scènes.

d. Plusieurs discours ont été prononcés. Préparez-les et prononcez-les.

e. Les réactions étaient variées. Jouez des échanges dans des situations informelles.

On en parle...

Entretien avec Javier Solana

1. Précisez la position de Javier Solana sur…

   a. la fermeture de la prison de Guantanamo ;

   b. l'évolution des relations américano-européennes ;

   c. l'équilibre des forces entre Union européenne et États-Unis ;

   d. ce que peut être une Europe de la défense ;

   e. le sommet de Copenhague ;

   f. plus généralement, sur le changement climatique.

Justifiez vos réponses.

2. Les journalistes veulent «faire dire» à Monsieur Solana d'une part que les relations entre les États-Unis et l'Union européenne comportent des divergences, d'autre part qu'elles sont déséquilibrées au profit des États-Unis.

   Précisez, en donnant des exemples :

   a. les stratégies des journalistes ;

   b. les réactions de M. Solana.

3. Faites une rapide synthèse (orale et/ou écrite) sur les deux points suivants :

   a. la fermeture de la prison de Guantanamo selon M. Solana ;

   b. les relations Union européenne-États-Unis selon M. Solana.

Il y a une place pour une vraie Europe de la défense.

Les Européens sont très gentils avec les Américains, ils sont très dociles, ils font ce que veulent les Américains.

La relation Union européenne-États-Unis est une relation d'égal à égal.

Nous, pays développés, devons faire un grand effort en ce qui concerne le changement climatique mais les autres pays devront faire un certain effort.

Vous choisissez un de ces thèmes pour…

– présenter oralement votre point de vue ;

– exprimer votre point de vue dans un article de presse ;

– avoir une conversation informelle avec un ami, un collègue… ;

– organiser un débat télévisé.

Comment se situe votre pays en ce qui concerne la géopolitique ?

● Votre pays a/a eu une influence sur d'autres États ?

● Votre pays subit/ne subit pas/plus l'influence d'autres États ?

● Quels sont les principaux partenaires diplomatiques de votre pays ? Donnez des arguments ou présentez des faits qui, selon vous, le prouvent.

● Existe-t-il, selon vous, des pays avec lesquels les relations diplomatiques de votre pays se sont récemment améliorées/détériorées ? Quand, comment et pourquoi ?

Testez-vous ·····················►

1 🎧 Compréhension orale

1. Madame le maire a deux motifs de satisfaction. Présentez-les avec vos propres mots.

2. Pourquoi parle-t-elle de dialogue des cultures ?

3. Résumez sa conception de l'action municipale pour la sauvegarde du cadre de vie.

2 Pratique de la langue

GRAMMAIRE

1. Complétez avec le mot ou l'expression qui convient.

... je parle devrait intéresser nos collègues de l'Intérieur car c'est une information ...
relève de leurs compétences et ... n'est pas encore en leur possession. ..., je vous demande
de faire une note ... vous résumerez les documents ... nous nous sommes procurés.
Mais ce sont des documents ... je ne souhaite pas divulguer.

2. Reformulez les phrases suivantes en mettant en valeur le mot ou l'expression souligné(e).

   a. Nous recevrons vos délégués <u>avec grand plaisir</u>.

   b. Je <u>vous</u> en parle parce que je sais pouvoir compter sur votre entière discrétion.

   c. Je voudrais négocier <u>afin de régler définitivement le problème</u>.

   d. Nous allons régler le problème <u>dans les jours qui viennent</u>.

   e. Prendre en charge l'organisation de cette conférence est <u>un défi à relever</u>.

   f. Nous allons dire non <u>sans aucun état d'âme</u>.

3. Complétez avec l'indicateur temporel qui convient.

   a. ... nous discutions encore sur la terrasse, d'autres étaient déjà à table.

   b. ... vous soyez prêt, je donne un coup de téléphone.

   c. ... M. Bea sera à ce poste, vous n'aurez pas à vous inquiéter.

   d. ... je vivais à l'étranger, je voyageais beaucoup.

   e. ... je le rencontrais, il me demandait des nouvelles de vous.

   f. ... que j'aurais la responsabilité de ce service, l'interdiction de fumer sera respectée.

VOCABULAIRE

Dites le contraire.

   a. Est-ce que leurs relations sont aussi détestables qu'on le dit ?

   b. Ils avaient des relations quasi quotidiennes.

   c. Leurs points de vue se recoupent.

   d. Leurs propositions sont à l'opposé les unes des autres.

   e. On soupçonne qu'il y a eu des malversations.

   f. Il refuse d'accepter qu'il s'est trompé.

3 Expression orale

Avant d'écrire un discours prononcé à une occasion de votre choix, vous vous entretenez
avec la personne qui le prononcera afin de vous mettre d'accord sur le contenu.

4 Expression écrite

Vous êtes chargé d'écrire le discours que devra prononcer votre supérieur hiérarchique
à l'occasion d'un événement de votre choix.

La médiatisation dans tous ses états

1 LES AUTORITÉS POLITIQUES COMMUNIQUENT

document 1

NATO / OTAN — COMMUNIQUE DE PRESSE

23 mars 2009

Le représentant spécial des États-Unis pour l'Afghanistan et le Pakistan a rencontré le secrétaire général de l'OTAN lors d'une réunion bilatérale en configuration FIAS et il s'est entretenu le même jour avec le Conseil de l'Atlantique Nord.

Au cours de cet entretien, Son Excellence l'Ambassadeur a présenté les principaux éléments du réexamen en cours de la stratégie des États-Unis. Il a souligné la nécessité d'une accentuation et d'une plus grande coordination des efforts civils et militaires, l'importance d'une approche régionale plus large et l'importance stratégique de la réussite des élections prévues pour cette année en Afghanistan. À cette occasion, il a aussi exposé la réflexion américaine sur l'effort de lutte contre la drogue dirigé par les Afghans avec l'appui de la communauté internationale.

Les ambassadeurs se sont félicités de cet exposé et ont fait part de leur communauté de point de vue sur un certain nombre des questions soulevées par leur homologue américain.

D'après http://www.nato.int

document 2

Point de presse quotidien (extraits) : AIDE HUMANITAIRE AU DARFOUR

– *Et alors que va faire le gouvernement, au cours des prochains jours, face à l'expulsion de 13 ONG ?*

– Il est évident qu'à l'instar de la communauté internationale, il ne saurait tolérer cette situation. Les Nations Unies ont déjà engagé des actions visant à répondre à l'urgence de la situation : 13 ONG expulsées, c'est 50 % de l'aide humanitaire qui n'est plus apportée, la moitié des besoins qui, d'un jour à l'autre, ne sont plus satisfaits. Ces ONG ne peuvent être remplacées dans des délais relativement courts et cette expulsion aura inexorablement des conséquences. Même si la communauté internationale parvient vite à trouver des solutions partielles. Il est en effet très difficile d'intervenir. Faire appel à des organisations capables d'un tel professionnalisme et ayant une expérience aussi affirmée des situations telles que celle que connaît le Darfour demandera du temps. C'est pourquoi le Conseil de sécurité a demandé à Khartoum de revenir sur cette décision.

– *L'ONU ne va pas se contenter de prendre acte de la situation nouvellement créée. Elle va de toute évidence agir. Mais, si le Soudan maintient sa décision, que peut faire la communauté internationale ? Comment combler les manques résultant de l'expulsion de ces ONG ?*

Je ne peux que le redire : les Nations Unies vont tenter de trouver une alternative, même partielle, à la situation et, parallèlement, le Conseil de sécurité déploie, depuis l'annonce de l'expulsion, tous les efforts diplomatiques nécessaires dans l'espoir que Khartoum fasse machine arrière.

D'après http://diplomatie.gouv.fr

1 Lisez le communiqué de presse et complétez le tableau.

Événements rapportés :		Auteur des propos rapportés :	
Thème 1 :	Élément 1 :	Élément 2 :	Élément 3 :
Thème 2 :			
Réactions des ambassadeurs :			

2 🎧 **Écoutez et reconstituez la situation sans regarder le document 2.**

   a. Thème du point de presse : ...

   b. Le point sur la situation

      1. Ce qui s'est passé : ...

      2. La situation créée : ...

      3. Le problème posé : ...

      4. L'action déployée par les Nations Unies : ...

      5. Les efforts diplomatiques du Conseil de sécurité : ...

3 🎧 **Caractérisez les deux questions / réponses.**

Questions	Réponses
Caractériser la question 1	**Caractériser la réponse 1**
☐ Question visant la recherche d'information ☐ Question interprétant les faits ☐ Expression d'une opinion suivie d'une question	☐ Communication d'information(s) ☐ Communication d'information(s) + analyse de la situation ☐ Réaction + communication d'information(s)
Caractériser la question 2	**Caractériser la réponse 2**
☐ Question visant la recherche d'information ☐ Question interprétant les faits ☐ Expression d'une opinion suivie d'une question	☐ Communication d'information(s) ☐ Communication d'information(s) + analyse de la situation ☐ Réaction + communication d'information(s)

  Justifiez votre choix en consultant le document 2.

VOCABULAIRE

Indicateurs temporels

→ Situer un événement ponctuel

À l'occasion de la visite d'État, plusieurs contrats importants ont été signés.
Lors /Au cours de la dernière réunion, le problème n'a pas été abordé.
Mes deux rencontres se sont déroulées le même jour.
La réunion aura lieu dans le courant de la semaine prochaine.

→ Se référer au passé

Le traité d'amitié franco-allemande a été signé, il y a plus de quarante ans.
À cette époque/À ce moment-là/Alors/Cette année-là, la situation était particulière.
Ils se connaissent depuis très longtemps.

→ Se projeter dans l'avenir

La semaine prochaine/L'année prochaine, tout sera différent.
Tout va se décider très vite/bientôt/prochainement.
Une nouvelle rencontre aura lieu dans un délai de trois mois.
On ne peut par mettre cette opération en place du jour au lendemain/d'un jour à l'autre.

4 **Complétez les phrases en utilisant les expressions qui conviennent.**

   a. On peut se voir ... la semaine prochaine. Mardi, mercredi, quand cela vous convient.

   b. L'aménagement intérieur est terminé. Le centre de conférences devrait ouvrir ... .

   c. On n'a plus le temps de faire des corrections. Je veux que le rapport aille ... à la reprographie.

   d. C'était en 2003. ... , la situation internationale était particulièrement tendue.

5 **Reformulez les phrases en utilisant les expressions qui conviennent.**

   a. Il y a eu une réunion et on a enfin abordé la question des statuts de la future association.

   b. Les déplacements professionnels ? J'en faisais dans les années 90 mais je n'en fais plus.

   c. Les dates du séminaire de réflexion : 12-14 avril ou peut-être 26-27 !

   d. C'est un dispositif dont la mise en place demande du temps.

MANIERES D'ÉCRIRE

Présenter de façon neutre des événements passés ou futur

→ Faire un bref compte rendu « objectif » d'événements passés
– Exprimer des événements passés ponctuels (au passé composé)
1. en les situant dans le temps (indicateurs temporels)
2. en montrant les liens entre eux (mots de liaison)
– Ne pas faire de commentaires
– Exprimer des points de vue extérieurs de façon simple : *Ils se sont félicité de cette réussite.*

→ Informer sur ce que va faire quelqu'un/ce qui va se passer
– Exprimer des événements futurs ponctuels (futur, futur proche, devoir + infinitif)
1. en les situant dans le temps (indicateurs temporels)
2. en montrant les liens entre eux (mots de liaison)
– Ne pas faire de commentaires

6 Complétez le texte suivant.

Le Premier ministre ... , à ... , le ... . Il a rencontré ... . Les entretiens, ... heures, ont porté sur ... . Ensuite, le Premier ministre ... . Il a regagné la capitale ... . Avant son départ, une conférence de presse ... . Selon les deux hommes d'État, ... et ... .

7 Réécrivez le communiqué de presse de l'OTAN en présentant le réexamen de la stratégie des États-Unis comme devant se réaliser dans un avenir plus ou moins proche.

VOCABULAIRE

La politique de défense et de sécurité

→ Des institutions et des programmes
La politique étrangère et de sécurité commune (PESC)
L'organisation du traité de l'Atlantique Nord (OTAN)

→ Des principes
Développer la démocratie et l'état de droit
Renforcer la coopération internationale en matière de gestion des crises
Protéger les territoires et les intérêts vitaux

→ Des objectifs
Sauvegarder l'indépendance et l'intégralité du territoire
Élargir la coopération interétatique (bilatérale/multilatérale)
Promouvoir la coopération dans le domaine de la lutte contre la corruption

→ Des actes
Mettre en œuvre/coordonner des opérations de maintien de la paix
Déployer des forces d'intervention/de maintien/de rétablissement de la paix
Procéder à des échanges d'informations
Réagir à une agression extérieure

8 Dites à quelle expression ci-dessus correspondent chacune des phrases.

a. Les États doivent travailler ensemble quand des situations difficiles apparaissent.
b. L'État est fondé sur l'existence de règles qui garantissent la démocratie.
c. Il faut faire en sorte que de plus en plus de pays collaborent.
d. Les pays doivent travailler ensemble pour faire baisser le nombre d'actes illégaux.

9 Répondez aux questions suivantes en utilisant les expressions ci-dessus.

a. Comment faire pour lutter contre le crime international ?
b. Comment trouver des solutions pour faire cesser la guerre et garantir la paix ?
c. Comment favoriser la mise en œuvre de la démocratie ?

À vous de poser des questions à votre voisin.

GRAMMAIRE

« Certain » : pronom et adjectif indéfini

→ **« Certains »/« certaines » pour parler d'une partie d'un tout/d'une partie de…**
La plupart des participants repartent ce soir mais certaines délégations restent jusqu'à demain.
On pense généralement que la crise est mondiale. Pourtant, certains affirment le contraire.

→ **« Un certain »/« une certaine » pour exprimer une quantité imprécise**
Il y a un certain nombre de personnes qui n'ont pas réagi.
Vous vous mettrez à une certaine distance de l'escalier.

→ **« Un certain »/« une certaine » pour exprimer quelque chose de différent ou d'inconnu**
C'est une certaine manière de voir les choses.
C'est un certain M. Taupin qui a téléphoné.

10 Répondez aux questions suivantes en utilisant la forme de « certain » qui convient.

a. – Vous connaissez toutes les personnes présentes ? – Non, …

b. – Est-ce que tous les candidats ont passé un entretien ? – Non, …

c. – Tout le monde participe à l'excursion cet après-midi ? – Non, …

À vous de poser des questions à votre voisin.

11 Complétez par une expression avec « certain » à la forme qui convient.

a. Je n'ai lu que … articles parus sur l'événement.

b. C'est à … altitude tout de même ! Entre 1 800 et 2 000 mètres.

c. … ne sont pas venues au dîner ? Pourquoi ?

d. C'est avec … tristesse qu'il a pris congé de ses collaborateurs.

VOCABULAIRE

L'action humanitaire

→ **Des organisations internationales**
Le Haut commissariat aux réfugiés des Nations Unies (UNHCR)
Le Comité international de la Croix-Rouge (CICR)

→ **Des organisations non gouvernementales (ONG)**
Médecins sans frontières (MSF)
Action contre la faim (ACF)

→ **Des objectifs**
Intervenir dans une région touchée/frappée par une catastrophe naturelle
Assister des populations victimes de la guerre, de la famine, de massacres, etc.
Venir en aide aux populations défavorisées, en grande détresse, en danger, etc.

→ **Des actes**
Acheminer et distribuer des vivres, des médicaments, des hébergements temporaires
S'investir dans l'aide alimentaire, dans l'assistance médicale
Œuvrer en faveur d'une amélioration du sort des réfugiés

12 Qu'est-ce que c'est ?

a. Une structure juridique qui regroupe plusieurs États autour d'un objectif commun.

b. Le fait d'aider les populations qui ont des problèmes qu'elles ne peuvent pas résoudre.

c. Une association ou une fondation qui est indépendante de toute forme de tutelle.

d. Fournir de la nourriture à des populations sous-alimentées.

À vous

1. Vous travaillez au service de presse d'un ministère. Vous discutez des termes d'un communiqué de presse avec un membre du cabinet du ministre sur un sujet de votre choix.

2. Recherchez des informations sur un thème de votre choix, puis imaginez à plusieurs une conférence de presse d'un ministre sur le thème choisi. Pensez à varier les types de questions.

2 DEVANT LE MICRO DES JOURNALISTES

document 1

À la sortie d'une séance de travail

1. – Madame la Ministre, les positions européennes et américaines se sont-elles rapprochées ?

– D'abord elles ne sont pas si éloignées que vous semblez le croire, et puis vous savez, un sommet, c'est fait pour discuter et de préférence aboutir. Nous faisons de notre mieux…

2. – Monsieur Dialo, est-ce que les positions de l'Union africaine ont été entendues ?

– Certains pays sont plus attentifs à nos difficultés que d'autres. On avance. Un peu de patience !

– Vous avez quel mandat de votre gouvernement ?

– Aucun ! Je représente ici l'Union africaine, pas mon pays. Bonne journée, Messieurs…

3. – Quelle est la position de votre ONG par rapport aux enjeux du sommet ?

– … que les pays riches prennent en compte les problèmes des pays du Sud ! C'est très simple…

– Comment se sont déroulés les échanges avec les participants au sommet ?

– Ils étaient constructifs, je crois. En tout cas, notre organisation a été, comme les autres, écoutée d'une oreille attentive. Quant à l'impact de ces échanges, il est trop tôt pour en juger…

document 2

AVANT LE SOMMET SUR LA CRISE…

Quel rôle le commerce mondial peut-il jouer pour sortir de la crise ? Doit-il être au centre des préoccupations ? Et puis cette crise, à qui la faute ? La mondialisation, le libre-échange ou au contraire le protectionnisme ? Afin de se faire une idée des enjeux du sommet des 24 et 25 mai, le mieux est sans aucun doute de faire appel aux experts. Comme chaque lundi, nous attendons vos questions, vos commentaires, par téléphone ou par texto.

– *Michaël Lombard, certains jugent indispensable de relancer le commerce mondial. Si vous participiez au sommet et qu'un chef d'État vous pose la question, que répondriez-vous ?*

– Je dirais qu'il est avant tout important d'éviter les vieilles recettes qui n'ont jamais fait mieux que différer les problèmes. En l'occurrence, le protectionnisme sous toutes ses formes. Ceci dit, en période de crise, la demande de protectionnisme, de la part de la population, est un réflexe naturel et – il faut le reconnaître – compréhensible. Mais soyons sans ambiguïté sur ce point : c'est une tentation à laquelle il faut résister. Quand ils sont en proie à des problèmes vitaux, les citoyens disent à leurs gouvernants : plus vous laissez entrer de marchandises, plus notre industrie décline, alors limitez les importations. Or, c'est justement la pire chose à faire. Ça n'a jamais marché.

– *Oui mais, ce que vous évoquez là, c'est un cri d'alarme ! Il faut y répondre !*

– Bien évidemment. Il faut entendre la voix des citoyens.

– *Cela ne suffit pas. Les gens ont besoin d'actes, et pas seulement de paroles…*

– Absolument. Un gouvernement doit proposer du concret. On peut prendre des mesures transitoires, par exemple convaincre que c'est moins destructeur d'accepter le chômage technique aujourd'hui que d'être confronté au chômage massif demain. Car c'est un défi majeur : comment sortir de la crise avec le soutien de la population tout en résistant aux solutions de facilité ? En fait, il est là, l'enjeu ! Voilà le message que j'adresserais aux chefs d'État et de gouvernement.

1 Les affirmations suivantes correspondent-elles ou nom aux échanges ? Justifiez votre réponse.

Échange 1 : La réunion américano-européenne est sur la bonne voie.

Échange 2 : M. Dialo ne respecte pas le mandat donné par son gouvernement.

Échange 3 : Le délégué de l'ONG estime que sa position n'aura aucun impact sur les décisions.

2 Les phrases suivantes permettent-elles de caractériser un, plusieurs ou aucun des échanges ? Justifiez votre réponse.

a. Tout s'est bien passé. Mais de là à dire que c'est gagné…

b. Qui vivra verra !

c. Le triomphalisme n'est pas d'actualité.

d. Les choses avancent. Lentement certes, mais sûrement.

e. Vous êtes trop curieux, mon ami !

3 Lisez le document 2 et dites si les affirmations suivantes correspondent ou non aux réponses de Michaël Lombard. Justifiez vos réponses.

a. Les vieilles recettes ne fonctionnent plus parce que les temps ont changé.

b. Pour avoir des réponses satisfaisantes, il faut tirer les leçons du passé.

c. Pour aboutir, il faut faire preuve d'imagination.

Résumez la position de Michaël Lombard : quel est son message ?
Sur quels arguments le construit-il ? Avec quelles preuves à l'appui ?

GRAMMAIRE

La comparaison

→ **Comparer des quantités**

Il y a **moins de** propositions **que de** critiques.

Il y a **autant de** risques dans une situation **que** dans l'autre.

Votre proposition offre **plus d'**avantages **que d'**inconvénients.

→ **Exprimer des points de vue**

Le retard est **plus** important **que** vous <u>ne</u> le pensez.

Leurs points de vue ne sont pas **si/aussi** opposés **qu'**on le dit.

Les conditions de travail sont **pires qu'**au château de Rambouillet.

Pour une discussion informelle, la salle de réunion est **mieux que** la salle de conférence.

Il connaît le dossier **moins bien que** son adjoint.

C'est mieux de faire connaissance avant les négociations **que** pendant les négociations.

Plus je travaille avec lui, **plus** je l'apprécie /**mieux** je comprends son point de vue.

Il faut **faire mieux que** le gouvernement précédent.

4 Dites le contraire.

a. Les négociateurs sont moins bien disposés au compromis que la dernière fois.

b. Contrairement à ce qu'on dit, les perspectives économiques sont meilleures.

c. Il y a beaucoup plus de chances de succès que l'année dernière.

À vous de proposer des phrases à votre voisin et de lui demander de dire le contraire.

5 Reformulez en utilisant une des structures proposées.

a. On pense qu'il est arrogant mais, en fait, il ne l'est pas vraiment.

b. Les positions des deux États diffèrent mais elles ne sont pas à l'opposé l'une de l'autre.

c. Pendant les réunions, le dialogue est difficile. Mais pendant les débats, c'était terrible.

d. Si on arrive en retard, ce n'est pas une catastrophe. Mais c'est préférable d'être à l'heure.

MANIERES DE DIRE

Poser des questions

→ **Les types de questions**

Avez-vous une invitation ?

Quel type de permis de séjour avez-vous ?

Pourquoi l'ordre du jour n'est-il pas respecté ?

Comment la réunion s'est-elle terminée ?

→ **Les questions dans leur contexte**

Pensez-vous que la réunion ait été efficace ?

Avez-vous le sentiment qu'une position commune peut encore se dégager ?

Ne préféreriez-vous pas que la proposition soit acceptée ?

La tension est de plus en plus grande. **Que proposez-vous ?**

Le monde professionnel conteste les solutions proposées. **Que peut faire le gouvernement ?**

Mais **êtes-vous sûrs que** les choses vont se passer comme ça ?

Cependant, ne devrions-nous pas nous montrer plus prudents ?

Vous êtes opposé au projet **mais** vous lui reconnaissez des qualités, **n'est-ce pas ?**

Vous réclamez des réformes **mais pourquoi** refusez-vous celles qui sont proposées ?

6 Imaginez à deux des questions imitant les phrases ci-dessus.

GRAMMAIRE

Les verbes et les expressions construits avec « de » ou « à »

→ **Verbe + COD + COI construit avec « à »**

Il a adressé un message à la présidente du parlement.

Vous pourriez écrire une lettre ouverte au Premier ministre.

→ **Verbe ou locution verbale + COI (nom ou infinitif) construit avec « à »**

Il participe à toutes les réunions.

Vous devez résister aux solutions de facilité.

Le président se montre attentif à l'opinion publique.

Le gouvernement semble disposé à faire un geste de bonne volonté.

→ **Verbe + COD + COI construit avec « de »**

Ils ont obtenu des concessions de leurs interlocuteurs.

Nous avons exigé une réponse écrite de nos partenaires/de l'ambassadeur/des délégués.

→ **Verbe ou locution verbale + COI (nom ou infinitif) construit avec « de »**

Évitons de choisir la facilité.

Ils ont cessé de faire pression.

Il se croit contraint d'accepter.

Ils se déclarent satisfaits de leurs représentants.

7 Formez des phrases.

a. Vous devez vous engager		1. résultats du groupe de travail.
b. C'est votre rôle	**à/**	2. pressions.
c. Qui a besoin	**de/**	3. une nouvelle réglementation ?
d. Merci de me rendre compte	**de la/**	4. trouver des compromis.
e. Vous ne devez pas être l'objet	**du/d'/des**	5. l'ouverture des travaux.
f. Je ne participerai pas		6. conclure la réunion.

8 Complétez les phrases suivantes avec les prépositions « à » ou « de ».

a. Ils ne sont pas parvenus ... un accord.

b. Êtes-vous vraiment tenus ... accepter toutes les conditions ?

c. Les États sont confrontés ... une crise sans précédent.

d. Ils ont tenté ... protester mais sans résultats.

MANIERES DE DIRE

Planter le décor...

→ d'une action en train de se dérouler

Le président parle, les journalistes prennent des notes, les photographes activent leurs flashes.
On entend soudain un grand bruit au fond de la salle.

→ d'une action passée

Le cortège avançait lentement, les gens applaudissaient sur les trottoirs, la police était omniprésente.
Et puis, au carrefour des Champs Elysées, il y a eu un incident.

→ d'une situation avec une série de questions

Les chefs d'État vont-ils réussir à se mettre d'accord ? Est-ce que les opposants les plus catégoriques
vont nuancer leur position ? Nous allons le savoir d'ici quelques minutes.

→ d'un contexte politique, économique, social, en présentant des faits

Le pouvoir d'achat baisse, le chômage augmente, l'insécurité s'installe et les politiques ne proposent
aucune solution sérieuse. Que va-t-il se passer ?

→ d'un contexte politique, économique, social faisant l'objet de jugements de valeur

La demande de protection est légitime. Mais l'assistance n'est pas une solution. Et pourtant, il faut bien
que les politiques fassent des propositions. Alors, trouvons ensemble quelques idées.

9 Imaginez à deux des situations similaires à celles décrites ci-dessus. Précisez pour chacune
d'elles la structure de la phrase (exemple : une énumération de faits suivie d'une question).

À vous

1. Un fonctionnaire international sort de la salle où se tient une réunion à huis clos sur un problème
qui menace la sécurité mondiale. Les journalistes se précipitent pour lui poser des questions. Il tente de
ne pas répondre vraiment. Jouez la scène à plusieurs.

2. Vous interviewez à deux ce fonctionnaire international à la fin du sommet.

3. Vous rédigez l'interview pour le journal pour lequel vous travaillez.

3 LU ET ENTENDU...

document 1

Au journal radio de 19 h 30

Demain, 41 pays européens et méditerranéens seront représentés à Paris, au Grand Palais, pour assister
au lancement du projet d'Union pour la Méditerranée voulu par le président de la République.
Ce partenariat euro-méditerranéen a donné lieu, au sein de l'Union européenne, à de difficiles débats
qui ont amené à revoir à la baisse les propositions de l'exécutif français.

La réunion de demain s'avère cependant une grande première : tous les pays riverains de la Méditerranée
seront assis autour de la même table. 41 des 44 chefs d'État et de gouvernement invités ont répondu
à l'appel. Après avoir laissé planer le doute quant à leur participation, le Président algérien et
le Premier ministre turc seront tout de même là. Selon M. Sarkozy, l'Union pour la Méditerranée
est la meilleure nouvelle pour la paix au Proche-Orient. Certitude amplifiée par son ministre
des Affaires étrangères, qui qualifie le sommet d'historique.

Mais le chemin est à la vérité plus long : à la veille de la rencontre, certaines questions de fond ne sont
toujours pas réglées et plusieurs aspects d'ordre pratique sont encore en suspens. Ainsi, on ne sait pas
où se situera le siège de l'Union et des incertitudes subsistent encore en ce qui concerne son mandat et
ses statuts. Ce que le sommet n'aura pas décidé devrait l'être à l'occasion d'une rencontre des ministres
des Affaires étrangères qui aura sans doute lieu début novembre.

À suivre donc dans nos éditions de demain et d'après-demain.

document 2

L'Union pour la Méditerranée officiellement lancée

Le président de la République et les chefs d'États et de gouvernement de 41 pays ont participé hier au lancement de l'Union pour la Méditerranée, dans le cadre du sommet organisé à cet effet.

Pour la France, il constitue une « victoire ». Tout au long de cette manifestation, M. Sarkozy a souligné le caractère « historique » de cette rencontre des représentants de tous les pays membres de l'UE et de tous les États du pourtour méditerranéen, à l'exception de la Libye.

« Il faut que chacun fasse un effort, a-t-il souligné, comme les Européens l'ont fait pour mettre un terme à l'engrenage fatal de la violence. Ce que nous avons su faire, il n'y a aucune raison que les peuples de la Méditerranée ne le réussissent pas ».

Cela n'enlève rien à la complexité de la situation ni au caractère éphémère de cette euphorie. Ainsi, il n'y a pas eu de « photo de famille », ce qui en dit long sur le rôle plutôt symbolique de l'événement. Cependant, six projets ont été officiellement lancés lors du sommet.

Le mode de financement n'a pas été clairement dévoilé. Un secrétariat général est mandaté pour rechercher les fonds nécessaires à la mise en œuvre des projets. On compte sur l'apport financier de l'Union européenne mais aussi du secteur privé, de chaque État membre ainsi que de pays tiers.

1 🎧 **Écoutez le document et répondez aux questions sans regarder le texte.**

a. Combien de pays européens et méditerranéens vont participer au sommet ?

b. Quel est l'objectif de ce sommet ? Son principe a-t-il été facilement accepté ?

c. Quel peut être, selon M. Sarkozy, l'effet de ce sommet sur la question du Proche-Orient ?

d. Quelles sont les questions en suspens concernant le projet ?

2 **Comparez les contenus de l'extrait de journal radio et l'article de presse en complétant le tableau suivant. Justifiez oralement vos choix.**

	Journal radio	Article de presse
a. Nombre et qualités des représentants		
b. Objectif(s) de l'événement		
c. Propos de M. Sarkozy : – expression de la satisfaction – incitation à l'effort		
d. Nuance(e) apportée(s) aux motifs de satisfaction		
e. Projets concrets		
f. Questions non résolues		
g. Pistes pour leur résolution		

MANIERES DE DIRE

Rendre compte de la position de quelqu'un

→ **en citant ses propos**
Le préfet de police a déclaré : « Cette violence est intolérable et je ne la tolérerai pas ».

→ **en transposant les propos dans un récit**
À la suite des manifestations qui ont eu lieu, le préfet de police a jugé cette violence intolérable.

→ **en utilisant le discours rapporté**
Le porte-parole a annoncé que le président s'adresserait aux Français le jeudi 22 à 20 heures.

→ **en associant ces différents procédés.**
À la suite des manifestations qui ont eu lieu, le préfet de police a jugé cette violence intolérable et ajouté qu'il ne la tolérerait pas/et précisé : « Je ne la tolérerai pas ».

3 **Utilisez les informations ci-dessous pour écrire des communiqués.**

a. Le président de SOS Racisme : « Ces agressions sont inadmissibles et je demande qu'on fasse toute la lumière sur les circonstances dans lesquelles elles se sont déroulées. »

b. La porte-parole de la mairie de Strasbourg : « Le déménagement du Parlement européen à Bruxelles n'est pas à l'ordre du jour. Je demande donc que cessent les polémiques à ce sujet. »

4 Imaginez les propos effectivement prononcés par le commissaire à l'énergie.

Le commissaire à l'énergie a fait savoir qu'il était en train de travailler à un projet de texte visant à prévenir les risques de non approvisionnement en gaz. Il a ajouté que, pour sa part, il privilégiait la négociation avec les pays fournisseurs et ceux par lesquels transite le gaz. Selon lui, le réalisme politique devrait en principe permettre assez vite d'arriver à un accord.

GRAMMAIRE

Le passé composé

→ **Passé composé employé seul : exprimer une succession d'événements**
Les délégations se sont installées, les photographes ont quitté la salle. La réunion a commencé.

→ **Passé composé et imparfait : opposer un état/une situation à un événement ponctuel**
Les négociations n'avançaient pas. Elles étaient même au bord de la rupture. Et puis la délégation finlandaise a fait une proposition qui a permis de sortir de l'impasse.

→ **Passé composé et présent : exprimer le résultat présent d'une action passée**
L'accord a été signé hier soir. Mais il reste de nombreux points à préciser.
Hier, les pourparlers ont bien avancé : tout le monde s'attend à un accord en début d'après-midi.

5 Imaginez à deux des situations semblables à celles présentées ci-dessus et présentez-les en une ou deux phrases.

MANIÈRES DE DIRE

La vie politique au jour le jour

→ **Exprimer un jugement positif**
Les chefs de délégation ont souligné le caractère détendu des négociations.
Les diplomates ont manifesté leur satisfaction au sortir de la salle de réunion.

→ **Exprimer un jugement nuancé ou franchement négatif**
Le président s'est déclaré inquiet/n'a pas caché son inquiétude concernant la TVA.
Le directeur général a émis des réserves quant à l'avenir du système.

→ **Proposer**
La secrétaire d'État fera des propositions/des recommandations d'ici quelques semaines.
La ministre se dit favorable à un approfondissement du dialogue avec les partenaires sociaux.

→ **Agir**
Le gouvernement a débloqué 200 millions d'euros pour le développement des éoliennes.
Le Premier ministre organise des consultations sur la composition du gouvernement.
Le Président est informé heure par heure sur/suit de très près l'évolution de la situation.

6 Retrouvez l'expression correspondant à chaque item et employez-la dans une phrase.

a. Exprimer ce qu'on pense d'un événement.

b. Annoncer qu'on approuve une proposition.

c. Préciser qu'on n'est pas tout à fait d'accord.

7 Complétez les phrases suivantes avec une locution verbale au temps qui convient.

a. L'opposition ... : augmentation du SMIC et diminution des impôts sur les bas salaires.

b. La tempête ne cesse de s'étendre. Le ministre ... des déclarations des services météorologiques.

À vous d'imaginer des phrases de ce type.

> **En situation**
>
> 1. Choisissez un problème d'actualité et imaginez à plusieurs une séquence de journal télévisé à son propos. Cette séquence peut comporter une interview ou un micro trottoir.
>
> 2. Vous choisissez ou imaginez un événement international. Il va faire l'objet d'un communiqué de presse, d'une ou plusieurs interviews, d'un reportage radio, de plusieurs articles de presse. Vous vous répartissez la tâche en formant des sous-groupes de 2-3 personnes.

On en parle...

Pleins feux sur l'information

De quoi s'agit-il ?

1. Répondez aux questions suivantes.

a. Quelle est la situation matérielle de la presse au Burkina-Faso ?

b. Comment se manifeste le « climat de tolérance » au Burkina-Faso ?

c. Quel rôle joue la presse au Burkina-Faso ?

d. À quoi sert la radio au Mali ?

e. Qu'est-ce qui a changé, il y a dix ans, en ce qui concerne les médias au Mali ?

f. Comment se manifeste le pluralisme de la radio au Mali ?

2. Notez si les phrases suivantes correspondent au reportage sur le Burkina-Faso, sur le Mali, sur les deux ?

	BF	M	BF + M
a. Une bonne partie de la population est analphabète.			
b. La liberté d'expression est une vitrine pour la communauté internationale.			
c. Les médias non écrits sont plus accessibles que la presse.			
d. La liberté d'expression est un acquis récent.			
e. Le pluralisme d'idées est une réalité.			

3. Faites une rapide synthèse (orale et/ou écrite) sur chacun des documents proposés.

Qu'en pensez-vous ?

La presse, qu'on le veuille ou non, n'est jamais tout à fait indépendante.

La radio peut être un instrument d'éducation. Mais à partir de quel moment devient-elle un instrument de propagande ?

La radio, c'est éphémère. On écoute et on oublie. C'est totalement différent avec la presse, surtout hebdomadaire.

Vous choisissez un de ces thèmes pour…
– présenter oralement votre point de vue ;
– exprimer votre point de vue dans un article de presse ;
– avoir une conversation informelle avec un ami, un collègue… ;
– organiser un débat télévisé.

Il y a trop de chaînes de radio et de télé. Du coup, on n'arrive plus à les différencier.

Et chez vous ?

Quelle est la place des médias dans votre pays ?
• Y a-t-il beaucoup de radios privées ? Sont-elles de qualité ?
• Quel est le média le plus populaire dans votre pays ?
• En termes de qualité, quel est, selon vous, le meilleur média ?
• D'une manière générale que pensent vos compatriotes des médias de votre pays ? Et vous ?

Testez-vous ·····················➤

1 🎧 Compréhension orale

1. Répondez aux questions suivantes.

   a. Quelle position de principe ont rappelé les États membres dès le début des discussions ?

   b. Dans quel esprit les États membres ont-ils abordé le thème du terrorisme mondial ?

   c. Quel est l'objectif des États membres en ce qui concerne la définition du terrorisme ?

2. D'après le document, peut-on considérer que…

   a. toute forme de lutte contre le terrorisme est acceptable ?

   b. la Stratégie antiterroriste de l'ONU est autonome par rapport aux autres problématiques qu'elle traite ?

   c. la définition de la notion de terrorisme est, pour l'ONU, une priorité ?

   Justifiez vos réponses.

2 Compréhension écrite

> **M. Alain Juppé, président de la Commission du Livre blanc sur la politique étrangère et européenne de la France**, s'est déclaré heureux de s'exprimer devant la commission des Affaires étrangères où il est intervenu à de nombreuses reprises lorsqu'il était ministre des Affaires étrangères. Il a rappelé la mission confiée à la Commission du Livre blanc : réfléchir aux missions prioritaires de la politique étrangère et européenne. La Commission est composée d'une quarantaine de personnalités issues d'horizons divers : élus nationaux, parlementaires européens, chefs d'entreprises, universitaires, scientifiques. La Commission a tenu des séances plénières hebdomadaires. Des groupes de travail ont été constitués et un secrétariat général a assuré son fonctionnement. La Commission a coordonné ses travaux avec ceux de la Commission du Livre blanc sur la politique de défense et de sécurité, dont le Président a été auditionné à plusieurs reprises. Il y a également eu une coordination avec la Révision générale des politiques publiques (RGPP). C'est ainsi qu'un rapport d'étape a été publié en mars dernier afin d'être en phase avec le calendrier de la RGPP. M. Juppé a également indiqué que la Commission du Livre blanc avait été invitée aux deux comités de suivi de la RGPP qui se sont tenus à la présidence de la République.
>
> Extraits d'après Commission des affaires étrangères,
> Mercredi 18 juin 2008, Séance de 17 h 30, Compte rendu n° 56
> http://www.assemblee-nationale.fr/13/cr-cafe/07-08/c0708056.asp

1. Répondez aux questions.

   a. Pour quelle raison la Commission présidée par M. Juppé a-t-elle été créée ?

   b. Quelle était sa composition ?

   c. Comment a-t-elle fonctionné ?

2. Présentez (oralement à partir de notes ou à l'écrit) les différents aspects de cette commission avec vos propres mots.

3 Expression orale

Vous faites un discours de clôture résumant les avancées d'une rencontre internationale de votre choix.

4 Expression écrite

Vous êtes journaliste spécialiste de relations internationales. Vous écrivez un article sur un événement récent dans lequel votre pays était impliqué.

SIMULATION 2

Un gouvernement ou une organisation internationale de votre choix organise une rencontre à laquelle participent des hauts-fonctionnaires et/ou des ministres et/ou des chefs d'État et de gouvernement.
1. Le groupe prépare l'événement.
2. Le groupe joue des scènes en marge de l'événement.

Les personnages doivent avoir des traits de caractère particuliers («soupe au lait», d'un calme imperturbable, obsédé par un point particulier, etc.) sur décision individuelle des apprenants (de préférence) ou par décision collective avant de jouer les scènes.

A. Jouez des scènes pour planter le décor

Mettez en place un comité d'organisation qui se divise pour certaines tâches en commissions. Mettez-vous d'accord sur sa composition et rédigez un ordre du jour des réunions.

Points à aborder :

- le thème, les dates de la rencontre, le lieu et le site (plan éventuel) de la rencontre ;
- la liste des participants, le programme de l'événement centré sur une réunion à huit clos ;
- la composition du comité d'organisation (institutions, personnes), la répartition des tâches ;
- la logistique de l'événement : transports, sécurité, repas, facilités diverses.

NB. La réunion aboutit à la rédaction de documents : invitation, programme, badges, etc.

B. Jouez des scènes ponctuelles en marge de la réunion

(La réunion proprement dite se tenant à huis clos, elle n'est pas jouée.)

Exemples

- Entretien (téléphonique ou autre) entre participants potentiels : Y aller ou pas ? Pourquoi ?
- Accueil d'un chef d'État ou de gouvernement dans le salon VIP de l'aéroport.
- Arrivée des personnalités avant la réunion : salutations, brefs échanges, présentations, etc.
- Déjeuner de travail.
- Conversations de couloir (alliances, commentaires, définition de stratégies, etc.).
- Réception et/ou dîner de gala.
- Conversations informelles à la sortie d'un programme culturel.
- Conversations téléphoniques de participants avec la capitale du pays qu'ils représentent.
- Événements imprévus : arrivée en retard, venue d'un représentant non prévu, retards pris sur le programme, problèmes de traduction, etc.
- Incidents : des journalistes ont réussi à pénétrer dans l'espace réservé aux participants ; tentative de forcer les barrages de sécurité par des manifestants ; remise d'une pétition, etc.
- Questions des journalistes au sortir de la réunion, interview formelle (dans une salle à part).
- Point ou conférence de presse.
- Reportages, séquences de journaux télévisés.
- Micro-trottoir pour connaître l'impact de l'événement auprès de l'opinion publique.
- Reportage réalisé auprès de participants étrangers avec traduction, etc.

C. Produisez des documents

- Résumé sur le site d'un ministère, d'une ambassade, etc.
- Articles de presse.
- Courriels et textos envoyés par les participants dans leurs capitales respectives.

UNITÉ 7 De quoi traitait la conférence?

1 Vous avez pris des notes? 86

2 De quoi va-t-il/elle parler? 89

3 Qui se charge du compte rendu? 93

ON EN PARLE...

L'impact du réchauffement climatique sur la santé . 96

Testez-vous 97

UNITÉ 8 Vous êtes intervenu(e)?

1 Table ronde sur les discriminations,
le racisme et l'intolérance 98

2 Questions et réponses après une communication 102

3 La table ronde est terminée.................... 105

ON EN PARLE...

Aller s'installer et travailler au Canada 108

Testez-vous 109

UNITÉ 9 De quoi avez-vous débattu?

1 Vous avez tout à fait raison! Cependant........ 110

2 Nous allons maintenant passer au vote 113

3 Conversations de couloir 117

ON EN PARLE...

Haïti après le tremblement de terre:
solidarité intéressée ou desintéressée? 120

Testez-vous 121

SIMULATION 3 122

De quoi traitait la conférence ?

1 VOUS AVEZ PRIS DES NOTES ?

document 1

Garantir aux femmes des soins de santé appropriés lors des conflits armés (extraits)

Je vais vous parler de la situation des femmes dans les conflits armés et plus particulièrement de leurs besoins en matière de santé car, sous les bombes, les femmes sont particulièrement exposées.

Tout d'abord, il leur est difficile d'avoir accès aux soins. Un conflit entraîne souvent la destruction des infrastructures sanitaires. De ce fait, les femmes font face à un double problème : au moment où elles auraient davantage besoin de soins, elles doivent parcourir de grandes distances et dépenser plus d'argent pour recevoir un niveau de soins adéquat.

Cette situation est problématique à plus d'un titre. Premièrement, les femmes enceintes et allaitantes font l'objet d'urgences. Deuxièmement, elles ont plus de difficultés à se déplacer. Cela peut être dû à la menace de la violence, mais aussi provenir de contraintes culturelles leur interdisant de voyager sans un proche de sexe masculin. [...]

Par ailleurs, un conflit accroît le risque d'être victime de violences sexuelles [...] Il est alors très important que la victime subisse un contrôle médical. Et, une fois qu'elle aura reçu un traitement, elle aura besoin de services psychosociaux qui joueront un rôle de médiateur entre elle, sa famille et la communauté, afin d'éviter qu'elle soit stigmatisée ou rejetée. [...]

D'après une interview de Nathalie Puechguirbal, http://www.icrc.org

document 2

L'Union européenne, victime de son succès (extraits)

L'Europe est victime de son succès. À l'origine, il y a eu quelques hommes visionnaires qui ont essayé d'imaginer d'autres relations entre Européens afin de rendre la guerre impossible. Alors ils ont commencé par une union douanière. À six pays. Et en espérant que ce premier succès nous conduirait à coopérer dans d'autres domaines. Un jour… Quand ? On n'en savait rien ! L'union politique de l'Europe, qu'est-ce que cela voulait dire ? Et puis voilà : 50 ans plus tard, nous avons transformé le petit Marché commun en une union politique, douanière, économique dotée d'une monnaie unique, nous sommes 27 et non plus 6. Et il y a des problèmes à régler. Au-delà de notre union économique, se produisent des échanges considérables entre nos peuples. Ainsi, nos enfants vont faire des études en Allemagne ou en Suède. Et les Français tombent amoureux des Estoniennes ou les Roumaines des Français. Et ils ont des enfants.

Voyez le cas de ma fille Hélène, boursière Erasmus en Écosse où elle rencontre un boursier espagnol, Diego. Et il arrive un petit Pablo. Or ce petit Pablo pose un problème juridique insoluble. Voilà un enfant né en Écosse de père espagnol, de mère française. Quelle est sa nationalité ? Son nom ? Quel est le parent autorisé à déclarer Pablo sous un nom ? Si les parents se séparent, quelle est la législation applicable ? Il n'y a pas de règle. Nous avons bâti un espace qui n'est pas simplement pour les entreprises mais aussi pour les personnes. Or cet espace, il a besoin de lois.

D'après une conférence d'Alain Lamassoure, Institut français de Budapest, novembre 2008

1 Répondez aux questions suivantes.

a. En quoi les femmes sont-elles particulièrement exposées en cas de conflit armé ?

b. Pour quelle(s) raison(s) cette situation est-elle jugée problématique ?

c. Qu'est-ce qui peut rendre leur vie encore plus difficile ?

d. Comment doit s'effectuer la prise en charge d'une femme victime de violences sexuelles ?

2 🎧 Écoutez le document 2, observez les notes et classez-les dans l'ordre qui convient.

Notes
a. 50 a. + tard : MC → union pol., douanière, éco, euro, 6 → 27
b. Qq visionnaires → nouveau type rel. → guerre impossible
c. Nationalité ? Nom ? Qui peut déclarer P. ? Pb si séparation → pas de règles
d. Echanges éco mais surtout peuples Ex. Erasmus. Couples mixtes, enfants
e. Ex. : Pablo = pb juridique insoluble
f. Union douane, 6 mbres → autres coop. ?
g. Nouveaux pb UE réussite éco / espace éco. MAIS esp. pers. → lois nécessaires
h. Europe = gd succès

VOCABULAIRE

Indicateurs temporels

→ **Exprimer le commencement**
Au départ/À l'origine/Initialement, il y avait seulement six pays membres.

→ **Exprimer une fréquence croissante/décroissante**
Les incidents se produisent **de plus en plus souvent/fréquemment**.
Les rencontres sont **de moins en moins rapprochées**.

→ **Exprimer une date limite**
Au-delà du/Passé le/Après le 25 juillet, les dossiers ne seront plus acceptés.

→ **Exprimer un futur réel/possible**
Un jour, ce type de problème ne se posera plus/tout devrait s'arranger.

→ **Exprimer un futur dans le passé réel/possible**
50 ans plus tard/La semaine/L'année suivante, la situation avait changé.

3 Complétez.

a. . . . , les inscriptions seront closes.
b. . . . , il s'agissait simplement d'une union douanière.
c. . . . , je serai président de la République.
d. Tous les adjoints étaient à la réunion alors que . . . seuls les chefs de service devaient y assister.

4 Reliez les deux colonnes.

a. Les contacts sont
b. Au départ, tout le monde
c. Le premier mois avait été dur ;
d. En 2003, ils étaient encore à l'étranger ;

1. ensuite, on avait senti une amélioration.
2. de plus en plus rapprochés.
3. voulait un accord rapide. Ensuite…
4. l'année suivante aussi.

MANIERES DE DIRE

Mettre une opinion en valeur (surtout à l'oral)

On sait tous que la corruption est forte. ➡ **La corruption est forte, nous le savons tous/c'est évident/ c'est une évidence !**

On ne sait pas quand la crise sera dépassée. ➡ **Quand la crise sera-t-elle dépassée ? On ne le sait pas/ On n'en sait rien/On n'en a aucune idée !**

Tout le monde ignore où auront lieu les négociations. ➡ **Où auront lieu les négociations ? Tout le monde l'ignore/Nous l'ignorons tous !**

Nul ne sait comment dépasser la crise. ➡ **Comment la dépasser ? Personne/Nul ne le sait !**

5 Transformez les phrases suivantes comme dans les exemples.

    a. Vous n'ignorez pas que les prévisions sont très pessimistes.

    b. Ce n'est un secret pour personne que les «excellentes relations» sont une façade.

    c. Personne n'a la moindre idée de l'heure à laquelle commence la cérémonie.

    d. Il est quasi improbable qu'ils parviennent à un accord.

6 Continuez librement les phrases suivantes.

    a. Le scandale va éclater d'un jour à l'autre, ...

    b. Comment expliquer une décision aussi surprenante ? ...

    c. 60 % de la subvention a été détournée, ...

MANIERES DE FAIRE

Prendre et utiliser des notes

→ **Abréviations**

une résolution → résolu°	un rendez-vous → RDV	c'est-à-dire → cad
le développement → dvpt	un numéro → N°	s'il vous plaît → SVP
un département → dept	un problème → pb	plus ou moins → + ou −
un procès verbal → PV	impossible → imp.	avant ; après → av. ; ap.

→ **Style télégraphique**

La situation est tendue et tout le monde est pessimiste. → **Sit. tendue, tlm pessimiste**

Comme l'avion a du retard, la cérémonie est décalée. → **retard avion → cér. décalée**

La stratégie pose des problèmes qu'il faut surmonter. → **stratégie = pbs → surmonter**

Si les réunions étaient préparées, elles seraient utiles. → **si réunions prép. → r. utiles**

Situation difficile, nombreuses divergences, États bloquant les négociations : ce sommet n'aura servi à rien. → **sit. dif., nbrs divergences, États bloquent négos → sommet inutile**

7 Faites des phrases à partir des notes suivantes.

    a. besoin urgent doc congrès et nbre invités réception.

    b. spéculation → scandales financiers → crise financière. Stop !

    c. manque d'argent + chômage = pas de croissance.

8 Écrivez le texte suivant en style télégraphique.

La lutte contre la déforestation joue un rôle majeur dans le changement climatique. Tout le monde avance des chiffres différents, mais on considère que la déforestation est responsable de 20% des émissions de gaz à effet de serre. Plusieurs rapports indiquent que la lutte contre la déforestation ne coûterait pas cher. Je ne suis pas d'acord. L'essentiel de la déforestation est dû aux paysans. Une compensation financière à ces millions d'exploitants serait donc très coûteuse.

VOCABULAIRE

Exprimer la cause

Cela est dû à/peut être dû à/peut s'expliquer par un manque de concertation.

L'absence de consensus provient de/a pour origine /est lié à une communication déplorable.

C'est dans l'absence de démocratie qu'il faut chercher l'origine/l'explication de ces excès.

Les conflits ethniques actuels trouvent leurs fondements/leurs racines/leur explication dans des traités mal élaborés.

À la source/l'origine du blocage il y a, entre autres, la question du financement.

Aux sources/origines/fondements de la crise : la spéculation financière.

9 Répondez librement aux questions en utilisant une expression exprimant la cause.

    a. À votre avis, quelle est la cause de l'augmentation des allergies ?

    b. Mᵐᵉ Catulla, d'où vient la chute de la mortalité infantile ?

    c. Cher Monsieur, quelle est selon vous la raison de l'optimisme des Britanniques ?

10 Faites une seule phrase en utilisant une des expressions données ci-dessus.

a. Il ne dit rien. Son point de vue est injustifiable.

b. Il n'a pas les éléments chiffrés. Donc, il refuse de parler du plan d'aide aux banques.

c. Les caisses sont vides. À ce titre, il est difficile de prendre des mesures sociales coûteuses.

d. Il y a là un problème grave. Il découle directement des deux crises du pétrole.

À vous

1. Votre chef vous a noté en style télégraphique le contenu d'un courriel que vous devez rédiger. Mettez-vous en groupes. Un groupe note le contenu du courriel, un autre le rédige.

2. Vous devez faire un exposé sur un thème qui relève de votre compétence. Vous prenez des notes et vous faites l'exposé. Puis on vous pose des questions auxquelles vous répondez. (Pensez à structurer votre exposé : introduction ; parties 1, 2, 3 ; conclusion.)

---

2 DE QUOI VA-T-IL/ELLE PARLER ?

L'Union européenne :
un déficit de légitimité démocratique ?

Je vais vous parler de l'Union européenne confrontée à un défi de légitimité démocratique.

Je partirai, pour justifier un tel sujet, de ce qui s'est passé ces trois dernières années : cinq referenda sur des traités européens et trois qui se soldent par des réponses négatives. Il me semble que ces trois referenda ont posé, ont lancé deux séries de défis.

Le premier est un défi qui n'est pas à proprement parler celui de la légitimité mais plutôt celui de l'efficacité, témoignant du risque de blocage de l'Union européenne sur des sujets soumis à l'unanimité comme la ratification d'un traité européen.

Mais, au-delà de cette question de l'efficacité, je crois que ces votes ont aussi mis en lumière un problème, une question qui est celle de la légitimité, autrement dit de l'adhésion populaire à l'Union européenne. Voilà une situation qui oblige à poser la question de la légitimité démocratique. Et c'est très précisément cette question que je voudrais explorer.

Et, pour ce faire, je voudrais aborder trois éléments. Le premier portera sur ce que j'estime, pour ma part, être un changement de nature de l'Union : aux sujets qu'elle traitait à ses débuts s'en sont ajoutés d'autres de nature plus politique. En deuxième lieu, je vais essayer de démontrer que ce changement de nature implique un changement de méthodes, en termes de légitimation, en ce qui concerne les décisions que prend l'Union européenne aujourd'hui. Je voudrais enfin montrer que ce changement de méthode pourrait amener une politisation du fonctionnement de l'Union européenne à travers des pouvoirs accrus du Parlement européen. [...]

D'après une communication de Thierry Chopin (Fondation Robert Schumann).
Académie des Sciences de Hongrie (novembre 2008)

---

1 Écoutez plusieurs fois le document 1, prenez des notes puis répondez aux questions.

a. Qu'est-ce qui a caractérisé l'histoire de l'Union européenne ces trois dernières années ?

b. En quoi consiste le premier défi ?

c. En quoi consiste le deuxième défi ?

d. Quel est le plan de la conférence ?

---

document 2

Questions / réponses

1. – *Vous avez abordé tout à l'heure la question de l'élargissement de l'Union européenne. Ne pensez-vous pas que les difficultés que vous évoquez viennent de là ?*

– J'ai la conviction que le tournant a eu lieu en 1993 lors du passage du Marché Commun à l'Union européenne, donc avant le grand élargissement de 2004. Le changement, c'est, si vous voulez, le moment où les décisions prises ne sont plus seulement d'ordre économique mais aussi politique. Quand l'Union européenne traite de questions politiques, elle ne peut plus se passer du débat démocratique. Et cela est vrai à 15 comme à 27.

2. – *Selon vous, est-ce que le rôle accru du Parlement européen suffira à changer les choses ? On ne change pas les mentalités avec des traités ou des lois !*

– Je suis tout à fait d'accord. Les lois peuvent exister mais elles ne suffisent pas. C'est seulement au moment où les citoyens européens auront pris conscience de ces lois que l'Union européenne accédera à une nouvelle phase de son histoire. La réforme, qui accroît le rôle des élus au détriment de celui des technocrates, offre un cadre mais son usage efficace dépend de ce que les gouvernements en feront et de la manière dont eux communiqueront sur ce point avec les citoyens.

2 Écoutez plusieurs fois le document 2, prenez des notes puis complétez le tableau.

	Contenu de la question	Contenu de la réponse
Question N° 1		
Question N° 2		

GRAMMAIRE

Le futur antérieur

→ **Formation :** « avoir » ou « être » au futur + participe passé
Il sera arrivé. Elle aura terminé.

→ **Emploi :** le passé dans le futur
Quand les discussions **auront abouti**, on **signera** l'accord.
(*D'abord* les discussions aboutissent, *ensuite* on signe l'accord.)

3 Reformulez les phrases suivantes en utilisant le futur antérieur.

a. Demain, Mme Skoll a un rendez-vous à 15 h 30. Ensuite, elle va prendre l'avion pour Riga.
b. Dans un mois, M. Facard va terminer son rapport. Il prendra alors quelques jours de repos.
c. Ce soir, M. Mano doit aller à une réception. Auparavant, il doit finir de rédiger le TD.

4 Répondez librement aux questions en utilisant le futur antérieur avec « quand ».

a. Qu'allez-vous faire ce soir après avoir quitté le bureau ?
b. Après avoir passé la douane, comment se rendra-t-il en ville ?
c. Vous allez vous organiser comment ? D'abord passer à l'hôtel puis aller au ministère ?

MANIERES DE DIRE

Mettre l'accent sur un fait, une idée…

→ **en utilisant des synonymes**
Je vais vous parler **d'un problème, d'une question** qui me paraît fondamentale.
Je voudrais **m'attarder, insister sur** le fait que les origines de la situation sont lointaines.
C'est **très difficile, très complexe** !
C'est, **en termes de stratégie, du point de vue tactique**, extrêmement dangereux.

→ **en introduisant des reformulations**
Il y a blocage. **Autrement dit**, tous les négociateurs s'attendent à un échec du sommet.
La partie russe est étonnée. **D'une certaine manière**, elle entrevoit la fin des pourparlers.
Pour le représentant péruvien, c'est un pas en avant. Une reconnaissance **en quelque sorte**.
Je trouve cette attitude absurde. Improductive, **si vous préférez** !
C'est une mauvaise nouvelle. **En tout cas**, un problème de plus à résoudre.
On peut/pourrait (également) dire qu'il y a des signes avant-coureurs de la crise ou que la crise n'arrive pas comme ça. Elle s'annonce, **pour ainsi dire**.

5 Complétez les phrases en utilisant un synonyme des mots en italiques.

a. C'est un domaine d'action que je trouve vraiment *intéressant*, … .
b. Voilà *un élément*, … que l'on oublie souvent de prendre en compte.
c. Je souhaiterais vous *faire découvrir*, … les dernières conclusions de nos recherches.
d. Rendre la guerre impossible est *le point de départ*, … de la construction européenne.

6 Complétez avec l'expression qui convient.

a. C'est une situation très critique … . Je suis extrêmement inquiet.
b. Il faut agir vite. Et énergiquement, … .
c. Voilà des propos constructifs. … , ils veulent nous montrer qu'ils sont disposés au dialogue.
d. … , je suis d'accord avec eux mais j'ai tout de même beaucoup de réserves concernant leur vision des choses.

MANIERES DE DIRE

Introduire ce qu'on veut/va faire ou dire

Je vais tout d'abord **évoquer** les aspects pratiques et je vais **mentionner/citer** deux exemples.
J'aborderai/J'analyserai /Je traiterai ensuite la difficile question des droits fondamentaux.
Je vais **illustrer mon propos** par des chiffres.
Sur cet aspect de la question, je **vais partir** d'une anecdote.
Maintenant, je vais vous **présenter** l'aspect financier.
J'ai volontairement **mis l'accent sur** la question de l'avenir de la planète.
Permettez-moi de **conclure** sur la réflexion suivante.

7 Reliez les deux colonnes.

a. Dans un premier temps,
b. Je voudrais partager avec vous
c. Pour finir, je voudrais souligner
d. C'est volontairement que j'ai insisté

1. l'urgence d'agir.
2. voici quelques exemples.
3. des expériences de terrain.
4. sur les questions de communication.

8 Complétez avec le verbe ou l'expression qui convient.

a. Je ne voudrais pas … sans rendre hommage à Mme Sainte-Marie.
b. Nous allons … cet aspect sur la base d'un cas précis.
c. Parmi les personnes à remercier, je … en premier lieu MM. Roca et Van Dyck.
d. Je voudrais maintenant … les raisons de l'échec.
e. Jusqu'à présent, j'ai … sur les aspects pratiques. Changeons maintenant de point de vue.
f. Pour … , voici une anecdote, à mon sens révélatrice.

VOCABULAIRE

Présenter des données chiffrées

Trois personnes sur dix sont de cet avis./Il y a **un cas dangereux pour mille.**
Mettez-vous **par quatre/en six groupes/deux par** ordinateur.
Il faut diviser le PIB **par trois.**
Le nombre d'inscrits se situe **autour de/aux environs de** cinq cents.
150 des 200 familles bénéficient d'une aide/**200 à 250 personnes** étaient présentes.
Le texte a été voté **par 12 voix contre 5** et une abstention. Ils ont perdu **par 2 à 4.**
L'indemnité est **de l'ordre de** 150 euros par mois/Ce modèle coûte **environ** 600 euros.

9 Reformulez en utilisant l'expression qui convient.

a. Vous allez former des groupes de deux.
b. Il y avait 3 000 participants. Peut-être un peu plus.
c. Les per diem sont de 25-30 euros.
d. Quelle est la proportion de personnes favorables ? 72-75% !

10 Répondez librement aux questions.

a. Dans votre pays, quel est le taux de mortalité infantile ?
b. Pouvez-vous me dire approximativement le nombre d'inscrits ?
c. Tous les postes ont été équipés d'écrans plats ?

À vous de poser maintenant ce type de questions.

GRAMMAIRE

L'expression du but

→ **Préposition + nom/infinitif**
Il a beaucoup fait **pour la réussite** du projet.
Le Premier ministre a organisé une conférence de presse **pour annoncer** le plan de réformes.

→ **Locution prépositionnelle + infinitif**
Afin d'obtenir satisfaction sur le coût, nous avons fait des concessions sur le calendrier.
Il a donné son accord **dans le but de** gagner du temps.
Il prévoit la soirée **de manière à/de façon à/avec pour objectif de** parler avec le Président.

→ **Expressions**
Elle voulait travailler à l'ONU. **Pour ce faire,** elle a passé un concours de recrutement.
Le gouvernement veut développer la conscience européenne des citoyens. **Dans ce but/Dans cette perspective/À cet effet,** il commande une campagne de communication.

11 Complétez avec l'expression qui convient.

a. La soirée a été préparée … éviter les imprévus.
b. … ne pas être dérangé, il a débranché son téléphone.
c. C'est notre tour d'organiser le sommet. … , un budget spécifique a été prévu.

12 Reformulez les phrases avec le mot ou l'expression qui convient.

a. Notre objectif est la réduction du chômage. Nous avons pris les mesures nécessaires.
b. Il souhaite rencontrer des personnalités influentes. Il participe à toutes les réunions.
c. Nous souhaitons éviter tout acte de violence. Nous avons doublé le personnel de sécurité.

À VOUS

1. Vous participez à une conférence et vous faites une présentation sur un sujet de votre choix.
À la fin de votre présentation, des participants vous posent des questions.
2. Vous faites partie d'un groupe d'experts. Une réunion est organisée pour décider qui va parler de quoi à une conférence. Vous présentez le thème de votre intervention et les parties qui vont la composer. Vous rédigez ensuite un court texte de présentation.

3 QUI SE CHARGE DU COMPTE RENDU ?

document 1

Compte rendu de la conférence :
Après Bali, quelles perspectives ? (extraits)

Journée animée par L. Tubiana, directrice de la Chaire de Développement Durable, Sciences Po.

Selon **Nicolas Hulot**, «nous ne sommes pas loin de l'irréversible» et il est urgent de réviser nos logiques de consommation. L'objectif affiché est de diviser par quatre les émissions de gaz à effet de serre à l'horizon 2020. Il y a certes des signes rassurants, tel que l'incontestable prise de conscience, mais le temps est à l'action. L'enjeu est de «mobiliser la science, la technique et l'esprit».

Nathalie Kosciusko-Morizet se félicite que les chercheurs se soient mobilisés pour faire bouger les politiques. «Il faut être créatif dans la manière de cerner les enjeux». Le protocole de Kyoto était un outil peu satisfaisant et la Conférence de Bali avait pour but d'aller plus loin dans la reflexion. Le résultat est apparu décevant car on attendait des engagements forts. Malgré cela, il y a des points positifs : tous les États du Nord ont accepté d'avoir des efforts comparables et les pays du Sud ont accepté d'avoir des objectifs mesurables.

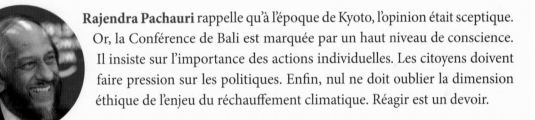

Rajendra Pachauri rappelle qu'à l'époque de Kyoto, l'opinion était sceptique. Or, la Conférence de Bali est marquée par un haut niveau de conscience. Il insiste sur l'importance des actions individuelles. Les citoyens doivent faire pression sur les politiques. Enfin, nul ne doit oublier la dimension éthique de l'enjeu du réchauffement climatique. Réagir est un devoir.

D'après www.lapeniche.net

document 2

Réactions à chaud après la conférence

1. Je n'y crois plus ! Il a fallu presque vingt ans pour que la fameuse «prise de conscience» ait lieu. Maintenant tout le monde sait qu'il y a urgence. Les cris d'alarme se sont multipliés. Je doute qu'ils aient été réellement entendus par les gouvernements qui se satisfont d'une politique des petits pas. Tout cela ne mène nulle part. Par exemple, qui va faire pression sur les multinationales qui se positionnent déjà pour exploiter les richesses du pôle Nord ?

2. À mon sens, on avance ! Mais on ne peut pas imaginer que toute la population mondiale se mobilise ici et maintenant contre le réchauffement climatique. Ne demandons pas l'impossible, restons vigilants et maintenons la pression.

1 Lisez le compte rendu et notez, sans relire le texte, qui a tenu des propos équivalents aux phrases suivantes.

a. «Il est rassurant qu'il y ait un nombre croissant de personne et d'institutions qui voient où est le problème.»

b. «Le réchauffement climatique concerne tout le monde.»

c. «Tous les pays industrialisés ont pris des mesures et les États moins développés ne se refusent pas à en prendre.»

2 Dites à quelle réaction à chaud se rapportent les phrases suivantes.

a. Certains trouvent leur intérêt dans le réchauffement climatique.

b. Tout le monde est maintenant conscient du problème mais cela ne fait pas avancer les choses.

c. Il ne faut pas imaginer que tout va changer d'un coup. Laissons du temps au temps.

d. Les politiques manquent de détermination et se contentent de bien peu.

GRAMMAIRE

La généralisation

Tout citoyen jouit des droits fondamentaux. **Toute** personne a des devoirs incontournables.
Tout le monde souhaite la reprise des négociations.
Chacun doit respecter les traités. **Chacune (d'elles)** doit pouvoir poursuivre une carrière.
Quiconque veut poser sa candidature doit avoir les diplômes requis.
On ne peut laisser entrer **qui que ce soit**.
Quelle que soit votre origine ethnique, vous êtes le bienvenu.
Quels que soient leurs types de contrats, ils font tous le même travail.

3 Complétez avec l'expression qui convient.

a. ... membre de l'association a droit à la gratuité des activités qu'elle propose.

b. ... veut intervenir doit d'abord lever la main.

c. Il est normal que ... participe à l'organisation.

4 Que dire pour...

a. exprimer que tous les aspects d'un dossier sont importants.

b. préciser que toute personne, sans exception, peut devenir membre d'une association.

c. annoncer que n'importe qui n'a pas accès à la salle des manuscrits.

VOCABULAIRE

Caractériser le point de vue/l'attitude de quelqu'un

M. Stanov **s'est félicité de/a salué/a souligné** l'atmosphère cordiale des négociations.
Ilona Peregi **a fait part de/a exprimé/a manifesté/n'a pas caché** ses inquiétudes.
Les plus radicaux **ont exprimé/manifesté leur intention de** quitter la table des négociations.
Les négociateurs **ont observé/ont jugé/ont estimé que** rien n'était réglé.
Le premier secrétaire **avait espéré que** les résultats seraient meilleurs.
Les intervenants **n'étaient pas mécontents que** le colloque soit terminé.
Les manifestants **auraient voulu que** le ministre les reçoive.

5 Complétez avec l'expression qui convient.

a. Les congressistes ... l'excellente qualité des interventions.

b. Les organisateurs ... qu'un orage éclate pendant la garden party.

c. Dans son discours de clôture, le ministre ... des conclusions du séminaire.

6 Rapportez les propos ci-dessus avec une expression de votre choix.

a. Les invités : «La réception était très bien organisée».

b. La délégation de l'OTAN : «Les échanges étaient extrêmement fructueux.»

c. Un conférencier : «On a dit beaucoup de banalités pendant ce débat.»

Introduire un objectif, un enjeu, un problème

→ Définir un objectif, un enjeu, un problème
L'enjeu/L'objectif /Leur souhait/Leur but **est de** diminuer les dépenses publiques.
Sa crainte est d'organiser une réunion pour rien.

→ Mettre l'accent sur un objectif, un enjeu, un problème
Le problème, c'est l'inflation. **La difficulté, c'est de** convaincre nos partenaires.
Faire une campagne de sensibilisation, **voilà comment** nous allons avancer.
Remettons tout à plat : **c'est ainsi/comme ça/de cette manière que** nous avancerons.
Augmenter la pression sur les États : **c'est la seule façon/l'unique moyen d'**aboutir.

7 Reformulez les phrases suivantes, en utilisant une expression ci-dessus.
   a. Les organisateurs du forum ont peur de manquer de place.
   b. On fait des campagnes de communication mais c'est toujours très compliqué.
   c. Ce que nous voulons ? Sensibiliser la population aux économies d'énergie !

8 Répondez librement aux questions, en utilisant une expression ci-dessus.
   a. Selon vous, quelle est l'activité de votre association qui a le plus de poids ?
   b. À votre avis, comment peut-on augmenter le taux de participation aux élections ?
   c. Que souhaitez-vous en ce qui concerne le nombre d'actions culturelles ?

   À vous d'imaginer des questions.

Le subjonctif passé

→ « avoir » ou « être » au subjonctif présent + participe passé
J'ai/j'avais peur qu'ils **n'aient pas reçu** mon courriel.
C'est/c'était dommage que les représentants des associations **n'aient rien dit**.
Bien que la lettre **soit partie** il y a 10 jours, ils ne l'ont pas encore reçue.
Le meilleur discours que **nous ayons entendu** était le dernier.
La négociation la plus délicate **que j'aie (jamais) connue** a eu lieu au Népal.

9 Complétez les phrases en mettant les verbes au temps du passé qui convient.
   a. Nous ... *(douter)* que les trois délégués ... *(parvenir)* à se mettre d'accord sur une date.
   b. Bien que nous ... *(ne pas recevoir)* l'invitation, nous ... *(être là)* là ce soir.
   c. Le meilleur article que je ... *(lire)* sur la question ... *(paraître)* dans un quotidien du soir.

10 Complétez avec le verbe qui convient
    au subjonctif présent ou passé.

renouveler – être – ne pas arriver – arriver – terminer
   a. Je m'étonnais que la lettre ... .
   b. Je ne crois pas qu'on ... le parc informatique.
   c. Il aurait préféré que le bureau ... plus grand.
   d. On aurait aimé qu'il ... la veille.
   e. Il aurait été préférable qu'il ... d'écrire son discours
      avant son arrivée.

   1. Vous faites une brève conférence sur un thème de votre choix.
   2. Les participants vous posent des questions auxquelles vous répondez.
   3. À la sortie, les participants, par petits groupes, font des commentaires.
   4. Deux organisateurs font ensemble le compte rendu de la conférence et des débats.

On en parle...

L'impact du réchauffement climatique sur la santé

De quoi s'agit-il ?

1. Quelles sont :

   a. les deux questions auxquelles l'émission veut tenter de répondre ?

   b. les fonctions des quatre personnes invitées à participer à l'émission ?

2. Recherchez les informations suivantes :

   a. nombre de femmes qui meurent chaque jour des suites de leur grossesse en Mauritanie ;

   b. pourcentage de mortalité infantile en Mauritanie ;

   c. nombre de décès occasionnés par le réchauffement climatique aujourd'hui et dans 20 ans ;

   d. nombre de personnes qui souffrent de la faim aujourd'hui et d'ici à 2100.

3. Présentez les scénarios.

   a. + 1 degré **b.** + 5 degrés **c.** + 1 à 4 degrés **d.** + 2 degrés en Afrique/dans l'hémisphère Nord

4. Comment se préparent les services de santé ? Faites une synthèse (orale et/ou écrite).

Qu'en pensez-vous ?

Que peut faire le consommateur comme vous et moi, si les grands groupes industriels et les gouvernements ne font que le strict minimum ?

La lutte contre le réchauffement climatique, ça devrait être l'affaire de tous.

De toute façon, c'est trop tard.

C'est un domaine dans lequel on ne peut pas traiter de la même manière les pays riches, les pays émergents et les pays pauvres.

Vous choisissez un de ces thèmes pour…

– présenter oralement votre point de vue ;

– exprimer votre point de vue dans un article de presse ;

– avoir une conversation informelle avec un ami, un collègue… ;

– organiser un débat télévisé.

Et chez vous ?

Que fait-on pour lutter contre le réchauffement climatique ?

- L'État fait-il beaucoup de campagnes de sensibilisation ? Si oui, sont-elles efficaces ?
- Quels efforts sont faits par les pouvoirs publics, les associations, les citoyens ?
- Les gens sont-ils conscients de la situation ? Sont-ils prêts à modifier leur mode de vie ?
- Quelle est la situation, dans votre pays, par rapport à la pollution et à l'état de l'environnement ?

Testez-vous ·······················➤

1 🎧 Compréhension orale

1. Dites en quelques phrases devant quelle alternative est placée l'Union européenne. Justifiez votre réponse à l'aide d'arguments issus du document.

2. Quel est, selon vous, le choix préconisé par l'orateur? Comment le justifie-t-il?

3. Présentez le seul scénario qui, selon lui, peut réussir.

2 Pratique de la langue

GRAMMAIRE

1. Complétez avec le verbe qui convient au futur ou au futur antérieur.

informer – partir – se mettre d'accord – arriver – se terminer – atterrir

Les discussions ... demain soir. D'ici là, j'espère que nous ... sur les principaux points. Quand l'un de nous ... le chef de cabinet, nous ... à l'aéroport. Deux heures plus tard, nous ... et, à minuit, nous ... déjà chez nous.

2. Complétez avec le verbe entre parenthèses au mode et au temps qui conviennent.

    a. C'est la négociation la plus difficile que ... . *(connaître)*

    b. J'ai énormément regretté que la situation ... à ce point. *(se détériorer)*

    c. Avant que je ne le ... , je sauvegarde votre numéro de portable. *(perdre)*

    d. Je me demandais si nous ... la documentation au bureau. *(ne pas oublier)*

    e. Je me doutais que vous ... mal informés *(être)*

    f. Bien que toutes les instructions ... , il y a eu plusieurs incidents. *(être donné)*

3. Complétez avec le mot ou l'expression qui conviennent.

    a. Nous devons absolument réussir. ... , chacun doit faire le maximum..

    b. Préparez tout ... éviter les problèmes de dernière minute.

    c. ... réussir, il faut oser prendre des risques.

    d. Il est parti ... de ne pas revenir.

    e. Vous voulez réussir? ... , il y a une seule solution : le travail.

VOCABULAIRE

1. Caractérisez le point de vue de chacun.

    a. Mme Mendelev : «Pourquoi ne pas reporter le sommet?»

    b. M. Albin : «Si nous pouvions nous assurer du soutien de l'Égypte!»

    c. M. Madli : «Quel dommage que trois pays se soient retirés du projet!»

    d. Mme Raskov : « Ah! Si j'avais pu être présente au dîner de gala! »

    e. M. Goes : « C'est vraiment dommage! J'aurais dû accepter l'invitation au sommet! »

2. Complétez avec l'indicateur temporel qui convient.

    a. ... , je ne me destinais pas à une carrière diplomatique.

    b. Depuis quelques années, ils se voient ... Une ou deux fois pas an peut-être. Et encore!

    c. En 2008, nous sommes allés aux Bermudes. ... , nous sommes allés chez ma mère.

3 Expression orale

Choisissez un thème de table ronde. Mettez-vous par groupes de deux ou trois. Chaque groupe choisit un sous-thème. Pour chaque sous-thème, vous discutez du contenu de l'intervention avec un ou deux collègues du même service.

4 Expression écrite

Chaque groupe rédige le texte de son intervention.

Vous êtes intervenu(e) ?

1 TABLE RONDE SUR LES DISCRIMINATIONS, LE RACISME ET L'INTOLÉRANCE

document 1

M. Félix Tangara, modérateur

Mesdames et Messieurs, chers amis, j'ai le privilège de modérer cette première table ronde de notre colloque. Je le dois probablement à ma « biculturalité » puisque je suis de mère française et de père malien et je remercie les organisateurs de m'avoir fait cet honneur. Mais ma plus grande satisfaction provient sans doute… comment dire… de la multiplicité des horizons et des points de vue qui sont ici représentés.

Cette table ronde va être l'occasion de nous interroger sur les origines des discriminations, de tenter de cerner la genèse de ce rejet de l'autre, qu'il prenne un caractère racial, ethnique, qu'il soit le fruit de clivages sociaux ou d'une tradition historique, qu'il soit culturel, sexuel, fondé sur la peur de l'autre ou sur le simple refus de la différence.

Nul ne peut être maltraité en raison de sa race, de son origine, de sa nationalité, de son statut social ou de son orientation sexuelle. Il faut certes éviter de dramatiser mais ce serait un refus de regarder la réalité en face que de ne pas rappeler que les discriminations font partie de notre quotidien. Mais justement : il faut éviter la banalisation de la discrimination.

Nous allons maintenant entendre quatre interventions qui nous permettront de lancer le débat.

document 2

Extraits d'interventions

▶ **Madame Georgina Dussault, présidente d'une association d'aides aux familles**

J'espère, avec ces exemples qui sont du vécu, avoir pu montrer que la discrimination fondée sur les genres n'est pas un problème des femmes qui doit se résoudre par un changement de comportement des hommes. La discrimination homme/femme est un problème de société.

▶ **Monsieur Bogdan Popescu, conseiller ministériel**

Souvent, les tensions entre minorités vivant dans un même pays sont le fruit de l'histoire. Et souvent d'une histoire lointaine. Les contentieux entre les peuples sont parfois nombreux, tenaces et ancrés dans la mémoire collective. Demandez à tel groupe ethnique pourquoi il déteste tel autre groupe ethnique. Vous aurez une réponse vague qui ne vous convaincra pas car elle est trop schématique ou fondée sur des critères dépassés.

▶ **Ruth Bridgewater, université de Boston**

Car, comme le disent à juste titre les ethnologues, la discrimination trouve son origine dans la peur de l'autre, la gêne éprouvée à l'égard d'une situation qu'on ne connaît pas. Un athée ne comprend pas, ne sent pas ce qu'est un croyant convaincu. Un hétérosexuel ne sait pas ce qui pousse un homosexuel à vivre la vie sexuelle qu'il a choisie. D'autres habitudes déroutent et cette gêne peut entraîner l'exclusion. C'est l'affectivité qui crée le rejet. Or le respect de l'autre, de sa différence, c'est une démarche rationnelle, qui se fonde sur des valeurs.

1 Écoutez le modérateur et classez les 5 rubriques ci-dessous dans l'ordre.

a. Le modérateur annonce le thème de la table ronde.	
b. Le modérateur informe sur le déroulement de la table ronde.	
c. Le modérateur parle des participants à la table ronde.	
d. Le modérateur pose la problématique de la table ronde.	
e. Le modérateur remercie d'avoir été choisi.	

2 Lisez les extraits d'intervention et complétez le tableau.

Fonction de l'intervenant	Thème de l'intervention	Résumé du contenu en style télégraphique

MANIÈRES DE DIRE

Lancer une table ronde

→ **Ouvrir la séance**

J'ai le privilège/l'honneur/la joie/le plaisir de modérer cette table ronde.
Je suis particulièrement heureux de vous présenter les participants.
C'est un plaisir/un honneur pour moi de présider ce débat.

→ **Parler du contenu**

Cette table ronde va nous permettre de nous interroger sur une question controversée.
Elle sera /Nous aurons l'occasion d'aborder un thème vital.
Nous allons pouvoir confronter des points de vue et des expériences.
Le débat va s'ouvrir par une présentation générale du thème retenu.
Il se poursuivra par une intervention de notre éminent confrère.
Ensuite, notre réflexion pourra s'approfondir avec un compte rendu d'expérience.
Enfin, nous terminerons sur les aspects plus proprement sociologiques du problème.

→ **Parler des participants**

C'est une grande opportunité que d'avoir à cette table des spécialistes aussi éminents.
L'occasion nous est donnée ce soir d'entendre des spécialistes confirmés.
Nos spécialistes vont apporter des éclairages différents et complémentaires.
Le choix des participants répond à un souci de pluridisciplinarité.

3 Complétez les phrases suivantes avec une expression qui convient.

a. ... modérer cette table ronde.
b. ... d'accueillir ici MM. Pakov et Joannes.
c. Pendant cette table ronde, ... problème de la sécurité d'une ONG en territoire de guerre.
d. ... par une communication du président de Médecins du Monde.

4 À propos d'une table ronde sur un thème de votre choix, vous…

a. remerciez les participants ;
b. présentez le thème de la table ronde ;
c. présentez les quatre intervenants ;
d. présentez le déroulement de la table ronde.

VOCABULAIRE

Éviter les répétitions

Nous **écouterons** des présentations à caractère politique, nous **entendrons** des témoignages.
Nous **parlerons des** inégalités, nous **évoquerons** les moyens de les diminuer.
Nous **chercherons** des moyens d'action, nous **explorerons** toutes les pistes.
Ils **ont écouté** les déclarations avec attention et ils **ont pris bonne note** des propositions.
Je **trouve** dans ses analyses des idées utiles, j'y **découvre** des solutions.

5 Complétez les phrases en utilisant la paire de verbes qui convient.

croire, être convaincu – déclarer, affirmer – espérer, formuler le souhait – proposer, suggérer

a. Je ... que le colloque sera fructueux et je ... que chacun y trouve son intérêt.

b. Je ... que nous sommes sur la bonne voie et je ... que nous réussirons.

c. Il ... d'assouplir les règles et il ... de simplifier les formalités.

d. Nous ... notre solidarité et nous ... notre soutien total.

6 Reliez.

a. Nous formulons nos meilleurs vœux

b. Je tiens à le redire,

c. Je déclare les travaux ouverts

d. Vous avez écouté cette intervention,

1. et je donne la parole à M. Nils.

2. vous en avez noté les différents points et...

3. et nous vous souhaitons bonne chance.

4. à le répéter encore et encore : ...

MANIERES DE DIRE

Accumuler, énumérer pour insister et convaincre

C'est un problème d'actualité, grave, vital même, mais passionnant.
La situation est sérieuse, préoccupante, critique même.
Il est important, déterminant et urgent de trouver une solution.
Ces discriminations peuvent se fonder sur la race, la position sociale, l'orientation sexuelle.
Les gens ont des préjugés, véhiculent des idées reçues, imitent des comportements.
Voilà une question dont nous souhaitons débattre, qui nous intéresse au premier chef, que l'actualité nous impose et qui fait partie intégrante de notre mission.
D'intéressants travaux existent. C'est notre rôle de les faire connaître. Nous devons nous en inspirer dans les décisions que nous prenons.

7 Reliez.

a. Voilà un incident sérieux

b. C'est une négociation difficile,

c. Notre objectif est de dialoguer,

d. C'est notre rôle, c'est notre devoir,

1. échanger, débattre.

2. c'est notre tâche.

3. et qui mérite toute notre attention.

4. risquée mais prioritaire.

8 Utilisez les procédés proposés ci-dessus pour convaincre...

a. de la gravité de la mortalité infantile.

b. du caractère prometteur des énergies géothermiques.

c. de l'absurdité de perdre du temps en discussions interminables et inutiles.

Imaginez d'autres situations. Pensez à varier les procédés.

MANIERES DE DIRE

Exprimer des réactions

Organiser des tables rondes régulières ? Voilà une excellente idée !
Demander aux participants de se présenter eux-mêmes ? Pourquoi pas !
Imposer des règles sans concertation. Absolument pas d'accord !
Se permettre de tenir des propos aussi discriminatoires ! Invraisemblable ! Stupéfiant !
Instaurer la discrimination positive ? Certainement pas !
Limiter la durée des interventions ? Cela va de soi !
Faire des débats contradictoires ? Ça me passionne ! / J'adore ça !
Moi, faire pression sur M. Boez ? Il n'en est pas question ! / Il ne saurait en être question !
Laisser le temps régler le problème ? Je n'y crois pas !
Créer un nouveau groupe de travail ? Ce n'est pas d'actualité !
Dialoguer oui, s'affronter non ! / Le dialogue, oui, l'affrontement, non !

9 Complétez avec une expression proposée ci-dessus (p. 100).

a. Programmer un symposium, … ! Mais qui se chargera de l'organisation ?

b. Lancer un nouveau programme de recherche ? … ! Qui le financera ?

c. Généraliser les économies d'énergie ? … . Qui pourrait s'y opposer ?

d. Organiser un séminaire de réflexion ? … ! Personne n'y participera !

e. Oser défendre des positions pareilles ! … !

10 Transformez les phrases suivantes en utilisant une des expressions ci-dessus (p. 100).

a. J'adore passer des nuits à discuter autour d'un verre.

b. Il est clair que nous ne voterons pas cet article de la loi.

c. Je veux bien qu'il y ait un débat à condition qu'il ne tourne pas au règlement de comptes.

d. C'est une idée pertinente de lancer une grande enquête.

11 Réagissez librement aux situations suivantes en utilisant une des expressions ci-dessus (p. 100).

a. Vous êtes agréablement surpris(e) par la proposition d'un délégué.

b. Vous discutez avec des collègues des chances de réussite d'un projet. Personnellement, vous êtes plutôt pessimiste.

c. On vient de vous faire une proposition qui vous plaît énormément.

Imaginez d'autres situations.

MANIERES DE DIRE

Se référer à des institutions, des personnalités, des auteurs, des œuvres

Comme l'écrit/le dit/l'affirme Camus dans *Le mythe de Sisyphe*, …
Dans ses mémoires, le général De Gaulle note que…
Si l'on en croit le ministre des Affaires étrangères, …
Pour citer un éminent politologue, …
Pour paraphraser Jean Monnet, …
Pour illustrer/justifier mon propos, je citerai Lacan/je vais évoquer Pierre Bourdieu.
Si on se réfère au *Capital* où ce concept est déjà présent, on se rend compte que…
Selon certains climatologues, la banquise disparaîtrait d'ici une centaine d'années.
D'après le conseiller, les pourparlers sont sur le point d'aboutir.
M. Boc, à en croire vos écrits/votre livre, vous êtes favorable à l'écologie, n'est-ce pas ?
Ce concept, déjà présent dans *L'esprit des Lois*, consiste en…

12 Reformulez les phrases suivantes en utilisant une des expressions ci-dessus.

a. Le Premier ministre affirme que l'accord est presque signé.

b. Le Code pénal est formel : tout homme non encore jugé est présumé innocent.

c. Churchill estimait que les États-Unis d'Europe empêcheraient la guerre.

d. Vous saisirez mieux ce que je veux dire avec un exemple.

À vous à faire des phrases de ce type.

13 Complétez les phrases.

a. … , « les hommes vivent libres et égaux en droits ».

b. … , « je pense donc je suis ».

c. … , « être ou ne pas être, là se trouve la question ».

Continuez à faire des phrases de ce type.

Et comme disait notre maître à tous…

À vous

1. Vous êtes chargé d'animer une table ronde sur un sujet choisi par le groupe.
Vous faites le discours d'introduction.

2. Vous faites partie des intervenants. Vous prononcez l'introduction de votre intervention.

② QUESTIONS ET RÉPONSES APRÈS UNE COMMUNICATION

document 1

Comment lutter contre le chômage ?

● **Modérateur :** Je vous remercie, Mᵐᵉ Stavinowski, pour cet exposé très clair, qui pose bien les problèmes et les éclaire d'un jour nouveau. Cher amis, le temps des questions est venu. Je propose que vous les posiez et que Mᵐᵉ Stavinowski réponde globalement. Je demande à chaque intervenant de se présenter. Voilà une première question ! Monsieur ?

● **Jan Ruzov, Ministère serbe de l'emploi.** Je vous remercie pour cette présentation très intéressante mais… un peu théorique. Pour quelqu'un du terrain, c'est plus complexe. Vous préconisez un traitement international du chômage. Vous proposez la coordination des politiques de l'emploi. Sur quelles bases ? Dans quel cadre ?

● **Modérateur :** Madame, là-haut à droite, posez votre question s'il vous plaît !

● **Jelena Richter, académie des Sciences de Norvège.** Ce sera plus une remarque qu'une question. J'ai été très intéressée par votre intervention et je suis d'accord sur bien des points. On peut, certes, imaginer qu'un groupe de pays se mette d'accord sur une politique commune de lutte contre le chômage. Mais cela suppose une croissance durable et des marchés de l'emploi proches. Et c'est bien là que se situe le problème ! Je vous remercie.

● **Modérateur :** Encore une question ? Je suis désolé mais ce sera la dernière. Monsieur ?

● **Hammid Naili, chambre de commerce et d'industrie de Rabat.** Votre proposition m'intéresse mais je ne vois pas comment la mettre en œuvre. Dans les pays du Nord, peut-être. Mais dans les pays du Sud… sur le plan social, le chômage est structurel, l'aide sociale souvent peu développée. Quel serait le champ d'application des mesures que vous proposez ? Je veux dire… au sens géographique du terme. Malheureusement, la mondialisation ne réduit pas les inégalités.

document 2

● **Modérateur :** Merci pour ces questions qui, en fin de compte, pourraient se résumer de la façon suivante : pourquoi pas, mais comment et où ? Mᵐᵉ Stavinowski, vous avez la parole.

● **Mᵐᵉ Stavinowski :** Je vous remercie. Tout d'abord une précision : je suis consciente que le modèle que j'essaie de construire n'a pas vocation universelle. Ensuite, Monsieur… Ruzov, je crois…, ne vous méprenez pas, je fais partie d'une équipe internationale de chercheurs et nous fondons nos propositions sur des chiffres, des faits. Elles sont donc en prise directe avec la réalité. Mais il est clair qu'il s'agit d'un marché de l'emploi qui n'est pas mondial. Au reste, il ne faut pas voir le chômage comme une fatalité. Il faut chercher des solutions, expérimenter. Vous savez, un traitement national de la crise de l'emploi me paraît dépassé. Nous sommes là face à un défi qui ne peut être relevé que par une coopération étroite de pays présentant des similitudes économiques – je suis tout à fait d'accord avec vous.

● **Modérateur :** Merci beaucoup Mᵐᵉ Stavinowski pour ces réponses pertinentes. Nous faisons une pause. Des boissons sont à votre disposition. Je vous remercie pour ces échanges fructueux.

1 🎧 Écoutez les deux documents et complétez le tableau.

Question de Jan Ruzov	Réponse de Mme Stavinowski
Question de Jelena Richter	Réponse de Mme Stavinowski
Question de Hammid Naili	Réponse de Mme Stavinowski

GRAMMAIRE

Répéter ou non une conjonction ou un pronom relatif

→ **Répéter pour insister**

C'est un problème **auquel** je suis attentif, **auquel** j'attache une importance de premier plan.
Nous allons poursuivre notre action **parce qu**'elle nous paraît juste, **parce qu**'elle est utile
à notre société, **parce qu**'elle est porteuse d'avancées sociales.

→ **Ne pas répéter pour alléger**

L'État souhaite **que** cette réforme soit menée à son terme **et** entre en vigueur dès 2013.
Voilà une disposition **pour laquelle** nous nous sommes battus **et** continuerons à nous battre.
Le projet a abouti **parce que** chacun était conscient de son utilité **et que** tous ont accepté des compromis.

2 Transformez les phrases sans répéter le pronom relatif ou la conjonction quand c'est possible.

   a. Voilà une candidate qui est ouverte, que je trouve compétente et dont on m'a dit du bien.

   b. C'est quelqu'un avec qui j'ai sympathisé et avec qui j'ai eu de passionnantes discussions.

   c. Puisque toutes les conditions sont réunies et puisque tout le monde est d'accord,
      pourquoi attendre pour lancer le projet ?

3 Continuez librement.

   a. Voilà un interlocuteur…   **b.** Je vous présente Mme Calvari…   **c.** Vous connaissez ce Néerlandais…

VOCABULAIRE

Donner la parole en localisant dans la salle

Madame, **là-haut/en haut à droite**, vous avez la parole.
Faites passer le micro au monsieur qui **se trouve en bas à gauche**, **près de la fenêtre**.
Une dame **au milieu du troisième rang/assise au premier rang** lève la main.
Monsieur…, qui êtes **à la troisième place en partant de la gauche**, nous vous écoutons.
Monsieur…, qui êtes **debout au fond de la salle**, vous souhaitez intervenir ?

4 Donnez la parole à vos collègues sur un thème de votre choix en les identifiant par leur place dans la salle.

MANIÈRES DE DIRE

Comment gérer un moment d'hésitation ?

Cela a été… – une sorte de… – un profond sentiment de révolte. Voilà.
J'ai ressenti… – comment dire ?/comment pourrait-on dire ? – une immense satisfaction.
Voilà… – disons… /je dirai(s)… – un problème à la fois juridique et financier.
Je comprenais bien que… – je ne sais pas… – j'avais mal évalué la situation.
Je devais – j'ai du mal à trouver le mot exact – laisser une porte ouverte à la négociation.
Notre sentiment est que… – c'est difficile à exprimer – nous ne pouvons rien espérer.
Il se disait qu'il aurait dû…, qu'il fallait donner l'impression d'être très sûr de soi.

5 Transformez les phrases en introduisant une phrase incise adaptée au contexte.

   a. Il aurait été important d'en parler avec toutes les personnes concernées.

   b. Je suis un peu gênée de devoir vous informer que M. Amar est très en colère.

   c. C'est une situation qui n'est pas facile à gérer.

GRAMMAIRE

Emplois de « tout »

→ Tout (déterminant) + nom
Tout travail mérite salaire.
Toute proposition nous intéresse.

→ Tout (déterminant) + démonstratif
Tout ceci/Tout cela vous concerne.

→ Tout + déterminant + nom
Ils ont travaillé toute la nuit.
La réunion a lieu toutes les semaines.
Elles sont venues toutes les deux.
Tous les commissaires seront là.

→ Tout pronom masculin ou féminin
Ils sont là. Tous sont là./Ils sont tous là.
Voilà nos invitées. Toutes sont étrangères.

**→ Tout pronom neutre
(avec ou sans préposition)**
Tout ira bien. Tout est bien qui finit bien.
Merci pour tout.
Je veux avant tout qu'on règle le problème.
Il était malade. Malgré tout, il est venu.
Après tout, pourquoi pas !

→ Tout adverbe + adjectif/adverbe
Il était tout étonné.
Ils sont tout contents.
Elle s'est montrée toute conciliante.
Elles ont été tout étonnées.
Je voulais tout simplement savoir ton âge.

6 Complétez avec la forme convenable de « tout ».

   a. Elle a l'air … excitée par mes propositions.

   b. Mme Waldorf est … disposée à coopérer.

   c. Elles avaient … l'air satisfaites, sauf Mme Collins.

7 Reformulez en utilisant « tout » à la forme qui convient.

   a. Chaque employé sans exception doit signaler son heure d'arrivée et son heure de départ.

   b. Très probablement, rien ne se passera comme prévu.

   c. Tes propositions sont excellentes. Sans exception.

MANIÈRES DE DIRE

Exprimer une conviction

Je suis (totalement/profondément) convaincu de la légitimité de leurs exigences.
Je suis convaincu que ça ira. J'ai l'/la (intime, profonde, ferme) conviction que tout ira bien.
Je suis persuadé de leur sincérité. Je suis persuadé que vous allez réussir.
Ma conviction est que nous allons avoir de très grosses difficultés.
Nous sortons plus forts de cette crise. J'en ai la certitude. C'est pour moi une évidence.
Ma confiance en cette démarche est totale. Mon adhésion est claire et nette.
Mon opinion/ma conviction est faite. J'y crois. Je n'ai pas/plus le moindre doute.

8 Que leur dites-vous ? Pensez à varier les expressions.

   a. Vous êtes sûr(e) que votre jeune collègue va réussir sa mission.

   b. Les arguments qu'on vous a donnés vous ont paru crédibles. Vous êtes tout à fait d'accord.

   c. Vous avez une grande confiance dans l'avenir des relations entre votre pays et la France.

À vous

1. Un expert vient dans votre service pour parler d'un thème de votre choix. Il vous demande de lui poser des questions et/ou de lui donner votre avis sur ce thème. Il fait ensuite une réponse globale. Jouez la scène à trois ou quatre.

2. Après son départ, vous échangez vos points de vue sur son intervention.

3. Il vous prépare un résumé par écrit de son propre point de vue.

3 LA TABLE RONDE EST TERMINÉE

Compte rendu de la table ronde

La table ronde « traduction » a eu lieu le jeudi 11 mars.

Participants :

- **M. Damien Cros**, professeur à l'université de Poitiers II
- **Mme Régine Salles**, de l'université catholique de Rennes
- **M. David Stone**, directeur du Translation College de Glasgow
- **M. Paul Stern**, traducteur des Institutions européennes
- **Modérateur : Mme H. Jacquet**, chargée de mission, Centre Aurélien Sauvageot

Les débats ont défini la traduction comme un vecteur de la promotion du plurilinguisme en Europe. C'est un besoin nouveau dont il convient de prendre la mesure. Le rôle pris par la traduction nécessite en effet une coopération en matière de formation. Enfin, la mobilité des personnes et des services est si intense que le recours à la traduction s'impose avec force.

▶ **Le professeur Cros** insiste sur l'urgence d'une réflexion sur les professions liées à la traduction. Celles-ci sont de plus en plus nombreuses et leur diversification s'intensifie : sur-titreurs au théâtre, pré-traducteurs, informaticiens multilingues, etc. Les nouvelles technologies ont en effet apporté à la traduction des outils efficaces et performants.

▶ **Mme Salles** présente la formation d'interprètes que son université a ouverte en 2009 en partenariat avec d'autres instituts européens. Elle précise que les métiers de cette discipline sont en constante mutation : les entreprises ont besoin de bon linguistes mais ceux-ci doivent aussi avoir des connaissances dans le domaine culturel, des compétences transposables dans une grande diversité de situations et de domaines.

▶ **M. David Stone** fait le point sur le réseau des maisons des traducteurs, structures d'accueil qui donnent l'opportunité d'échanger à l'occasion de colloques et rencontres qui mettent l'accent sur l'approfondissement de la connaissance du pays de la langue de travail.

▶ **M. Paul Stern**, quant à lui, fournit des informations et des analyses sur les réalités de la traduction dans l'administration européenne, pratique qui exige une haute technicité et un incessant dialogue des cultures. Selon lui, la traduction est une activité constitutive de la construction de l'espace culturel et économique européen.

document 2

Points de vue

Échange 1

– Et à votre avis, parmi ces écoles, laquelle est la meilleure ?

– Vous savez, elles sont en compétition, alors elles doivent toutes être bonnes. Et d'ailleurs elles le sont toutes. Au reste, rien de tel que la pratique, on apprend pas mal sur le tas, alors…

Échange 2

– Ils disent que la traduction est de plus en plus vitale pour les entreprises. J'en suis tout à fait convaincue. Mais elle l'est aussi pour les institutions internationales, non ?

– Bien sûr. La traduction est aussi vitale pour les institutions que pour les entreprises. Dans les institutions, l'exercice est plus complexe. Regarde l'Union européenne et ses 23 langues officielles, je crois. En entreprise, on a besoin de deux ou trois langues, rarement plus.

1 Mettez-vous par groupes et lisez l'introduction du compte-rendu. Donnez un titre à la table ronde. Comparez les titres et justifiez votre choix.

2 Qui a abordé les thèmes suivants ? Résumez les interventions.

   a. Forte spécialisation et interculturalité de la traduction

   b. Un métier en mutation constante

   c. L'intensification des besoins en traduction

3 Les affirmations suivantes sont fausses. Rétablissez la vérité.

   a. De nos jours, la traduction est surtout importante pour les organisations internationales.

   b. La qualité de la formation est très inégale d'une école à l'autre.

   c. L'interprétation est plus compliquée dans les entreprises.

MANIÈRES DE DIRE

Exprimer un degré

Il y a **de plus en plus de**/**de moins en moins de** cadres correctement formés.

Il est **de plus en plus** occupé. Elle est **de moins en moins** disponible.

Elle parle **de plus en plus**/**de moins en moins** de changer de poste.

Il est **d'autant plus** surchargé de travail **qu'**il vient d'être élu président de la Fondation.

Il est **d'autant moins** intéressé **qu'**il va quitter ses fonctions.

Il s'active **d'autant plus qu'**il a des ambitions politiques.

On observe **de moins en moins**/**de plus en plus** souvent/fréquemment ce genre d'attitudes.

4 Complétez les phrases suivantes en tenant compte du contexte.

   a. Avant, elle y était opposée. Mais maintenant, elle réclame … une pause plus longue.

   b. En France, il y a … de spécialistes. On recrute donc … de médecins étrangers.

   c. Les chiffres du chômage sont … élevés que la crise dure.

5 Répondez librement aux questions en utilisant une des expressions proposées ci-dessus.

   a. Pourquoi M. Masseda est-il si souvent absent des réunions ?

   b. Pourquoi Mᵐᵉ Medev est-elle devenue très difficile à joindre au téléphone ?

   c. Pourquoi y a-t-il si peu de candidats pour aller travailler à l'étranger ?

VOCABULAIRE

Exprimer le titre d'un intervenant

→ **Titres universitaires**
M. Pierre Marchand, chercheur au CNRS
Mme Déborah Split, du MIT
M. Francis Mac Kenzie, professeur à l'université de Californie

→ **Titres administratifs**
M. Catalano, directeur-adjoint de l'Institut de recherches occitanes
Mme Francine Paturel, directrice exécutive de la fondation Filippi

→ **Titres associatifs**
Mme Farhat, présidente de l'Association SOS harcèlement
M. Robert Schultz, secrétaire général/délégué général de la Chambre de commerce

→ **Titres honorifiques**
M. Victor Fiala, chevalier/officier de la Légion d'honneur
M. Poultrin, docteur honoris causa de l'Université de Valladolid
Mme Stavolski, membre honoraire de la Fondation Rozière

6 Présentez des personnes (réelles ou fictives). Chacune a plusieurs types de titres.

GRAMMAIRE

Citer/Rapporter une prise de position

→ **Citer des propos**
M. Lawson : « Je trouve les relations entre les deux pays préoccupantes. Elles sont toujours aussi tendues et la dégradation de la situation économique ne fera que compliquer encore la situation. Je ne vois aucune raison d'espérer qu'elle s'arrange. Il ne faut cependant pas baisser les bras, au contraire. La communauté internationale doit en effet rester très attentive aux événements et saisir toutes les occasions de débloquer la situation. »

→ **Rapporter des propos**
M. Lawson **a déclaré que**, selon lui, les relations entre les deux pays étaient préoccupantes. Il **les a jugées** toujours aussi tendues et **a estimé que** la dégradation de la situation économique ne ferait que compliquer encore la situation. Il **a ajouté qu'**il ne voyait aucune raison d'espérer qu'elle s'arrange. Il **a cependant précisé qu'**il ne fallait pas baisser les bras. Il **considère en effet que** la communauté internationale doit rester attentive aux événements et saisir toutes les occasions de débloquer la situation.

7 Réécrivez le texte suivant au style indirect.

Voilà les déclarations de M. Richard, président du comité de défense des victimes : « Je ne comprends pas la position de la représentante de l'État. Je conteste son analyse. La situation est préoccupante et toutes les pistes doivent être explorées. C'est ce que je demande à l'État. Il est facile de statuer sur une situation depuis son bureau. Mme Baugard, venez, venez sur le terrain, regardez ce qui se passe et ensuite, seulement ensuite, faites des propositions. Car ce sont des propositions que nous voulons, pas des décisions. Celles-ci devront être prises après une large concertation qui aura tenu compte de tous les aspects de la situation. »
Il y a un peu plus d'une heure, M. Richard a déclaré que…

En situation

1. Simulez une table ronde sur un thème de votre choix.
Vous devez choisir le nombre des participants, le profil de chacun et celui du modérateur.
Prévoyez le contenu de chaque intervention ainsi que le scénario de la simulation.

2. Un des organisateurs écrit le compte rendu de la table ronde.

Aller s'installer et travailler au Canada

On en parle...

De quoi s'agit-il ?

1. Les deux invitées viennent de regarder un reportage sur Nicolas.

Comment jugent-elles le reportage dont il est l'objet ?

2. Détaillez les informations données sur…

a. le Canada, terre d'opportunités ;

b. les secteurs demandeurs de main d'œuvre ;

c. les raisons de la pénurie de main-d'œuvre.

3. Présentez le Programme Vacances-Travail (PVT).

4. Quels autres programmes existent avec quels pays ?

Qu'en pensez-vous ?

> *S'expatrier, c'est très difficile et ça ne peut être que temporaire.*

> *Connaître plusieurs cultures, c'est un atout professionnel évident.*

> *Partir à l'étranger, oui. Mais pas n'importe où.*

> *Aller de pays en pays, c'est une aventure risquée. Mais c'est justement ça qui est excitant.*

Vous choisissez un de ces thèmes pour…

– présenter oralement votre point de vue ;
– exprimer votre point de vue dans un article de presse ;
– avoir une conversation informelle avec un ami, un collègue… ;
– organiser un débat télévisé.

Et chez vous ?

Comment réagissent vos compatriotes à l'expatriation ?

● Pour vos compatriotes, aller travailler à l'étranger est chose fréquente ou non ?
Dites pourquoi.
● De quoi peut dépendre le choix de partir ou de rester : la famille ? la carrière ? la peur du mal du pays ? la langue ? d'autres raisons ?
● Quel est votre point de vue personnel sur cette question ?
● Est-ce que vos compatriotes acceptent facilement ou difficilement les travailleurs immigrés.
Présentez les faits et expliquez-les.
● Est-ce que vos compatriotes changent facilement de résidence à l'intérieur du pays ?
Quelles sont leurs raisons ?

Testez-vous ························►

1 🎧 Compréhension orale

1. Complétez le tableau.

Avril 2007	
Mai 2008	
2ᵉ semestre 2008*	
2010	

*Présidence française de l'Union européenne

2. Selon Yves Polignac, l'année 2008 a été une année clé pour l'avenir des jeunes chercheurs. Notez les arguments utilisés pour le prouver et présentez-les.

2 Compréhension écrite

Depuis quelques années, les Européens tentent de s'émanciper de l'OTAN et de définir une « Europe de la défense ». La fin de la guerre froide a mis en évidence de nouveaux types de menaces et les États européens ont réagi en créant, dans le prolongement d'une politique étrangère européenne, la politique européenne de sécurité et de défense (PESD). Mais sur le plan pratique, que peut-il se passer ? L'Europe peut agir avec les États-Unis, sans les États-Unis, mais ne peut sans doute ni ne veut agir contre les États-Unis qui restent incontournables.

La PESD peut permettre à l'Europe de renforcer sa place dans le partenariat transatlantique, face à des Américains qui ont tendance à négliger l'axe États-Unis/ Union européenne ainsi que l'OTAN. Sans les États-Unis, l'Europe ne peut afficher que des ambitions limitées ; avec les États-Unis, elle doit se plier aux décisions de l'OTAN. Mais les États-Unis sont eux aussi devant un dilemme : en agissant sans les Européens, ils risquent de perdre tout contrôle sur leurs alliés ; en agissant avec eux, ils doivent accepter de partager la décision. C'est un jeu systémique : les Américains cherchent à conserver leur hégémonie, les Français à affirmer l'Europe comme une puissance, les Britanniques à conserver leur position d'intermédiaire entre l'Europe et les États-Unis et l'Allemagne à préserver le multilatéralisme européen et atlantique.

1. Définissez les objectifs des États-Unis et ceux des Européens.

2. Présentez les problèmes qui se posent aux deux partenaires en présence.

3. Comment a évolué la relation Europe/États-Unis ces dernières décennies ?

3 Expression orale

Deux experts ministériels débattent d'un thème de votre choix. Ils sont tous les deux spécialistes de ce thème mais ont des positions divergentes. Jouez la scène à deux.

4 Expression écrite

Vous êtes chroniqueur. Vous écrivez un article sur un récent débat parlementaire de votre choix, en dégageant quelques points qui vous paraissent importants.

De quoi avez-vous débattu ?

1 VOUS AVEZ TOUT À FAIT RAISON ! CEPENDANT...

document 1

L'énergie de demain : comment nous mettre d'accord ?

PRÉSENTATEUR : Chers amis, bonsoir. Sixième édition de nos débats, consacrée à l'énergie, avec deux spécialistes : à ma droite, M. Dewski, expert international, à ma gauche, Mme Soubiéla, spécialiste des énergies vertes. M. Dewski, à en croire vos travaux, pour vous, le nucléaire reste LA solution aux problèmes énergétiques de notre époque.

M. DEWSKI : LA solution, c'est sans doute excessif. En tant qu'expert, je suis tout à fait conscient des dangers et des nuisances que l'énergie nucléaire peut provoquer. Mais il faut se rendre à l'évidence : les énergies renouvelables ne peuvent couvrir tous les besoins et les énergies fossiles s'épuiseront un jour. On peut certes faire des économies mais, même en prenant des mesures drastiques, il me paraît complètement irréaliste, absolument impensable de s'appuyer sur les seules énergies propres. Il reste l'énergie nucléaire. Maîtrisée, elle me paraît de nature à trouver un bon équilibre entre les besoins et la nécessité absolue de diminuer vite et fort les émissions de gaz à effet de serre.

Mme SOUBIELA : Je ne partage pas votre avis. Je reconnais dans vos propos le souci du gestionnaire pour trouver des solutions pratiques. Mais vous semblez oublier tous les essais qui sont faits pour développer les biocarburants. Certes, pour l'heure, ce que nous savons faire dans ce domaine n'est pas optimal mais la science n'a pas dit son dernier mot.

M. DEWSKI : Je ne dis pas le contraire mais nous avons – aujourd'hui, pas dans un demi-siècle – à gérer une situation d'urgence. Et la recherche scientifique, par définition, s'inscrit dans la durée.

Mme SOUBIELA : Mais, dans le même temps, la science cherche dans d'autres directions. Par exemple, les ressources renouvelables. Or, la situation sera forcément corrigée par la conjonction de plusieurs actions. Il n'y a pas UNE solution mais une addition d'actions moins radicales que de choisir le nucléaire.

M. DEWSKI : Mais voyons, Madame, je n'ai jamais préconisé le tout nucléaire. Simplement, changer les choses en profondeur suppose de modifier les mentalités. Tout cela ne se fait pas en un jour. Et sommes-nous certains que la planète puisse attendre ?

document 2

Comment développer la mobilité étudiante en Europe ?
(extrait du compte rendu des débats)

▶ [...] **Hans Jansen** se demande s'il ne faudrait pas, afin de faire connaître les possibilités de mobilité universitaire en Europe mais aussi les bénéfices que l'on peut en tirer, demander aux anciens bénéficiaires du programme Erasmus de témoigner de leur expérience.

▶ **Ovidiu Danca** prend alors la parole et explique qu'il est un « ancien Erasmus » et que cette expérience l'a fortement incité à rechercher la possibilité, dans le cadre d'un autre programme, d'effectuer une deuxième expérience dans un autre pays européen. Il a ainsi pu faire un séjour d'études en Irlande.

▶ **Nikos Ritsos** salue le témoignage d'Ovidiu Danca qui constitue, pour les étudiants, une incitation à multiplier les expériences à l'étranger qui, de nos jours, sont indiscutablement valorisantes. Mais il émet cependant des réserves. Selon lui, on ne peut nier qu'Erasmus est un programme d'élite : non seulement il n'est ouvert qu'aux étudiants mais le montant très faible d'une bourse Erasmus écarte d'emblée tout ceux qui ne peuvent pas être financièrement aidés par leur famille.

▶ **Julien Le Berre** s'associe en partie à cette analyse en insistant cependant sur le fait que, malgré ces difficultés, les programmes de mobilité ont vocation à toucher un nombre grandissant d'étudiants. Il rappelle à ce sujet que les collectivités territoriales françaises proposent des aides à la mobilité qui peuvent s'ajouter aux bourses européennes. Il s'agit là, selon lui, d'une possibilité mal connue dont l'existence mérite d'être plus largement diffusée.

1 🎧 Écoutez le document 1 et complétez le tableau.

Points de convergence	Points de divergence

2 Reprenez le compte rendu des différentes interventions (document 2) et reformulez le contenu avec vos propres mots en style direct puis indirect.

MANIERES DE DIRE

Nuancer des propos

→ Pour exprimer un degré
C'est une négociation **extrêmement** importante.
Le nouvel ordre mondial a **profondément** modifié la situation des pays émergents.
La tension est **lentement/progressivement** ≠ **brusquement** montée.

→ Pour atténuer une affirmation
C'est **probablement/peut-être/sans doute** une manière radicale de voir les choses.
Mais **relativisons** : le problème n'est pas si grave.
Pour éviter de généraliser/Afin de dédramatiser, je vous propose d'écouter ces témoignages.
La reprise économique **serait** sensible dès septembre, selon certains experts.
Les deux États **devraient** parvenir à un accord.
Mais devons-nous leur faire confiance ?
Mais faut-il rester confiant en l'avenir ?

3 Complétez avec une expression qui convient.

a. C'est ... une fausse nouvelle. On ne sait pas encore.
b. Une décision ... être prise dans la soirée.
c. Leur attitude est cordiale ... absolument les croire ?
d. La réunion sera ... repoussée.

4 Reformulez les phrases suivantes en introduisant une nuance.

a. C'est une situation préoccupante.
b. Les forces de l'ordre maîtrisent la situation.
c. Je suis sûre que leurs propositions sont sérieuses.
d. Ils sont tous bloqués sur leur point de vue.

VOCABULAIRE

Exprimer le moment/la période présent(e)

À l'heure qu'il est/Au moment où je vous parle/Pour l'heure/Pour l'instant, nous ne disposons pas d'informations plus précises.

Nous n'avons présentement aucune certitude.

Il est 18 h 30 et le jury n'a toujours pas fini de délibérer.

Nous n'avons, à ce jour, aucune statistique fiable.

Nous sommes maintenant sans nouvelles de lui depuis 44 heures.

Aujourd'hui/De nos jours/À notre époque, la science évolue trop vite.

En ce début de deuxième millénaire, les risques climatiques s'accélèrent.

5 Complétez avec la forme qui convient.

a. ... , les conflits ethniques sont en nette augmentation.

b. Nous attendons des informations mais, ... , nous n'en avons pas.

c. Nous avons ... perdu le contact depuis près de trois jours.

À vous d'imaginer des phrases sur ces modèles.

6 Complétez les phrases.

a. Il semblerait qu'un accord soit en vue mais…

b. Avant, la somme d'informations disponible était restreinte mais…

c. On attend l'arrivée des chefs d'État d'un moment à l'autre mais…

d. On craint des manifestations de protestation mais…

MANIERES DE DIRE

Adhérer à ≠ Se démarquer d'une position

→ **Adhérer à une position**

Mon approbation est totale./Je vous approuve en tous points.

Vous pouvez compter sur mon appui/mon soutien (sans faille/inconditionnel).

Sur ce point, je suis en parfaite harmonie/en accord (parfait) avec vous.

J'adhère totalement à cette vision du futur.

Je ne peux que me rallier à votre point de vue.

→ **Se démarquer d'une position**

Mon désaccord est profond./Je suis en profond désaccord avec mon homologue.

Ma désapprobation, vous en connaissez les raisons…

Je suis hostile à cette alliance et cela pour deux raisons…

Je suis farouchement opposé à/Je m'oppose à un compromis.

Nos divergences sont nombreuses.

Tout nous sépare de ces idées.

Je rejette ce choix.

Je me désolidarise de votre groupe.

Il m'est impossible de soutenir votre programme.

7 Dites le contraire.

a. Il rejette farouchement ma proposition.

b. Il m'a assuré de son soutien total.

c. Elle est réservée à l'égard de notre stratégie.

d. Il est en total désaccord avec moi.

8 Répondez librement aux questions suivantes.

a. Que pensez-vous de l'énergie nucléaire ?

b. Êtes-vous d'accord avec la politique énergétique de votre pays ?

c. Êtes-vous solidaire des employés qui occupent leur usine ?

d. Est-ce que vous soutenez les programmes d'aide humanitaire des Nations Unies ?

GRAMMAIRE

Subjonctif ou indicatif?

Nous sommes certains que la planète **peut** attendre.
Sommes-nous certains que la planète **puisse** attendre?
Nous ne sommes pas certains que la planète **puisse** attendre.

9 Complétez avec le verbe qui convient au mode et au temps qui conviennent.

remettre – venir – être – pouvoir

a. Je ne suis pas certain que tout le monde ... arriver à l'heure.
b. Je suis sûr que la réponse ... favorable.
c. Il est peu probable que nous ... le rapport à temps.
d. Ils n'étaient pas certains que vous ... .

À vous

1. Vous devez animer un débat sur un thème de votre choix. Jouez la scène à plusieurs. Il faut décider à l'avance qui défend quelle idée, qui manifeste son accord, son désaccord, etc.
2. Les organisateurs du débat chargent deux personnes d'en faire le compte rendu.

② NOUS ALLONS MAINTENANT PASSER AU VOTE

 document 1

M. Pierre Delahousse, président de séance

Le 8 septembre, nous avons retenu 3 des 8 projets déclarés éligibles concernant l'équipement en panneaux voltaïques des bâtiments administratifs de la Région. Mais il subsistait des interrogations sur les offres A et B, raison pour laquelle, conformément à la réglementation en vigueur, nous avons demandé des précisions. Par ailleurs, une révision du coût prévisionnel avait été demandée pour le projet C. Vous avez eu communication des documents. Mesdames et Messieurs, le débat est ouvert.

M. Claude Ressan

Je remarque que la demande effectuée pour le projet C n'a pas reçu une réponse satisfaisante. La modification du plan de financement est symbolique. Je propose d'emblée de l'écarter.

M. Jean-Claude Boulin

Je constate qu'effectivement la révision est minimale et je partage le point de vue de M. Ressan. J'ai une remarque sur le projet A : certes, les précisions demandées ont été données mais elles ne sont pas conformes aux avis des experts que nous avons consultés. D'où ma réticence. En ce qui concerne le projet B, j'ai le sentiment que la nouvelle version correspond parfaitement à nos attentes.

Mme Lucienne Ricoeur

Pour ma part, je suis attachée au respect des délais d'une part, à celui des coûts de l'autre. De ce point de vue, le projet B est le plus fiable.

M. Richard Vollenstein

Il faut tout de même reconnaître que les économies d'énergie les plus importantes sont données par le projet A. Mais son coût de réalisation reste élevé.

M. Pierre Delahousse

Mesdames et Messieurs, je vous remercie pour l'ensemble de vos remarques. Nous allons maintenant passer au vote. Qui est pour le projet A? Le projet B? Le projet C? … Qui s'abstient? Bien… Je déclare le projet B adopté par 16 voix contre 9 avec 2 abstentions.

document 2

Extrait de compte rendu d'une réunion de conseil municipal

[…] Le point suivant de l'ordre du jour concerne la question du tracé de la bretelle d'accès à l'autoroute B 12. M. le Maire rappelle que ce projet fait l'objet d'une opposition radicale des futurs riverains : bien que chacun reconnaisse l'utilité de cette voie d'accès, aucun n'accepte que le tracé de celle-ci passe à proximité de son habitation. Certains propriétaires doivent céder de leur terrain et, malgré de bonnes conditions d'indemnisation, ils opposent un refus catégorique. Or, chacun sait que, conformément au Code de la propriété, les pouvoirs publics peuvent, en cas de refus, prendre un arrêté d'expropriation. Une pétition circule au nom des familles concernées et il est demandé au Maire de la soutenir.

▶ **M. Leternier** demande la parole et reproche vivement à M. le Maire de ne pas soutenir les intérêts de ses administrés : selon lui, en vertu de ses promesses électorales, il se doit de défendre leur position.

▶ **M. le Maire** réfute cette analyse : en dépit des nuisances causées par la voie rapide, il est convaincu que, sans la construction de cette route, la région risque de connaître l'asphyxie économique.

▶ **Mme Richard** insiste à son tour sur le caractère vital de cette voie d'accès.

La parole est ensuite donnée à **Mme Adler** qui souligne une contradiction dans l'attitude des conseillers opposés au projet : alors que la survie économique de la commune et de ses PME est en jeu, le Conseil municipal ne peut pas se permettre de le rejeter. À ce titre, elle estime qu'il n'y a pas lieu d'apporter le soutien du Conseil municipal à la pétition. Par contre, elle considère comme urgent de dialoguer avec les administrés concernés et de prévoir des compensations à la hauteur des nuisances.

▶ **M. le Maire** demande un vote du Conseil municipal sur le soutien à la pétition. Il est décidé, par 12 voix contre 8, de ne pas la soutenir. […]

1 🎧 Écoutez plusieurs fois le document 1 et complétez le tableau.

Thème du débat	
Objectif du débat	
Remarques sur le projet A	
Remarques sur le projet B	
Remarques sur le projet C	
Résultat du vote	

2 Lisez le document 2 puis complétez le tableau.

	Pour le projet	Contre le projet
M. Le Maire		
M. Leternier		
Mme Richard		
Mme Adler		

Justifiez vos réponses.

GRAMMAIRE

Exprimer l'opposition, la concession

→ Dans des phrases simples

C'est impossible sans subventions/sans demander l'avis de la directrice-adjointe.

Malgré ses réserves, il a donné son accord.

Je ne suis pas d'accord sur tous les articles de cette loi. Toutefois, je vais la voter.

En dépit de mon avis défavorable, le rapport a été voté.

Au lieu d'écrire à la main puis de taper ton texte, saisis-le directement à l'ordinateur.

J'appuie cette proposition, mais/quoique avec des réserves.

→ Dans des phrases complexes

Alors que tout le monde se rend à la réception, M. Bonini termine son rapport.

Tandis que deux négociateurs sont disposés au compromis, les trois autres ne le sont pas.

Bien que/quoique l'échec des négociations soit évident, certains gardent un peu d'espoir.

Quoi qu'il arrive, je m'en tiens à la ligne définie par le gouvernement.

3 Complétez avec l'expression qui convient.

a. ... son retard, il a participé à la cérémonie.

b. Je ne pourrai pas être présent. ... , je vous transmettrai ma position par écrit.

c. ... de prendre un taxi, je vais aller au Parlement en métro.

d. On ne peut pas approuver la réhabilitation du bâtiment ... avoir vu le dossier complet.

4 Formez des phrases complexes.

a. La décision est prise. Tant pis s'ils ne sont pas d'accord.

b. Vous êtes prêts à faire des concessions mais nos deux collègues sont intraitables.

c. La réunion devrait commencer. Pourtant les délégués discutent encore dans le hall.

d. Je ne suis pas intéressé par ce séminaire mais je vais y participer quand même.

MANIERES DE DIRE

Se référer à...

→ quelqu'un

C'est au nom de l'ambassadeur que je m'adresse à vous.

C'est à la demande du directeur général que j'ai convoqué cette réunion.

C'est à l'initiative de nos confrères belges que nous sommes aujourd'hui réunis.

Il participe à la réunion par délégation de son supérieur hiérarchique.

Je me présente chez vous sur ordre de mon chef de service.

→ un texte officiel

En vertu de l'article 12, alinéa 4...

Au titre de la loi de finances, ...

Selon l'article 16 de la Constitution, ...

En référence au document déjà mentionné, ...

Conformément aux dispositions du Code pénal en la matière, ...

En application de l'article 23 du Code de la concurrence, ...

Dans le respect des dispositions du Traité d'amitié franco-allemand, ...

5 Complétez avec l'expression qui convient.

a. Je m'exprime ici ... du commissaire aux Transports.

b. Nous vous avons commandé une expertise ... du directeur général.

c. ... de la direction, aucune décision n'est encore prise.

d. ... au règlement intérieur, je confirme que le vote est secret.

6 Répondez librement aux questions en utilisant l'expression qui convient.

a. Pourquoi la limite d'âge est-elle fixée à 27 ans?

b. Sur quelle base cette décision a-t-elle été prise?

c. Est-ce que les principes de la loi contre les discriminations sont pris en compte?

d. Pourquoi sommes-nous obligés d'appliquer ces tarifs?

MANIERES DE DIRE

Déclarer solennellement/officiellement

→ À l'oral

Le projet de loi est adopté avec 350 oui, 126 non et 43 abstentions.

Je déclare la proposition adoptée ≠ rejetée.

Je prends acte de vos divergences de vues.

Je déclare la séance ouverte/les travaux ouverts.

Je clôture solennellement les travaux du groupe en vous remerciant pour votre participation.

→ À l'écrit

Je soussigné Patrice Monteil, directeur général, certifie l'authenticité du document ci-joint.

Je souhaite par le présent courrier confirmer ma participation.

Je vous donne par écrit confirmation de mon accord verbal.

Compte tenu des circonstances, je me vois dans l'obligation de repousser le voyage officiel.

Vu les impératifs actuels, je suis contraint de donner un avis défavorable à votre demande.

7 Que dites-vous pour…

a. ouvrir solennellement une manifestation sportive, culturelle… ;

b. annoncer oralement le résultat d'un vote ;

c. annoncer officiellement la fin d'un séminaire ;

d. dire à quelqu'un que vous avez pris connaissance de ses déclarations.

8 Qu'écrivez-vous pour réagir officiellement dans ces situations ?

a. refuser une autorisation d'absence ;

b. dire que quelqu'un travaille dans votre service ;

c. dire que vous acceptez une proposition ;

d. informer un interlocuteur que vous devez repousser un rendez-vous.

MANIERES DE DIRE

Exprimer son accord ≠ son désaccord (synthèse)

→ Exprimer son accord ou son désaccord

J'approuve votre stratégie et je soutiens votre combat. ≠ Je condamne votre stratégie et je me désolidarise de votre combat.

Sur la question des quotas, nous rejoignons ≠ nous rejetons votre analyse.

Je vous accorde que cela n'est pas facile. ≠ Je ne vois pas en quoi cela est difficile.

Nous partageons une totale identité de vue. ≠ Nos opinions sont à l'opposé l'une de l'autre.

→ On peut nuancer son accord ou son désaccord

Je suis absolument d'accord avec vous. ≠ Nous sommes radicalement opposés au projet.

Nous approuvons partiellement cette initiative.

→ On peut caractériser un point de vue extérieur

Leur position est absolument intenable. ≠ Voilà un point de vue tout à fait défendable.

Ils ont accepté sans réserves ≠ avec un enthousiasme modéré.

9 Faites, en groupes, un remue-méninges pour compléter les rubriques ci-dessus.

10 Imaginez à plusieurs des mini-dialogues illustrant les situations suivantes, en utilisant les expressions rassemblées. Chaque mot ou expression ne peut être utilisé(e) qu'une seule fois.

a. Au cours d'une réunion, un participant lance une idée qui reçoit un accueil défavorable.

b. Au cours d'une négociation, un participant fait une proposition. Certains des interlocuteurs ont une réaction hostile mais d'autres sont plus nuancés.

c. Trois personnes sortent d'une réunion. Leurs commentaires ne sont ni positifs, ni négatifs.

d. Une nouvelle très attendue vient d'être diffusée à la radio. Elle est accueillie avec enthousiasme par un groupe de collègues.

Continuez. Un groupe imagine une situation, un autre l'illustre par un dialogue.

À vous

1. Vous résumez par écrit la réunion sur l'installation de panneaux voltaïques.
2. Vous établissez l'ordre du jour d'une réunion et vous en écrivez le procès verbal. Constituez des groupes de deux ou trois : chacun se charge de l'un des points de l'ordre du jour.
3. Imaginez des situations où vous devez réagir solennellement/officiellement à un événement à l'oral ou par écrit. Jouez la scène ou rédigez le texte à deux.

3 CONVERSATIONS DE COULOIR

 document 1

Échange 1

M. Horvath : M. Bachand, excusez-moi de vous aborder comme ça mais je ne partage absolument pas votre point de vue en ce qui concerne l'aide aux pays d'Europe centrale.

M. Bachand : C'est ce que j'ai cru comprendre quand vous êtes intervenu. Je comprends vos problèmes mais il y a des contraintes financières…

M. Horvath : Vous sembliez, tout à l'heure, vous situer plutôt sur le plan des principes…

M. Bachand : Non ! Vous m'avez mal compris. Je vais vous expliquer. On prend un café ?

Échange 2

Josua Day : Chère Madame, j'ai écouté avec attention votre intervention et j'ai trouvé vos positions, finalement, assez proches des nôtres. En effet, si votre État proposait des normes quantitatives plus concrètes, nos positions pourraient se rapprocher.

Mᵐᵉ Di Paola : Vous avez raison : les quotas ne sont pas précis. C'est une question sur laquelle je vais devoir consulter mon ministre. Vous voulez qu'on en parle plus en détail ?

Josua Day : C'est justement ce que j'allais vous proposer.

Mᵐᵉ Di Paola : C'est entendu. Quelles sont vos disponibilités ?

Échange 3

Katia Kadyski : Mᵐᵉ Butlere, excusez-moi ! Je peux vous dire un mot en particulier ?

Solvita Butlere : Oui, bien sûr… De quoi s'agit-il ?

Katia Kadyski : Vous avez pris des positions catégoriques qui risquent de tout bloquer. Alors, j'aimerais vous proposer un entretien pour tenter de rapprocher nos positions. Je…

Solvita Butlere : Mais Mᵐᵉ Kadyski, nos intérêts sont totalement différents.

Katia Kadyski : Nos intérêts nationaux peut-être. Mais il faut aussi penser à l'organisation dont nos deux États sont membres. Pour ma part, je suis d'accord pour essayer de faire avancer les choses, même si, à un moment donné, je dois retourner vers mon ministre. On peut en parler ?

---

1 À quel échange correspondent les phrases suivantes ?

a. L'un des interlocuteurs cherche un compromis, l'autre se montre réservé.

b. La conversation a pour objectif de dissiper un malentendu.

c. Les deux interlocuteurs sont ouverts aux discussions en vue d'un compromis.

2 Résumez les situations.

MANIERES DE DIRE

Intervenir dans le débat pour…

exprimer/marquer son accord/désaccord
faire part de ses réserves
faire/accepter/refuser une proposition
communiquer une information
justifier/défendre un point de vue
soutenir une proposition
prendre position en faveur de/contre…
prendre ses distances par rapport à…

faire/tenter une médiation
rechercher un compromis
faire un pas/un geste vers quelqu'un
obtenir des informations complémentaires
demander des précisions/éclaircissements
clarifier une position/dissiper un malentendu
faire une offre de bons offices

3 Que dites-vous quand…

a. vous n'êtes pas vraiment d'accord avec une position ;

b. quelqu'un vous dit qu'il n'a pas très bien compris votre point de vue ;

c. vous souhaitez d'avantage d'informations.

4 Que faites-vous pour…

a. proposer à quelqu'un un compromis ;

b. pour tenter de rapprocher les positions de deux personnes ;

c. pour prendre position en faveur de quelqu'un.

MANIERES DE DIRE

Faire des propositions et réagir à des propositions

→ Faire des propositions
Je souhaiterais vous faire une proposition.
Puis-je me permettre de vous proposer…?
Seriez-vous disposé à vous joindre à nous ?
Je suis à votre disposition pour de plus amples
informations.
Un rapprochement me paraîtrait opportun.
Pourrions-nous en discuter ?
Il me semble possible de… ; qu'en pensez-vous ?

→ Réagir à des propositions
Accord explicite
Avec joie ! / Sans problème ! / Absolument !
C'est clair/évident/souhaitable
Je vous (en) remercie. / Je vous en serais
très reconnaissant.

Refus clair
Je suis désolé mais c'est impossible.
Je suis au regret de repousser votre offre.
Non, vraiment, je ne peux rien faire.
Réponse évasive
C'est envisageable.
Je vais y réfléchir.
Je vous donne ma réponse dès que possible.
Je ne dis pas non.
Je vais voir.
Je vais en référer à ma hiérarchie.
C'est difficile mais il faut en discuter.

5 Dites ce qu'on peut répondre dans les situations suivantes.

a. On vous propose une collaboration et vous la refusez.

b. On vous propose de poursuivre un débat en privé et vous acceptez.

c. On vous propose un compromis. Vous ne dites ni oui ni non.

d. On vous fait des propositions mais vous ne pouvez pas décider seul(e).

6 Complétez librement les dialogues suivants.

– J'aimerais qu'on collabore sur ce projet.
– ……
– ……
– À mon avis, il faudrait modifier le texte.
– Voulez-vous plus d'informations ?
– ……

– ……
– Plus étroitement ? Ça me paraît difficile !
– Nous pourrions en discuter.
– ……
– ……
– Cela ne pose aucun problème.

GRAMMAIRE

Exprimer l'antériorité

Présent → fait antérieur au passé composé ou à l'imparfait
J'ai le sentiment que vous avez mal compris mon point de vue.
Nous pensons qu'il était trop catégorique.

Futur → fait antérieur au futur antérieur
Je pourrai vous répondre quand j'aurai consulté mes collaborateurs.

Passé composé → fait antérieur au plus-que-parfait
Quand j'ai discuté avec lui, il n'avait pas encore consulté la documentation.

Imparfait → fait antérieur au plus-que-parfait
Il était déçu car il n'avait pas réussi à convaincre son interlocuteur.

7 Complétez avec le verbe donné entre parenthèses au temps qui convient.

   a. Il me semble qu'hier, il ... en forme. *(ne pas être)*

   b. Le jour où je l'ai rencontré, il ... à lire le rapport. *(ne pas commencer)*

   c. Il était en retard parce qu'il ... du décalage horaire. *(ne pas tenir compte)*

8 Complétez avec l'expression verbale qui convient au temps qui convient.

avoir – terminer – être déjà informé – prendre subitement conscience de

   a. Elle rédigera le rapport sur la traduction quand elle ... les entretiens.

   b. Il refusait de poursuivre le débat car il ... son inutilité.

   c. On dit que, l'année dernière, il ... des problèmes qui sont maintenant réglés.

   d. Quand on a annoncé publiquement la nouvelle, il ... la catastrophe.

GRAMMAIRE

Pronoms représentant une phrase

→ Pronom « le »
– Le discours du ministre a été très critiqué.   – Oui, je viens de l'apprendre.

→ Pronom « en »
– Il faut revoir les calculs.   – C'est vrai, j'en parlerai à la réunion.

→ Pronom « y »
– Il ne faut pas oublier de modifier les tableaux statistiques.   – Je sais. J'y penserai.

9 Répondez aux questions en utilisant le pronom qui convient.

   a. Vous m'informerez des résultats ?   – Bien sûr, ... *(parler)*

   b. La réunion s'est très mal passée.   – ... *(savoir)*

   c. Vous penserez aux billets d'avion, n'est-ce pas ?   – ... *(penser)*

10 Imaginez des questions possibles aux phrases suivantes.

   a. Bien sûr, nous y penserons.

   b. Oui, on nous l'a dit. Nous avons eu Madame Matheidesz au téléphone.

   c. Oui, malheureusement. Je t'en parlerai.

En situation

   1. Imaginez des conversations. La personne qui lance la conversation a un objectif que l'autre ne connaît pas à l'avance. Cette dernière doit donc s'adapter à la situation et improviser.

   2. Simulez une séquence de réunion aboutissant à un vote (sujet et contexte de votre choix).

   3. Organisez un débat public/télévisé/contradictoire/ ou autre en en respectant les rituels.

   Chaque participant a un caractère marqué : (très) bavard, consensuel, agressif, ironique, etc.

On en parle...

Haïti après le tremblement de terre :
solidarité intéressée ou désintéressée ?

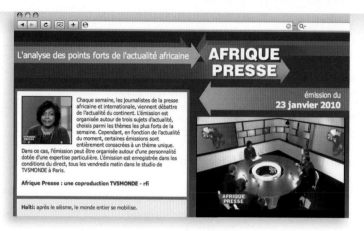

L'analyse des points forts de l'actualité africaine **AFRIQUE PRESSE**

émission du **23 janvier 2010**

Chaque semaine, les journalistes de la presse africaine et internationale, viennent débattre de l'actualité du continent. L'émission est organisée autour de trois sujets d'actualité, choisis parmi les thèmes les plus forts de la semaine. Cependant, en fonction de l'actualité du moment, certaines émissions sont entièrement consacrées à un thème unique.

Dans ce cas, l'émission peut être organisée autour d'une personnalité dotée d'une expertise particulière. L'émission est enregistrée dans les conditions du direct, tous les vendredis matin dans le studio de TV5MONDE à Paris.

Afrique Presse : une coproduction TV5MONDE - rfi

Haïti : après le séisme, le monde entier se mobilise.

De quoi s'agit-il ?

1. Notez les informations qui sont en relation avec les mots-clés proposés.

Mots-clés	Informations
Se relever	
Pillage	
Attitude des États-Unis	
Désintéressement	
Rivalité	

Christophe Boisbouvier
Journaliste de la rédaction de Radio France Internationale.
Radio France Internationale

Camille Bauer
Journaliste de la rédaction du quotidien L'Humanité.
L'Humanité

Christophe Châtelot
Journaliste de la rédaction du quotidien Le Monde.
Le Monde

Jean-Baptiste Placca
Éditorialiste.

2. Lequel des invités tient les propos suivants ?

a. « ...il y a eu beaucoup d'exagérations, beaucoup de choses autour de la problématique des pillages et finalement, compte tenu de la situation vraiment catastrophique, compte tenu du manque de tout auquel les gens sont confrontés, finalement, ça se passe pas si mal... »

b. « ...y a quand même un enjeu d'image, y a un enjeu important qui est quand même l'enjeu migratoire, il est hors de question pour eux [les Américains] de voir arriver des flots d'Haïtiens sur leurs rives... »

c. « Ça veut dire [que la société haïtienne est] une société qui est solide et qui pourra certainement se relever. »

d. « Les Américains apportent ce qu'ils apportent, les Français apportent ce qu'ils peuvent apporter, les Gabonais, les Congolais et tous les autres.[...] Je pense qu'il faut que ça se passe dans le désintéressement. Quand on commence à parler de rivalité, c'est que le désintéressement n'y est plus. »

e. « Et ce qui aurait été critiqué, c'est si les États-Unis étaient restés inactifs. Et je pense qu'on ne peut pas parler de rivalité avec la France. Ce que l'on peut regretter en revanche, c'est l'absence d'Europe sur le terrain. »

f. « ...Obama a pris la parole pour dire ce qu'il avait déjà dit, c'est-à-dire que l'Amérique apprendra à mettre sa puissance au service du bien des peuples et non plus au service de la guerre... »

Qu'en pensez-vous ?

La solidarité internationale, en cas de catastrophe naturelle, n'a rien de politique.

La question principale, c'est l'aide humanitaire proprement dite. Désintéressée ou pas.

La rivalité entre la France et les États-Unis est une réalité, dans le domaine de l'aide humanitaire comme dans d'autres domaines.

Vous choisissez un de ces thèmes pour...

– présenter oralement votre point de vue ;
– exprimer votre point de vue dans un article de presse ;
– avoir une conversation informelle avec un ami, un collègue... ;
– organiser un débat télévisé.

Et chez vous ?

Comment réagissent vos compatriotes aux demandes d'aide humanitaire ?

● Est-ce que l'annonce d'une catastrophe naturelle donne lieu à un élan de générosité immédiat ? massif ? mesuré ? Donnez des exemples.

● Votre pays a-t-il été le terrain d'actions humanitaires ? À quelle occasion ? Présentez les faits.

● Est-ce que faire des dons pour une cause (action humanitaire, soutien à des organisations, mécénat) est une chose fréquente ou non ? Donnez des exemples.

● Et vous, comment réagissez-vous personnellement à ce type d'appel ? Donnez vos raisons.

Testez-vous ·····················➤

1 🎧 Compréhension orale

1. Complétez le tableau en résumant le point de vue de chacun des intervenants.

Mme Seiler	
M. Gasparo	

2. Résumez la problématique traitée avec vos propres mots.

2 Pratique de la langue

GRAMMAIRE

1. Reliez et justifiez votre choix.

   a. Je ne pense pas que   1. cette volonté de compromis soit sincère ?

   b. Croyez-vous que   2. avec cette loi, tout est résolu.

   c. Nous espérons tous qu'   3. la solution soit trouvée rapidement.

   d. Certains pensent qu'   4. un médiateur soit nommé.

2. Complétez avec le mot ou l'expression qui convient.

   a. . . . faire des discours, il vaudrait mieux passer à l'action.

   b. Je ne suis pas totalement convaincu par la pertinence de sa proposition. . . . je la soutiendrai.

   c. . . . les directives de son supérieur étaient claires, elle a soutenu d'autres positions.

   d. . . . je ne sois pas d'accord, je suis obligé de faire cette intervention.

   e. Tu as peut-être raison mais, . . . tu dises, je ne changerai pas d'avis.

3. Répondez aux questions en exprimant l'antériorité.

   a. Quand recrutera-t-on un chef de bureau ?   (Mme Kolchnick, obtenir un autre poste)

   b. Pourquoi êtes-vous contrarié ?   (mes choix, ne pas prendre en compte)

   c. Où est le problème ?   (M. Mourad, donner l'impression d'hésiter)

   d. Pourquoi Mme Robles est satisfaite ?   (toutes propositions prises en compte)

   e. Qu'en pensez-vous ?   (mieux de faire d'abord montage juridique)

   f. Que vous a-t-il dit ?   (décision définitive pas prise)

VOCABULAIRE

Complétez avec l'expression qui convient :

de nos jours – à ce jour – pour l'heure – à la fin du mois – maintenant

   a. Je veux que l'on prenne immédiatement une décision : ici et . . . !

   b. . . . , il est bien difficile d'aborder certains sujets en politique.

   c. J'espère avoir une réponse. Mais . . . et depuis trois semaines, je n'en ai pas.

   d. Nous n'excluons pas une aide financière. Mais, . . . , c'est totalement impossible.

   e. On arrive . . . et aucune décision n'est encore prise.

3 Expression orale

Vous êtes président(e) d'une association et vous animez une réunion. Vous introduisez un point de l'ordre du jour, vous dirigez le débat, puis vous faites passer au vote.

4 Expression écrite

Vous écrivez une lettre à un élu de votre ville pour l'informer sur les éléments du débat et la décision issue du vote.

Une table ronde a lieu sur un thème de votre choix. Vous réalisez les différents documents nécessaires et simulez ensuite la table ronde.

A. Avant de commencer

1. «Détails pratiques»

- Choisissez le thème.
- Faites la liste des participants et réalisez des badges, décidez qui sera le modérateur.
- Établissez le programme et rédigez-le, décidez du thème de chaque intervention.

2. Préparation individuelle

Chaque intervenant et le modérateur préparent leur intervention.

Vous pouvez :

- chercher des informations à la médiathèque ou sur internet ;
- prendre des notes et «improviser» l'intervention ou rédiger un texte que vous oraliserez ;
- prévoir des «hand out» pour les participants ou réaliser un diaporama.

Les personnes qui assistent à la table ronde sans intervenir...

- recherchent des informations sur le thème de la table ronde ou sur une des interventions ;
- préparent des questions à la base du programme et de leurs recherches.

B. La table ronde

Elle se déroule conformément au programme :

1. Introduction par le modérateur.
2. Interventions dans l'ordre prévu par le programme suivies de questions/réponses.
3. Conclusion par le modérateur.

NB. La simulation peut être filmée.

C. Après la table ronde

Jouez des scènes

- Petits groupes de personnes faisant des commentaires, conversations avec les intervenants.
- Un cocktail est organisé après la table ronde.
- La presse est présente et fait des interviews.

Réalisez des documents

- Un compte rendu de chaque intervention et/ou un compte rendu général.
- Un article publié dans une revue/sur un site spécialisé(e).
- Un article publié dans la presse généraliste (locale, par exemple).

Conseils pour la «mise en scène»

Donnez à certains participants des caractéristiques «spécifiques» :

– l'un est trop bavard, un autre parle très lentement et hésite sur les mots à employer ;
– un autre utilise beaucoup d'expressions en anglais ou dans une autre langue.

Créez des «incidents» :

– un intervenant dépasse son temps de parole, les «spectateurs» parlent trop longtemps ;
– un intervenant est violemment attaqué par un «spectateur» ;
– les débats sont très animés et le modérateur doit calmer les esprits ;
– il y a une panne de micro/d'électricité.

Attention ! Ces incidents ne doivent pas être trop nombreux !

UNITÉ 10 Vos discussions avancent ?

1 Échanges 124
2 Choisissez votre stratégie ! 127
3 Controverses 132

ON EN PARLE...
Le désarroi des Arabes de New York 136

Testez-vous 137

UNITÉ 11 Présentez vos arguments !

1 Voilà les données du problème ! 138
2 Ne mâchez pas vos mots ! 142
3 Je ne suis pas sûr(e) d'avoir bien compris 146

ON EN PARLE...
Une équipe à gauche pour lutter
contre une logique libérale 150

Testez-vous 151

UNITÉ 12 Mettons tout sur la table
et discutons !

1 Préparons-nous... 152
2 Exposé des motifs et tour de table 156
3 Argument contre argument 160

ON EN PARLE...
La Charte des droits de l'enfant a 20 ans 164

Testez-vous 165

SIMULATION 4 166

Vos discussions avancent ?

1 ÉCHANGES

Échange 1

▶ – Vous y croyez, vous, à la reprise économique ?

– Selon les derniers indicateurs de l'OCDE, il y a tout lieu d'être pessimiste. Mais si vous voulez mon avis, je pense que ce sera plus rapide que prévu.

Échange 2

▶ – Vous contestez quasi mécaniquement toutes les initiatives de votre gouvernement. Sans aucune exception ! Pourquoi toujours dénoncer de manière presque automatique les mesures qu'il prend ? Ce n'est pas très constructif.

– Mais que voulez-vous que je fasse ? Elles vont toutes à l'encontre des intérêts de la majorité des citoyens !

Échange 3

▶ – Je m'étonne que le projet de réforme des statuts ait été abandonné. Il était tellement porteur.

– Je suis bien d'accord avec vous. Mais hélas il est clair que tous les pays concernés ne sont pas prêts.

Échange 4

▶ – Notre pays condamne avec la plus grande fermeté les événements qui se sont produits ces derniers jours.

– Ils sont en effet très regrettables. Mais j'ai le sentiment qu'on en exagère la portée.

Échange 5

▶ – Pourquoi êtes-vous si hostile aux dispositions de l'article 6 ?

– Parce qu'elles compromettent l'efficacité des autres propositions. J'en suis profondément convaincu.

– Et si nous y apportions des modifications ?

– Ma position évoluerait peut-être. Reste à savoir quelles modifications…

Échange 6

▶ – Voilà. Après consultation de ma hiérarchie, je puis vous affirmer que nous ne ferons pas obstacle à la référence aux valeurs universelles. Si le texte de l'accord est reformulé dans ce sens, nous l'approuverons.

– Je vous remercie infiniment pour cette avancée très constructive.

Échange 7

▶ – J'ai l'intime conviction que la solution retenue est tout à fait valide. La mesure proposée est en tous points adaptée à la situation. Qu'en pensez-vous?

– Je suis au regret de vous informer que je ne peux pas vous suivre sur ce terrain. Vous le savez aussi bien que moi, toutes les vérifications juridiques n'ont pas été effectuées. Je ne voterai pas la proposition.

Échange 8

▶ – À ces arguments, je souhaiterais opposer l'incompatibilité avec les critères de convergence.

– Cette proposition vous honore mais vous allez faire l'objet d'attaques très déterminées de la part de plusieurs États.

1 🎧 **Écoutez les 4 premiers et notez le numéro de l'échange qui correspond aux phrases suivantes.**

a. L'un des interlocuteurs exprime une condamnation que son interlocuteur minimise.

b. L'un reproche une hostilité systématique que l'autre justifie.

c. Les deux interlocuteurs échangent des points de vue sur un thème d'actualité.

d. Les deux interlocuteurs partagent un point de vue identique.

2 🎧 **Écoutez les 4 échanges du document 2 et notez le numéro de l'échange qui correspond aux phrases suivantes.**

a. Les deux interlocuteurs campent sur leurs positions.

b. L'un des interlocuteurs pose des conditions pour se rallier au point de vue de l'autre.

c. L'un met l'autre en garde sur les conséquences de sa prise de position.

d. L'un se félicite du ralliement de l'autre.

3 **Qu'est-ce qui fait, à votre avis, la différence entre les échanges du document 1 et ceux du document 2?**

4 **Lisez les échanges et posez à votre voisin des questions sur leur contenu.**

▎ MANIERES DE DIRE

Demander de donner ou d'expliquer son point de vue

Qu'en pensez-vous?

Y croyez-vous?

En êtes-vous convaincu?

Quel est votre avis/point de vue?

Quelle est votre opinion/position?

Comment jugez-vous les événements actuels?

En ce qui concerne la parité, vous êtes convaincu ≠ réservé ≠ sceptique ≠ hostile?

Quelle importance attachez-vous à l'échange d'informations?

Quelle place faites-vous à l'information du public?

Où situez-vous le rôle du Parlement?

Quelle(s) raison(s) vous a/ont poussé à prendre parti pour ≠ contre l'énergie nucléaire?

Pourquoi militez-vous en faveur de cette conception de la politique?

Qu'est-ce qui vous pousse à défendre ces idées?

Quelle est la force de votre engagement en faveur de l'action humanitaire?

5 Trouvez dans la rubrique ci-dessus (p. 125) l'équivalent des parties en italiques.

    a. *Comment en êtes-vous arrivé au* refus de coopérer avec le gouvernement ?

    b. À votre avis, à *quel niveau d'intervention se trouve* le Conseil économique et social ?

    c. *Quelles sont les raisons de tous vos efforts* pour vous opposer à la loi sur la sécurité ?

    d. *Quelle est votre appréciation* des dispositions visant à réduire le chômage des seniors ?

6 Demandez à votre voisin s'il partage les opinions suivantes.

    a. Pour moi, l'information des consommateurs, c'est fondamental.

    b. Je ne suis pas certain que le cadre juridique soit bien construit.

    c. Dans mon domaine, le travail d'équipe est une pratique de base.

    d. Pour ma part, je soutiens le plan d'austérité.

MANIERES DE DIRE

Introduire, exprimer, caractériser un point de vue (synthèse)

→ Exprimer son point de vue sur quelque chose ou quelqu'un
Je trouve cela choquant. ≠ Je ne trouve pas cela choquant du tout.
Nous avons le sentiment/la conviction que nous sommes sur la bonne voie.
Je suis convaincue de la bonne volonté de la délégation lituanienne.
J'estime que la conjoncture n'est pas assez favorable.
Nous sommes favorables ≠ hostiles à la construction de l'autoroute.
Je conteste cette façon d'envisager le problème.

→ Prendre position par rapport à un point de vue exprimé par autrui
Nous partageons ≠ rejetons leur analyse de la situation.
Leurs idées sont constructives ≠ contre-productives.
Leur position est très proche ≠ très éloignée de la nôtre.
Elle a la certitude qu'ils sont sur la bonne voie.

→ Caractériser des opinions
Leur accord est profond ≠ superficiel ≠ de circonstance.
Leurs points de vue sont convergents ≠ divergents.
Ils sont persuadés/convaincus d'avoir raison.
Ils vont à l'essentiel.
Ils refusent de regarder la réalité en face.

→ Introduire des opinions
D'après un membre de l'association, le scandale va très rapidement éclater.
À mes yeux, rien n'est perdu.
À la réflexion, il me semble qu'on peut trouver un terrain d'entente.
Sauf erreur de ma part, il n'y a aucune trace écrite de cette réunion.
Si je ne me trompe (pas), c'est une bonne initiative.
Si je peux me permettre, à votre place, j'accepterais.
Si vous voulez mon avis, il n'y a pas à hésiter.

7 Faites en groupes un remue-méninges pour compléter les rubriques ci-dessus.

8 Répondez chacun à votre tour aux questions suivantes. Un point de vue ne peut être exprimé qu'une seule fois et chaque mot ou expression ne peut être utilisé qu'une seule fois.

a. Pensez-vous que la situation soit désespérée ?

b. Je ne comprends pas bien votre point de vue : vous êtes pour ou contre ?

c. Je suis scandalisé par l'attitude des présidents de groupes. Pas vous ?

d. Vous avez l'impression que les négociations progressent ?

e. Pensez-vous qu'il est sincèrement d'accord ?

f. Que feriez-vous si vous vous trouviez dans ma situation ?

À vous de poser des questions et de continuer le « jeu ».

À vous

1. Imaginez de brefs dialogues où vous échangez des opinions à deux ou trois sur des thèmes de votre choix.

2. Vous êtes journaliste et vous réalisez un micro-trottoir concernant l'opinion des gens sur un thème de votre choix.

3. Vous rédigez ensuite une synthèse écrite.

2 CHOISISSEZ VOTRE STRATÉGIE !

 document 1

Propos sur la mondialisation

▶ **Journaliste :** La mondialisation est souvent vécue comme une malédiction mais quelques-uns la jugent positive… Où vous situez-vous ?

▶ **Expert :** Pour ma part, je suis convaincu qu'on peut, qu'on doit la considérer comme positive.

▶ **Journaliste :** On peut ou on doit ? Ce n'est pas la même chose.

▶ **Expert :** Je vous explique tout de suite. La mondialisation, ça veut dire que nous sommes tous dans le même bateau. Ainsi, il y a des crises que nous devons affronter ensemble parce qu'elles concernent l'humanité entière. Et c'est là un exemple parmi beaucoup d'autres. Affronter des crises ensemble, n'y a-t-il pas là quelque chose de positif ? Et puis, la mondialisation est un phénomène incontournable.

▶ **Journaliste :** Soit. Mais de là à la présenter comme l'opportunité de développer une solidarité mondiale…

▶ **Expert :** N'allons pas trop vite. Elle est incontournable parce qu'elle est une situation de fait. On ne pourra pas revenir sur la mondialisation qui est, à bien des égards, un phénomène irréversible. Elle s'est installée, elle est là et il faut faire avec.

▶ **Journaliste :** C'est en somme une fatalité génératrice de souffrances, de déséquilibres qu'il faut accepter.

▶ **Expert :** Je n'ai pas dit cela. Mais, qu'on le veuille ou non, nous sommes devant une situation de fait qui doit être gérée à l'échelle planétaire. C'est un défi politique, climatique, économique, démographique que les décideurs doivent relever ensemble parce qu'il n'y a pas d'autre choix possible. C'est en ce sens qu'elle est positive : elle ouvre un chemin à construire ensemble.

Texte 1 — Vers la fin de la crise

Qui peut dire si la reprise est amorcée ou non ? Pour le moment, la situation n'est pas bonne mais elle ne se détériore plus. C'est seulement lorsque la croissance sera revenue que l'on pourra effectivement parler de sortie de crise. Et encore, croissance ne veut pas dire retour à la situation d'avant la crise. Pour y arriver, il faudra du temps, probablement quelques années. Car la croissance, même si elle revient, sera faible et n'augmentera que très lentement.

Texte 2 — Et la France ?

Nos ministres vous le répètent sans arrêt : le modèle français résiste mieux que d'autres à la crise. Cette spécificité semble reposer sur trois facteurs : le modèle de protection sociale, une règlementation plus contraignante qu'ailleurs, la planification. Une étude internationale l'affirme preuves à l'appui : en France, les aides sociales constituent une part plus importante qu'ailleurs des revenus des ménages, d'où un gain de stabilité ; la règlementation publique a protégé le pays des catastrophes financières que nos voisins ont connues ; la planification a permis une meilleure adaptation des différents secteurs économiques à la nouvelle situation. Pour combien de temps ?

Texte 3 — Quels défis pour l'humanité ?

L'humanité fait face aujourd'hui à de grands défis que les États ne peuvent pas affronter de manière individuelle. Le réchauffement climatique qui peut, comme certains climatologues le craignent, s'accélérer, est par définition un problème planétaire. La démographie mondiale ne se ralentit pas, alors que l'on assiste à une baisse de la production agricole. Nous sommes tous concernés. L'épuisement inéluctable des énergies fossiles va provoquer une immense crise du modèle économique. On ne pourra pas en limiter les effets ici et la laisser sans remèdes ailleurs.

Enfin, il faut compter avec les risques de pandémies. Celles-ci ont été contenues jusqu'ici mais rien n'est gagné dans ce domaine. Personne n'avait prévu que des maladies ravageuses, telle la tuberculose, en voie de disparition, resurgiraient massivement.

1 🎧 **Écoutez plusieurs fois le document 1 et caractérisez l'attitude des deux interlocuteurs. (Vous pouvez cocher plusieurs propositions.)**

a. La journaliste
  - ☐ se contente de poser des questions.
  - ☐ donne son avis et pose de nouvelles questions afin que l'expert précise sa pensée.
  - ☐ reformule les réponses de l'expert en exagérant ses propos afin de le provoquer.

b. L'expert
  - ☐ tente de contourner les questions.
  - ☐ donne des réponses très précises.
  - ☐ donne des arguments pour conforter ses analyses.

Dans les deux cas, justifiez vos réponses.

2 Complétez les tableaux suivants en style télégraphique.

Vers la fin de la crise ?

Comment évaluer la situation présente ?	
Justification	
Comment la situation va-t-elle évoluer dans le futur ?	
Justification	

Et la France ?

Thèse	
1er élément :	Justification :
2e élément :	Justification :
3e élément :	Justification :

Quels défis pour l'humanité ?

Prise de position	
Défi 1	
Défi 2	
Défi 3	
Défi 4 (dernier)	

MANIERES DE FAIRE

Exemples de présentation des arguments en faveur ou contre un point de vue

→ en faisant une démonstration
Point de vue : Il est possible d'augmenter la consommation en réduisant le temps de travail.
Argument 1 : Si les gens travaillent moins, ils libèrent du travail pour d'autres personnes.
Argument 2 : Quand ils ont du temps libre, ils pratiquent des loisirs qui génèrent des emplois.
Conclusion : La réduction du temps de travail a donc un double bénéfice.

→ en énonçant des arguments, en les développant, en les illustrant
Point de vue : Les médias ont un rôle négatif de deux points de vue :
1. L'accent mis sur le sensationnel – **2.** Le manque de recul dans le traitement de l'information.
Argument pour le point 1 : Cela détourne l'attention du public de l'essentiel.
Illustration du point 1 : On parle trop souvent de la vie privée des responsables politiques.
Argument pour le point 2 : Les médias présentent des hypothèses comme des certitudes.
Illustration du point 2 : Un responsable politique de la majorité a des réserves sur la politique du gouvernement. → Un responsable politique de la majorité critique le gouvernement.
→ Il y a deux camps dans la majorité.

→ en énonçant des arguments de manière objective sans connecteurs
Point de vue : Le traité de Lisbonne rend l'Union européenne plus démocratique.
Argument 1 : Le Parlement européen voit ses domaines de compétences fortement élargis.
Argument 2 : Le Président de la Commission européenne est élu par le Parlement européen.
Argument 3 : 95% des textes seront adoptés conjointement par le Conseil et le Parlement.

3 Formulez une position de votre choix et justifiez-la en utilisant un des schémas proposés.

4 Développez une argumentation sur le schéma suivant. Choisissez un thème qui vous intéresse, complétez le tableau, prononcez un monologue suivi s'appuyant sur les informations notées et opposant les deux argumentaires.
Prévoyez une phrase ou un paragraphe d'introduction puis une phrase de conclusion générale.

	Argument	Contre-argument
Énoncé d'un problème		
Développement du problème		
Exemple		
Justification 1 + exemple		
Justification 2 + exemple		
Justification 3 + exemple		
Conclusion		

GRAMMAIRE

Exprimer la conséquence

→ Avec des infinitifs

La crise est **assez** importante **pour** s'étendre à d'autres pays.
Son argumentation était **trop** superficielle **pour** réussir à nous convaincre.

→ Avec des phrases nominales

La poste était en grève. **Conséquence/Résultat** : la date limite a dû être repoussée.
Les membres les plus influents du comité étaient contre. **D'où** le rejet du projet.

→ Avec des phrases simples

Il n'y a pas de consensus sur les solutions à apporter au déséquilibre Nord-Sud. **En conséquence/Donc/Alors/Finalement**, les moyens d'action ne sont pas coordonnés.
La communication a mal fonctionné entre les organisateurs. **Il en a résulté/Cela a eu pour conséquence/Cela a entraîné** de nombreux dysfonctionnements.

→ Avec des phrases complexes

– avec l'indicatif

Il n'y a pas eu de consensus, **si bien que** la résolution n'a pas été adoptée.
La tension était **si/tellement** forte **que** la réunion a été reportée.
Les partenaires sont **à ce point/à tel point** soucieux de leurs intérêts individuels **qu**'aucune avancée n'est possible.

– avec le subjonctif

L'opposition était très forte, **sans que** les négociations soient pour autant bloquées.
Les coûts immobiliers sont **trop** élevés **pour que** nous songions à investir.
L'événement a été **suffisamment bien** préparé **pour qu**'il n'y ait pas de problèmes.
Il y a **assez** de monde **pour que** le travail soit terminé vendredi soir.

5 Complétez les phrases suivantes avec une expression qui convient.

   a. Le sommet a été mal préparé. . . . , il s'est mal déroulé.

   b. Les différents membres du cabinet n'arrivaient pas à se mettre d'accord. . . . , c'est le directeur de cabinet qui a tranché.

   c. Les prévisions étaient mal calculées. . . . de nombreuses difficultés budgétaires.

   d. Le marché est dérégulé. . . . il y a des dysfonctionnements.

   e. La situation économique est instable. . . . la population limite ses dépenses.

6 Formez une seule phrase.

   a. La pression des manifestants était très forte. Le gouvernement a dû retirer le projet de loi.

   b. Elles ont photocopié des exemplaires en nombre suffisant. Tout le monde aura le sien.

   c. Personne n'est disponible jeudi à 11 heures. La réunion sera reportée.

   d. La nuit est très fraîche. On ne peut pas faire la réception dans les jardins.

7 Répondez librement aux questions en exprimant la conséquence.

   a. Est-ce que la hausse des tarifs du carburant a une influence sur les déplacements des personnes ?

   b. Est-ce que l'itinéraire est correctement indiqué ? Est-ce que nous ne risquons pas de nous tromper ?

   c. Est-ce que les effectifs du service d'ordre pour la manifestation sont suffisants ?

   d. Les problèmes sociaux sont vraiment très graves ?

   e. Le ministre est vraiment très déterminé à supprimer plusieurs milliers de postes ?

MANIERES DE DIRE

Insister dans une argumentation

→ en utilisant des mots ou expressions

C'est **donc** une situation difficile.

Voilà **effectivement** un vrai problème.

C'est **bien** ce que je vous disais : nous n'avons qu'un seul choix possible.

Nous sommes, **de fait**, confrontés à une situation extrêmement complexe.

La situation, **de toute évidence/à l'évidence**, va se dégrader.

→ en utilisant des phrases incises

La faute – **contrairement aux idées reçues/contrairement à ce que l'on croit** – n'est pas imputable aux syndicats.

La conséquence directe, **c'est clair pour tout le monde/personne ne me contredira sur ce point**, sera une terrible aggravation de la situation.

Les réactions, **on s'en doute/cela ne fait aucun doute/comme cela était à prévoir/prévisible**, ont été violentes.

Le conflit – **c'est un fait/c'est inévitable/cela va de soi** – va s'amplifier.

8 **Insérez dans les phrases suivantes une expression permettant d'insister sur les arguments donnés.**

a. Voilà une difficulté à laquelle nous n'avions pas pensé.

b. Comme je vous l'ai déjà dit, c'est une situation totalement inédite.

c. Nous n'y pouvons rien : nous avons un grave problème financier à résoudre.

d. Tout se passera comme ce chercheur l'avait prévu.

9 **Introduisez librement des phrases incises dans les phrases suivantes.**

a. Son dossier est très bien constitué.

b. Les responsables sont les hommes politiques, pas les hommes d'affaires.

c. Les normes n'ont pas été respectées.

d. C'est à l'équipe de Mme Davenson que nous devons la proposition qui a permis de conclure l'accord.

VOCABULAIRE

Exprimer le contraire à l'aide de préfixes

La mondialisation est **ir**réversible.

Les arrêts de la Cour Suprême sont **ir**révocables.

Le phénomène de la mondialisation est **in**contournable.

Ce scénario est plus qu'**im**probable, il est **im**possible.

Il a donné un avis **dé**favorable.

Cette disposition est **anti**constitutionnelle.

Ce document est **il**légal.

C'est une situation **a**typique.

Ces deux copies sont **dis**semblables.

Les sanctions sont **dis**proportionnées.

10 **Faites un remue-méninges pour trouver des adjectifs et leurs contraires construits avec les préfixes ci-dessus. Insérez-les dans un mini-dialogue avec votre voisin.**

À vous

1. Au cours d'un débat, vous développez une argumentation pour défendre une idée de votre choix. Votre interlocuteur vous pose des questions pour vous faire préciser votre point de vue.
C'est un débat public. Il faut donc en respecter les rituels.

2. Choisissez un des schémas argumentatifs proposés et développez par écrit une argumentation sur un thème de votre choix.

③ CONTROVERSES

document 1

Controverses multiples sur le projet de loi Hadopi

07/05/2009

PARIS (Reuters) – Les controverses se multiplient sur le projet de loi français réprimant le téléchargement illégal sur internet, à l'Assemblée nationale, à TF1, où un cadre qui y était opposé a été licencié, mais aussi au Parlement européen.

Ce texte dit « Hadopi », qui prévoit que le « piratage » de films ou de morceaux de musique pourra être sanctionné d'une interruption de la connexion, a été rejeté une première fois par surprise le 9 avril par l'Assemblée nationale, les députés de droite s'étant retrouvés en minorité.

Le gouvernement a demandé une nouvelle lecture et a fait adopter dans la nuit de mercredi à jeudi une de ses dispositions les plus controversées, qui prévoit que l'abonné devra continuer à payer ses factures pendant l'interruption de la connexion.

La gauche combat le projet car elle considère que les sanctions sont disproportionnées. Le régime de sanction n'offre pas les garanties nécessaires, car il n'y a pas de procédure contradictoire, et il n'est pas certain qu'on sanctionne l'auteur véritable de l'infraction en suspendant la connexion, écrit le premier secrétaire du Parti socialiste, Martine Aubry, dans *Le Monde* à paraître vendredi.

La ministre de la Culture, Christine Albanel, a, elle, répondu en estimant que la loi, loin d'être liberticide, défendait au contraire « une liberté, celle de créer et celle d'être rémunéré justement pour ce qu'on crée ».

LICENCIEMENT À TF1

La ministre de la Culture a aussi dû faire face à la révélation du licenciement d'un cadre de TF1 auquel est reproché son hostilité au projet de loi exprimée dans un courrier électronique privé envoyé à la députée UMP Françoise de Panafieu en février dernier.

Le 4 mars, le cadre Jérôme Bourreau-Guggenheim a été convoqué par sa hiérarchie qui lui a reproché ce courriel et, le 16 avril, il a reçu sa lettre de licenciement évoquant une « divergence forte avec la stratégie » de la chaîne, selon la lettre publiée par *Libération*.

TF1 explique dans un communiqué sa décision de le licencier en disant que cette prise de position constituait « un acte d'opposition à la stratégie du groupe TF1 », qui est favorable à la loi sanctionnant le piratage sur internet.

Christine Albanel « trouve absurdes les accusations du journal et affirme n'avoir jamais contacté la direction de TF1 », dit pour sa part un communiqué de la ministre.

L'opposition de gauche et le centre dénoncent depuis 2007 la supposée proximité de TF1 avec l'Élysée et l'UMP.

Le dossier législatif s'est encore compliqué avec l'adoption par les eurodéputés mercredi à Strasbourg d'un amendement à un texte sur les télécommunications disposant qu'aucune « restriction ne peut être imposée aux droits et libertés des utilisateurs finaux sans décision préalable des autorités judiciaires ».

[...]

Le vote à l'Assemblée française est prévu mardi prochain.

Thierry Lévêque, édité par Yves Clarisse

1 Notez les différents acteurs de la controverse en précisant leur(s) point(s) de vue.

Acteurs de la controverse	Leur position

2 Présentez oralement, avec vos propres mots, la deuxième controverse qui s'est développée autour de ce projet de loi.

MANIERES DE DIRE

Présenter une controverse

→ **Énoncer le thème**
La dépénalisation du commerce des drogues douces ne cesse de faire débat.

→ **Présenter la situation à travers des événements, des prises de position…**
Ces dernières semaines…, de plus…, pour médiatiser encore davantage le débat…, pour couronner le tout…

→ **Énumérer des faits (récit)**
Dans un premier temps…, par la suite…, dans le même temps…, et puis le 25 juillet, …
Deux jours plus tard…, et puis coup de théâtre : …

→ **Présenter des opinions diverses et contradictoires**
Selon les associations …, la ministre a fait savoir que…, le Premier ministre a été très clair…, un maire a été attaqué/critiqué en raison de ses opinions…

→ **Marquer l'accumulation**
– des événements
D'abord, puis/ensuite, par contre, de plus, et puis deux jours plus tard…

– des prises de position
Quant à lui/elle, selon… mais selon …, par contre…, aux yeux de…, le député pour sa part…

→ **Conclure**
– en énonçant une information
Le ministre tranchera dans un délai de six jours.

– en posant une question
Quelle sera l'issue de cette affaire ?

– en faisant un commentaire
La question est sans doute loin d'être tranchée.

3 Imaginez une situation et complétez le canevas.

a. . . .
b. Dans un premier temps, . . .
c. Mais, par la suite . . .
d. Or, . . .
e. Malgré cela, . . .
f. Selon . . .
g. Mais ce n'est pas l'avis de . . .
h. Alors . . . ?

4 Utilisez les informations du document sur Hadopi pour…

a. énumérer une accumulation de faits en les liant entre eux.

b. présenter des opinions diverses et contradictoires en les liant entre elles.

5 Reprenez certains des procédés ci-dessus et appliquez-les à une controverse de votre choix.

GRAMMAIRE

« Faire » ou « se faire » + infinitif

→ Faire + infinitif

Le service de presse **a fait savoir** que l'information était sans fondement.
La préfecture **a fait enlever** les affiches au contenu contesté.
Les services municipaux **ont fait nettoyer** les lieux de l'incident.

→ Se faire + infinitif

Il **s'est fait** représenter à une réunion.
Ils **se sont fait** remplacer par leurs suppléants pendant deux heures.
Elles **se sont fait** photographier ensemble.

6 Complétez avec « faire » ou « se faire » au temps et au mode qui convient.

a. Le Préfet de police a annoncé qu'il ... procéder à une enquête interne dans les jours qui viennent.
b. À la séance d'hier après-midi, la ministre ... vivement attaquer par un député.
c. La secrétaire ... régulièrement reprocher son manque de rigueur.
d. L'ambassadeur a l'intention de ... rénover son bureau.

7 Reformulez les phrases suivantes en utilisant les structures proposées ci-dessus.

a. Les services du Premier ministre ont diffusé l'information selon laquelle aucun plan de rigueur n'est programmé.
b. À la demande de l'inspection du travail et sous la pression des syndicats, les contrats ont été modifiés.
c. L'adjoint de M. Kolos a présenté les excuses de celui-ci pour son absence à la réunion de service.
d. Étant donné son absence pour raisons personnelles, l'assistante a été remplacée pendant une demi-journée par la standardiste.
e. Les deux chefs d'État tenaient à être filmés ensemble.

VOCABULAIRE

Autour des médias

→ Se référer à la presse, aux médias

Selon *Le Monde*/un journaliste/un quotidien/un diplomate, …
La presse a révélé que…
Le journaliste, qui a eu communication du rapport, affirme que…
La lettre, que nous nous sommes procurée, indique que…
La presse s'est fait l'écho de…
La presse s'est saisie/emparée de l'affaire…
La presse fait état de…
Libération a enquêté sur…

→ Les médias font référence à leurs sources

L'information a été confirmée pas les autorités compétentes.
Nous n'avons pour l'instant aucune confirmation officielle de cette rumeur.
La nouvelle a été reprise par d'autres organes de presse.
Sous couvert de l'anonymat, un membre du cabinet du ministre a confirmé l'information.
Contactée, la direction de PGS n'a pas souhaité s'exprimer/répondre à nos questions.
La nouvelle a été confirmée par le ministère des Affaires sociales.
Le président de l'association a énergiquement/formellement démenti avoir tenu les propos qu'on lui prête.

8 Complétez les phrases suivantes avec l'expression qui convient.

a. Depuis que ... , des informations contradictoires sont publiées sur les relations entre les deux leaders politiques.
b. La presse ... de négociations secrètes mais aucun gouvernement n'a confirmé l'information.
c. La première version du projet de loi, ... , fait état d'une plus grande sévérité dans les contrôles fiscaux.
d. Notre journal ... sur les faits et il s'avère que le problème est plus complexe qu'on ne croyait.

9 Insérez les questions suivantes dans un contexte et répondez-y en utilisant les expressions qui conviennent.

a. Comment a-t-on eu connaissance de l'affaire ?

b. Qui a qualifié la situation de très critique ?

c. Comment la nouvelle s'est-elle répandue si vite ?

d. Un seul journal a publié la nouvelle de la catastrophe ?

10 À l'aide des indications suivantes, imaginez des situations dans lesquelles vous insérez les formes appropriées de la liste ci-dessus (page 134).

a. Une nouvelle circule mais son origine n'est pas clairement identifiée.

b. Une personne/une institution a refusé de recevoir les journalistes.

c. Une personne a communiqué à un journaliste une information plus ou moins confidentielle mais elle ne veut pas que la presse indique la source de l'information.

d. Un responsable politique publie un communiqué dans lequel il infirme les propos que la presse lui attribue.

GRAMMAIRE

Simplifier des phrases en utilisant des formes participiales

Comme il était en réunion, il a éteint son portable.

➡ **Étant** en réunion, il a éteint son portable.

Il a du temps avant la réunion alors il se promène un peu dans le parc.

➡ **Ayant** du temps avant la réunion, il se promène un peu dans le parc.

Le brouillard a provoqué des embouteillages et ils ont raté le début de la conférence.

➡ Le brouillard **ayant provoqué** des embouteillages, ils ont raté le début de la conférence.

Son portable lui a été volé. Alors elle a demandé si elle pouvait utiliser le fixe.

➡ Son portable lui **ayant été volé**, elle a demandé si elle pouvait utiliser le fixe.

Elle n'était pas au courant parce qu'elle s'était absentée pendant deux semaines.

➡ **S'étant absentée** pendant deux semaines, elle n'était pas au courant.

11 Transformez les phrases suivantes en utilisant des formes participiales.

a. Puisque le vote a eu lieu, il est impossible de contester les choix effectués.

b. Leurs partenaires ont refusé tout dialogue. Ils ont donc décidé de quitter la réunion.

c. Il avait oublié l'heure du rendez-vous et a téléphoné à son assistante pour la lui demander.

d. Elle ne se souvenait pas bien de l'heure du vol, raison pour laquelle elle est arrivée à l'aéroport au dernier moment.

e. C'est pour cause de maladie qu'elle a décliné l'invitation.

12 Complétez librement les phrases suivantes en utilisant une forme participiale.

a. . . . , elle a décommandé le déjeuner de travail.

b. . . . , il a envoyé un mot d'excuse.

c. . . . , ils ont décidé de ne pas participer à la conférence.

d. . . . , il connaissait parfaitement sa façon de voir les choses.

En situation

1. Imaginez en groupe des extraits d'une controverse orale sur un thème de votre choix en vous aidant de la rubrique « Présenter une controverse » page 133.
   Vous écrivez un article la relatant en vous inspirant de l'article sur la loi HADOPI.

2. Imaginez en groupe un débat public sur un thème de votre choix.

a. Vous simulez le débat.

b. Il y a ensuite des questions posées par le public.

c. Vous jouez des conversations informelles entre auditeurs à la sortie du débat.

d. Un compte rendu est rédigé pour un journal ou un site internet.

Le désarroi des Arabes de New York

On en parle...

WebTV

24h à New York / Le désarroi des Arabes de New York ⟨ retour

00:06 ▮▮◧▮   03:41 ◀▮▮◧ ⛶

La plupart des immigrés arabes de New York n'ont qu'un désir : s'intégrer à la société américaine et recueillir ses fruits. La crise ouverte le 11 septembre 2001 et la perspective du conflit irakien ont sérieusement entamé leur quiétude.

date : 01.10.2002
durée : 00:03:39
auteur(s) - producteur(s) :
Pascal Priestley et
Michaël Lagerwey

De quoi s'agit-il ?

1. Répondez aux questions suivantes.

a. D'où viennent principalement les Arabes qui ont immigré aux États-Unis ?

b. Dans quel quartier le reportage se déroule-t-il ?

c. À quel(s) choix est confronté un Arabe s'installant aux États-Unis ?

2. Présentez plus précisément l'image de l'immigration donnée par Khaled El-Mattrany, Ahmed Tawkik et Jacob Hagop Yahiayan.

3. Quels sont les raisons qui ont poussé Emira Habiby Browne à créer un centre familial à Brooklyn ?

4. Quelle est l'attitude du département d'État envers les Arabes ou Musulmans immigrés depuis les attentats du 11 septembre ?

5. Quelle différence y a-t-il entre l'attitude des primo-arrivants et celle de la deuxième ou de la troisième génération ?

Qu'en pensez-vous ?

Choisir l'émigration, c'est accepter de se fondre dans la culture du pays d'accueil.

Certains quartiers des grandes villes connaissent des chocs culturels permanents. C'est inutile et dangereux.

Pour un enfant, avoir deux cultures, c'est très enrichissant.

Être accueillant, ça veut dire accepter l'autre tel qu'il est.

Vous choisissez un de ces thèmes pour…

– présenter oralement votre point de vue ;
– exprimer votre point de vue dans un article de presse ;
– avoir une conversation informelle avec un ami, un collègue… ;
– organiser un débat télévisé.

Et chez vous ?

Comment réagissent vos compatriotes à l'immigration et à l'expatriation ?

● Vos compatriotes partent-ils volontiers travailler à l'étranger ? Quelles sont leurs motivations ?
● Y a-t-il beaucoup de personnes d'origine étrangère dans votre pays ? Comment l'expliquez-vous ?
● Vos compatriotes sont-ils plutôt accueillants ou méfiants face à un «étranger».? Quelles explications pourriez-vous fournir à cette situation ?
● Quelle est votre position personnelle sur ces différentes questions ?
● Racontez le parcours de personnes de votre entourage qui ont émigré, ou ont décidé de ne pas émigrer, ou ont émigré puis sont revenus. Donnez leurs raisons.

Testez-vous

1 🎧 Compréhension orale

1. Présentez la position de Mme Cantaloube.

2. La position de M. Van Dyck a-t-elle évolué entre sa première et sa dernière intervention ? Justifiez votre analyse.

2 Compréhension écrite

Conférence de Durban : « Combattre le racisme, la discrimination raciale, la xénophobie et l'intolérance »

La conférence des OING du Conseil de l'Europe souhaite que la Conférence de Genève tienne compte des éléments suivants :

1. À l'origine des attitudes racistes ou xénophobes, il y a la peur et la méconnaissance des autres. Une situation amplifiée par le brassage de populations et la pluralité linguistique et religieuse. Développer la mixité sociale, favoriser la rencontre entre personnes de différentes cultures est un moyen essentiel de la lutte contre la discrimination et l'intolérance.

2. Le rapprochement entre des personnes culturellement et socialement diverses est encore plus important en temps de crise. Des ONG maintiennent le dialogue ouvert entre les adversaires, leur permettant de se retrouver dans la reconnaissance mutuelle de leur diversité.

3. Le dialogue interculturel doit être une orientation politique majeure, même s'il ne va pas de soi. Selon l'expérience de nos ONG, il y faut éducation et apprentissage.

4. Tout motif, quel qu'il soit, de discrimination ou de stigmatisation est haïssable et doit être combattu. C'est pourquoi nous ne souhaitons pas que l'on établisse une liste des différentes formes de « racisme ».

5. Nous rappelons la nécessité, pour les personnes victimes de discrimination, de pouvoir être représentées par des ONG dans les actions en justice menées pour la reconnaissance de leurs droits.

1. Complétez le tableau suivant.

	Constatation	Proposition
Point 1		
Point 2		
Point 3		
Point 4		
Point 5		

2. Notez trois grands axes de cet appel et justifiez votre choix.

3 Expression orale

Vous êtes un expert ministériel. À l'occasion d'un débat sur un thème relevant de votre compétence, vous êtes amené à faire une analyse argumentée sur un dossier de votre choix. Cette analyse doit être suivie de propositions d'action.

4 Expression écrite

La polémique fait rage sur un problème de société de votre choix. Vous êtes un élu et vous exprimez votre opinion dans une lettre ouverte qui sera publiée dans la presse.

Présentez vos arguments !

1 VOILÀ LES DONNÉES DU PROBLÈME !

document 1

Faut-il libéraliser totalement le commerce des produits agricoles ?

Beaucoup de pays en développement sont actuellement poussés à réduire leurs barrières commerciales à l'entrée de produits agricoles. Ces pressions proviennent à la fois des négociations commerciales en cours et des politiques générales qui leur sont conseillées par les donateurs et les organisations internationales sur la base de l'hypothèse qu'une libéralisation des politiques agricoles est nécessaire pour que l'expansion des échanges encourage la croissance.

Bien que les pays en développement soient extrêmement hétérogènes à la fois pour ce qui est de leur situation économique et de ce qui leur est demandé dans les négociations commerciales, ces sources de pression ont tendu à converger pour devenir un consensus, à savoir qu'une libéralisation plus poussée du commerce agricole n'est pas à redouter et est au contraire appropriée pour tous les pays, quel que soit le niveau de développement qu'ils ont atteint ou quelles que soient les politiques de leurs partenaires commerciaux.

Ceux qui préconisent des politiques commerciales plus libérales font valoir qu'avec une plus grande ouverture aux échanges, les secteurs économiques des différents pays seraient exposés à une plus grande concurrence, ce qui encouragerait, contrairement aux craintes de certains, des gains d'efficacité […]. Cet argument a été étayé par toute une série de modèles de simulations du commerce mondial, dont beaucoup ont généré de substantielles « preuves » empiriques que les pays ont tout à gagner d'une réduction de leurs barrières aux échanges. […]

Cependant, les débats qui entourent la réforme des politiques commerciales sont également caractérisés par un appel à la flexibilité […]. Cet appel reflète la crainte que quelques pays risquent de trop ouvrir leur secteur agricole à la concurrence internationale, et aussi trop rapidement, de sorte que cela aurait pour effet de freiner plutôt que d'améliorer leurs perspectives de croissance et, partant, leur capacité d'atteindre les objectifs fixés en matière de réduction de la pauvreté et de sécurité alimentaire.

[…]

[Par ailleurs,] de puissants arguments fondés sur l'efficience mènent à s'interroger sur le point de savoir si une libéralisation plus poussée du commerce de certains produits agricoles par certains des pays en développement les plus pauvres devrait être l'une des principales composantes d'une approche optimale de la réforme des politiques commerciales.

D'après Documents techniques de la FAO sur les négociations commerciales, http://ftp.fao.org

1 Complétez le tableau.

N° du paragraphe	Idée générale par paragraphe	Développement
1	Point de départ de la réflexion : – hypothèse : – conséquence :	
2	Constatation : Malgré cela, consensus :	
3	Arguments en faveur de la position choisie : Justification :	
4	Objection : Justification :	
5	Interrogation :	

2 Utilisez les éléments du tableau pour présenter avec vos propres mots les éléments du problème sans regarder le document.

MANIÈRES DE DIRE

Exprimer la crainte

→ **Avec des locutions conjonctives**

Par peur de/Ayant peur de l'affrontement, il a accepté la majorité de leurs demandes.
Par peur de/De peur de/Ayant peur de donner un chiffre inexact, il a préféré se taire.
Par crainte de/Craignant la réaction de son interlocuteur, elle n'a fait aucun commentaire.
Par crainte d'/De crainte d'être trop influencé dans ses choix, il n'écoute aucun conseil.
De peur que/De crainte que la lettre n'arrive pas à temps, il l'a fait livrer par coursier.

→ **Avec des verbes**

Je **crains/redoute une** multiplication des demandes.
Le gouvernement **craint/redoute que** ces troubles ne dégénèrent en guerre civile.
Un développement de la contestation **est à craindre/redouter**.
Avec la crise monétaire, nous **risquons** d'être mis en difficulté.
Il y a un risque de conflit qu'il ne faut pas négliger.
Les associations de défense des droits de l'homme **s'alarment de** la montée
des communautarismes.

→ **Avec des noms**

Vos **craintes** sont totalement fondées.
Le comportement des gens est symptomatique de leur **angoisse** du lendemain.
La **peur** des critiques ne peut pas justifier le silence du ministre.
L'**inquiétude** était sur tous les visages.

3 Complétez avec une expression qui convient.

a. ... une réaction hostile, il a modéré ses prises de position.
b. C'est ... choquer qu'il a été moins catégorique.
c. ... être mal informé par ce texto, il a préféré ne pas communiquer la nouvelle.
d. ... on ne le croie pas, il n'a pas osé dire ce qu'il savait.

4 Répondez librement en utilisant les expressions ci-dessus.

a. Pourquoi n'a-t-elle pas pris la parole ?
b. Pourquoi ne m'as-tu pas dit que tu allais à la réception ?
c. Quelle est la raison de ses hésitations ?
d. Sais-tu si c'est à cause de moi qu'il n'a rien dit ?
e. Pourquoi n'avez-vous rien proposé ?

5 Reformulez en utilisant un verbe ou un nom exprimant la crainte.

    a. Il peut se produire une catastrophe naturelle.

    b. Et si les rebelles se montraient plus agressifs ?

    c. Il croit toujours qu'on prépare un attentat contre lui.

    d. Les réformes proposées peuvent occasionner
      des tensions intercommunautaires.

VOCABULAIRE

Mots et expressions de liaison

→ Mettre deux ou plusieurs éléments sur le même plan

Ce problème concerne **à la fois** la population active **et** les retraités.

Il s'agit **aussi bien** des recettes **que** des dépenses.

Cela est vrai **tant pour** les impôts directs **que (pour)** les impôts indirects.

Cette réglementation concerne tout le monde, **qu'il s'agisse** des enfants **ou** des adultes.

Non seulement il n'a pas d'arguments **mais encore/en plus** il est de mauvaise foi.

→ Opposer deux ou plusieurs éléments

Vous devez choisir **soit/ou bien** la formule 1, **soit/ou bien** la formule 2.

D'un côté vous devez réduire les dépenses, **de l'autre** votre parc informatique est obsolète.

Tantôt il fait des concessions, **tantôt** il campe sur ses positions.

6 Complétez les phrases suivantes.

    a. Il faut lutter ... contre la misère ... contre les inégalités, la solution ne peut être que mondiale.

    b. Cette remarque concerne ... l'Union européenne ... les États-Unis.

    c. ... vous vous taisez, ... vous parlez de manière énigmatique. Résultat : on n'avance pas !

    d. ... les chiffres qu'il a cités sont faux, ... son argumentation n'est pas convaincante.

7 Reformulez les phrases suivantes en utilisant l'expression qui convient.

    a. Je te parle des aspects politiques. Et des aspects économiques aussi.

    b. Cette directive concerne les marchandises et les services.

    c. Tu emmènes le matériel sur support papier ? Sur support électronique ?

    d. Nous avons le choix entre signer l'accord tout de suite ou réserver notre réponse.

8 Imaginez des mini-dialogues mettant en contexte les expressions ci-dessus.

MANIÈRES DE DIRE

Schéma argumentatif : confronter des points de vue et en faire la synthèse

→ Point de vue 1 : Certains considèrent/affirment/pensent/soutiennent que l'agriculture doit connaître de profondes mutations. **+ exemple : Ainsi,** la petite propriété familiale doit disparaître.

→ Point de vue 2 : D'autres sont persuadés/ont la conviction/militent afin que la propriété familiale reste au cœur des activités agricoles. **+ exemple : En effet,** les produits issus de l'agriculture familiale sont plus « naturels ».

→ Synthèse

a. Commentaire sur le point de vue 1 : Certes, les petites propriétés familiales ont de plus en plus de difficultés à survivre.

b. Commentaire sur le point de vue 2 : Cependant, leur existence permet d'éviter une standardisation des produits agricoles.

c. Proposition de compromis : Ne serait-il pas possible de/pourquoi ne pas préserver la propriété familiale en faisant évoluer sa fonction : par exemple, en y développant de manière massive et volontariste l'agriculture biologique ?

9 Utilisez le schéma argumentatif pour écrire un paragraphe sur les mutations nécessaires de l'agriculture. (Vous devez prévoir une introduction et une conclusion.)

10 Reproduisez le schéma argumentatif ci-dessus sur un thème de votre choix que vous présenterez à l'oral.

MANIÈRES DE DIRE

Construire une argumentation

→ Structurer temporellement l'argumentation
d'abord/tout d'abord, premièrement/en premier lieu, pour commencer…
j'introduirai mon propos, je commencerai par…
puis/ensuite, deuxièmement…
enfin/finalement, en dernier lieu/dernier point…
bref, ainsi, donc, en résumé, en un mot, en définitive,…
pour conclure/en conclusion/je conclurai en disant…

→ Rajouter un argument en lien direct ou non avec le précédent
de plus, en outre, par ailleurs, et aussi, et puis, également, et n'oublions pas…, j'ajouterai que…

→ Introduire une relation de conséquence
ainsi, donc, aussi, alors, en conséquence/par conséquent, c'est pourquoi…

→ Introduire une relation de cause
car, en effet, effectivement, comme, parce que, puisque, attendu que, vu que, étant donné que,
par suite de, eu égard à, en raison de, du fait que…

→ Introduire une explication ou une illustration
à savoir, c'est-à-dire, soit…
par exemple, c'est ainsi que, c'est le cas de, notamment, entre autres, en particulier…

→ Introduire un argument restrictif ou opposé
mais, cependant, or, en revanche, pourtant, mis à part, en dehors de, excepté, sauf, à défaut de, hormis,
par contre, néanmoins, au contraire, d'un autre côté, malgré, en dépit de…

11 Complétez les phrases suivantes avec une expression qui convient.
a. Nous sommes assez inquiets. … rien ne dit que la tension va encore monter.
b. Tantôt les négociations semblent avancer, puis tout à coup nous sommes au bord de la rupture.
   … , c'est l'incertitude la plus totale.
c. Il y a une solution – … un vrai plan de restructuration – qui n'est certes pas facile à accepter
   mais qui, … , est la seule solution viable.
d. … des rumeurs circulent, nous allons publier un communiqué.

12 Que dire dans les situations suivantes ?
a. Vous présentez le plan d'une intervention visant à prouver sur la base de trois arguments
   le bien fondé de l'aide humanitaire à un pays de votre choix.
b. Vous opposez deux points de vue différents sur l'évolution du chômage. Chaque point
   doit être illustré par un exemple.
c. Selon vous, trois raisons essentielles expliquent le réchauffement climatique.
   Vous les énumérez en vous appuyant sur des exemples.
d. Vous présentez trois raisons (par ordre croissant d'importance) de penser que la mondialisation
   n'est pas un phénomène positif.

13 Imaginez à deux des séquences argumentatives en utilisant les expressions ci-dessus.
Pensez à varier la structure des argumentations et l'utilisation des mots et expressions.

À vous

1. Au cours d'un débat entre experts, on vous a demandé de présenter votre point de vue sur un thème
   de votre choix. Un autre expert présente un point de vue tout à fait contraire au vôtre. Un modérateur
   est chargé de faire la synthèse de vos deux argumentations.
2. Vous êtes chargé(e) de rédiger le compte rendu écrit de ce débat.

2 NE MÂCHEZ PAS VOS MOTS !

Mme Rosemburg: Mais M. Vanderdove, il y a des sujets sur lesquels on ne peut pas faire l'impasse. Vous le savez aussi bien que moi : il est absolument impossible, au cours d'une campagne pour les élections des députés au Parlement européen, de laisser totalement de côté les questions quotidiennes de la politique intérieure et de fonder la campagne sur les seules questions européennes. Nous sommes bien d'accord là-dessus, non ?

M. Vanderdove: Et pourquoi ne le pourrait-on pas ?

Mme Rosemburg : Pour la simple et bonne raison que vous êtes tenu, dans une campagne électorale quelle qu'elle soit, de parler de questions qui intéressent la vie quotidienne des citoyens !

M. Vanderdove: Alors cela revient à dire que les affaires de l'Union européenne concernent tellement peu les citoyens des États membres qu'il faut leur parler d'autre chose. Mais on marche sur la tête, ma chère Madame !

Mme Rosemburg: Non, non et non, M. Vanderdove. Vous caricaturez mes propos, vous les déformez tout à fait volontairement ou, tout au moins, vous les isolez de leur contexte. C'est un procédé révoltant. Il n'y a – bien évidemment – aucune équivoque. Je veux simplement dire que, pour intéresser les gens, il faut leur parler de leurs problèmes quotidiens qui doivent, évidemment, être replacés dans le contexte de l'Union.

M. Vanderdove: Ah, vous me rassurez ! Mais ce que vous venez de dire est totalement différent de ce que vous avez dit il y a un instant. Alors dites-moi : quelle est la bonne version, la première ou la deuxième ?

Échange 1

▶ – Moi, je trouve qu'il a plutôt raison, ce monsieur... comment déjà ?
– Vanderdove. Tu trouves qu'il a raison ? Mais tu n'as rien compris ! Tu ne te rends pas compte qu'il est de mauvaise foi et que sa seule stratégie, c'est de ridiculiser son interlocutrice dès qu'elle ne partage pas les mêmes convictions que lui. Il critique, il démolit, il ironise et... il ne propose aucune alternative. Il n'y a rien derrière ! Je le trouve exécrable !
– Ah bon ? Tu crois ?
– Mais bien sûr. Et c'est à cause de gens comme ça qu'il y a des débats dont on ne retire rien !

Échange 2

▶ – Je crois que c'est la dernière fois que je vais à une réunion de campagne. Ils n'arrêtent pas de se faire mutuellement des reproches si bien qu'ils n'arrivent pas à parler de l'essentiel.

– Et c'est quoi, l'essentiel, pour toi ?

– Qu'on me dise à quoi sert l'Europe, comment ça marche, des choses comme ça…
Il y a des gens qui ne le savent pas. Beaucoup même !

– Mais une campagne électorale, ce n'est pas un cours sur les institutions européennes.
Ceci dit, après tout, tu as peut-être raison : ils ne se demandent même pas si les gens comprennent de quoi ils parlent. Et, comme la plupart des gens n'ont qu'une vague idée de ce qu'est l'Europe…

1 🎧 Faites le point sur le débat en complétez le tableau.

Mᵐᵉ Rosemburg		M. Vanderlove	
Opinions	Reproches	Opinions	Reproches

2 🎧 Résumez chaque échange en une phrase.

MANIERES DE DIRE

Comment tenter de déstabiliser son interlocuteur

→ En présentant un point de vue comme une évidence
Vous savez/Tout le monde/Chacun sait très/fort bien que…
C'est une évidence/une banalité de dire que…
Vous ne me contredirez pas sur ce point !
Mais voyons ! Il n'y a là rien de nouveau !
Ce que vous dites est inexact pour la simple et bonne raison que…
Allons, allons, un peu de bon sens !

→ En prenant le public à témoin
Demandez aux personnes ici présentes ce qu'elles en pensent !
Le public appréciera !
Je crains qu'il n'y ait pas grand monde qui partage ce point de vue dans l'auditoire !

→ En s'indignant !
Mais c'est un scandale/c'est tout simplement révoltant ce que vous dites là !
Mais vous n'avez rien compris ! Vous ne vous rendez pas compte que…
Comment peut-on défendre des idées pareilles ! C'est hors de question !
Mais pas du tout ! Pas du tout !/Non, non et non !
Mais il ne s'agit absolument pas de cela !

→ En ironisant
Mais on marche sur la tête, mon cher Monsieur !
Ah, vous me rassurez !
Puis-je me permettre, chère Madame de vous demander si, à votre avis, …
Et pour vous, où est l'essentiel ? Vous pouvez me le dire ?

→ En se révoltant
Vous déformez mes propos !   Vous isolez mes propos de leur contexte !
Mais je n'ai jamais dit ça !   Vous ridiculisez mon point de vue !

3 Exprimez les attitudes suivantes avec la phrase qui convient.

   a. Vous faites remarquer à votre interlocuteur que ce qu'il vient de dire n'est pas une information nouvelle (les travailleurs ne s'impliquent pas suffisamment dans la vie sociale).

   b. Vous dites avec force à votre interlocuteur qu'il se trompe : au lieu de diminuer, le chômage augmente.

   c. Votre interlocuteur vous demande si vous êtes prêt à voter la nouvelle loi sur la répression de la délinquance. Vous répondez énergiquement que non.

   d. Vous reprochez à votre interlocuteur de mal interpréter ce que vous venez de dire.

4 Imaginez des situations conflictuelles dans lesquelles vous devez utiliser une des expressions ou phrases ci-dessus (page 143).

GRAMMAIRE

Les subordonnées circonstancielles (synthèse)

→ Exprimer la cause
Elle a refusé le poste **parce qu**'elle le trouvait trop prenant.
Comme/Puisque il était trop tard pour repasser à son bureau, M. Naili est rentré chez lui.

→ Exprimer le but
Afin que chacun ait la documentation nécessaire, l'assistante a fait quinze copies.
Tout est prévu **pour que** tous les délégués puissent travailler efficacement.

→ Exprimer la conséquence
Le débat a été organisé **de telle sorte que** les participants interviennent 10 minutes.
La réunion s'est terminée **tellement** tard **qu**'il n'a pu dormir qu'une heure.

→ Exprimer la concession
Bien que l'Ambassadeur soit parti, la fête reste très animée.
Quoique j'aie quelques réticences sur ce texte, je vais le voter avec mon groupe.

→ Exprimer l'opposition
Ils ont signé le protocole d'accord, **alors qu**'au départ, ils y étaient très hostiles.
Si on a utilisé ici l'article 123 à bon escient, il n'est pas possible de l'utiliser dans tous les cas.

→ Exprimer un rapport temporel
Pendant que la réception se prépare, les diplomates poursuivent leurs entretiens.
Après que tous les invités sont partis, les deux ministres ont un entretien en privé.
Alors que le débat se poursuit, les journalistes attendent devant la salle de réunion.

→ Exprimer la condition
Si vous refusez de faire des concessions, je vais rompre immédiatement les négociations.
Le sommet sera une réussite **à condition qu**'il soit très bien préparé.

→ Exprimer l'hypothèse
Si la délégation est en retard, il va falloir modifier le programme.
Si les participants avaient préparé la réunion, celle-ci aurait été beaucoup plus courte.
Si nous avions prévu ce résultat, nous n'aurions pas pris cette initiative.

5 Identifiez la circonstance et reformulez la phrase avec la conjonction qui convient.

   a. Je faisais les cartons d'invitation et toi tu téléphonais à ta mère !

   b. Les Suédois sont revenus sur leur position : ils ont fait une proposition tout à fait différente.

   c. La décision a été ajournée : il y avait trop de divergences.

   d. Soyez conciliants, sinon on court à l'échec.

   e. La loi n'a pas été intégralement validée. Cela n'empêche pas les députés de la majorité d'être satisfaits.

   f. Le rapport a été plusieurs fois réécrit. Il en résulte un manque de clarté qu'il faut corriger.

À vous de produire des phrases exprimant des circonstances.

6 Imaginez des situations en quelques phrases. Dans chacune d'elles, vous devez introduire une circonstance de votre choix.

VOCABULAIRE

Caractériser des attitudes

→ **positivement**	→ **négativement**	→ **de manière nuancée**
Quelqu'un de…	**Quelqu'un de…**	**Quelqu'un de…**
fiable	violent	relativement ouvert
équilibré	agressif	assez tolérant
réfléchi	intolérant	plutôt patient
tolérant	excessif	un peu impulsif
consensuel	impulsif	souvent colérique
ouvert	colérique	parfois imprévisible
posé	ironique	**Quelqu'un qui a tendance à…**
déterminé	malhonnête	être agressif
volontaire	calculateur	manquer de sang-froid
courageux	faux	se laisser aller à la colère

7 Caractérisez les personnes suivantes.

a. Mᵐᵉ Hobbes a de grandes qualités d'écoute.

b. M. Heller se donne des objectifs et il les respecte.

c. Mᵐᵉ Cruz ne s'énerve jamais.

d. M. Dalers a de violentes colères.

e. M. Hersen n'est pas toujours sincère.

f. Mᵐᵉ Cuza ridiculise parfois ses interlocuteurs.

À vous de formuler des appréciations sur des personnes.

8 Décrivez le comportement de…

a. quelqu'un d'intolérant ;

b. quelqu'un d'assez patient ;

c. quelqu'un qui a tendance à manquer de sang-froid ;

d. quelqu'un de très déterminé ;

e. quelqu'un à qui il arrive d'avoir de violentes colères.

Vous pouvez illustrer votre description d'un exemple anecdotique.

9 À vous de choisir un type de comportement et de l'illustrer.

GRAMMAIRE

« Il y a » + nom + pronom relatif

Il y a des gens **qui** ne disent que des banalités.
Il y a des orateurs **que** je ne peux pas supporter.
Il y a des jours **où** j'ai envie de donner ma démission.
Il y a des salles de conférence **où** l'on entend très mal.
Il y a des collaborateurs **dont** je ne sais rien.
Il y a des collègues **avec qui** je ne peux pas
collaborer/**en qui** je n'ai pas confiance/**pour lesquels**
je n'éprouve aucune sympathie.

10 Complétez les phrases suivantes.

a. Il y a … je me demande à quoi sert mon travail.

b. Il y a … on ne peut pas parler d'autre chose que du travail.

c. Il y a … transforment toujours un peu la vérité.

d. Il y a … je ne connais pas le nom.

11 Reformulez en utilisant la forme qui convient.

a. Certains conférenciers sont extrêmement difficiles à comprendre.

b. Je doute de la sincérité de mes collaborateurs.

c. Certaines conférences sont très ennuyeuses. Je n'ai pas envie d'y aller.

d. Dans certaines salles, on ne voit pas bien l'orateur.

À vous

1. Faites un petit exposé sur un thème de votre choix en présentant vos convictions de façon très catégorique ou au contraire de manière nuancée.

2. Parlez de personnes connues (ou fictives) et dites ce que vous savez de leur caractère, de leur façon de se comporter, etc.

3. Imaginez à deux des situations où vous vous affrontez sur un thème de votre choix. La fin de l'échange peut avoir deux issues : une meilleure compréhension mutuelle ou une rupture.

---

3 JE NE SUIS PAS SÛR(E) D'AVOIR BIEN COMPRIS

 document 1

Dialogue 1

– On m'avait pourtant affirmé que ce serait différent de ce que vous venez de dire. Donc, si vous voulez bien, arrêtons-nous un instant pour nous assurer que tout est clair entre nous, et ensuite nous pourrons reprendre le débat. Alors, si je vous ai bien compris, votre point de vue peut se résumer en trois points essentiels : vous préconisez tout d'abord une étude approfondie, ensuite la mise sur pied d'une commission qui fera des propositions concrètes et enfin l'élaboration d'un plan financier. Est-ce bien cela ?

– C'est tout à fait ça mais avec une précision cependant, une remarque secondaire...

Dialogue 2

– Au-delà de vos propos excessifs, je découvre entre nous une communauté de point de vue disons... partielle. Alors cessons toute polémique et nous pourrons réfléchir en toute sérénité. Donc, pour résumer, je suis d'accord avec votre analyse : lançons une étude sérieuse, mettons sur pied une commission, et ensuite nous développerons le programme. Mais il n'est pas nécessaire d'identifier les besoins. Nous les connaissons.

– Je dirais que nous les connaissons – justement – de façon grossière et globale. La mise en œuvre d'un plan suppose une vision beaucoup plus fine de la situation.

Dialogue 3

– Je ne comprends pas très bien... Vous venez de dire que l'équipe de formateurs doit être fortement encadrée. Or vous avez dit il y a un instant qu'il fallait réduire au maximum les coûts en personnel n'intervenant pas directement dans la formation. C'est contradictoire !

– Pas du tout. J'ai effectivement dit qu'il fallait limiter, si vous voulez, les intermédiaires entre les concepteurs du plan de formation et les formateurs eux-mêmes. Et cela, effectivement, pour limiter les coûts. Mais limiter les coûts ne veut pas dire seulement réduire le volume du personnel d'encadrement mais aussi définir ses attributions de la manière la plus efficace possible. Je ne sais pas si c'est plus clair maintenant...

– Tout à fait... Tout à fait...

1 🎧 Complétez le tableau en cochant les bonnes cases.

	Dialogue 1	Dialogue 2	Dialogue 3
Situation de confrontation			
Situation de clarification			
Situation de consensus total			
Situation de consensus partiel			
Situation de malentendu résolu			
Situation de malentendu persistant			

2 Lisez le document et résumez pour chaque situation les positions en présence, puis reformulez à votre manière le malentendu ou le désaccord.

MANIERES DE DIRE

Réagir quand on n'a pas (bien) (tout) compris

→ parce qu'on n'a pas bien entendu
Pardon ?
Excusez-moi, je n'ai pas compris.
Je m'excuse mais je n'ai pas bien entendu.
Je suis désolé mais je n'ai pas compris la fin de la phrase.

→ parce qu'on n'a pas saisi le sens
Qu'est-ce que cela signifie ?
Qu'entendez-vous par là ?
Que voulez-vous dire par là ?

→ parce qu'on n'a pas saisi l'intention
Pourquoi dit-elle ça ?
Où veut-il en venir ?
Dans quelle intention tenez-vous ces propos ?

→ en interprétant le message
Cela veut dire que…
Vous voulez dire que…
Il a peut-être voulu dire que…
Est-ce qu'elle n'essaie pas de nous faire comprendre que…

3 Complétez avec la forme qui convient.

a. « Créativité comptable », … ?

b. Ils souhaitent voir aboutir les négociations ou les faire échouer ? À votre avis, … .

c. …, il s'agit de faire l'étude préliminaire et de se revoir après ?

d. …, votre seul problème, c'est la date de publication de l'appel d'offres ?

e. Vous dites qu'il faut être extrêmement prudents. … ?

4 Mettez-vous par deux. Vous choisissez une expression et vous imaginez une situation dans laquelle vous la contextualisez.

GRAMMAIRE

Impératif + présent ou futur simple ou futur proche

Préparez les dossiers, vérifiez les listes, comptez les badges puis vous pouvez partir.
Faisons une pause, réfléchissons chacun de notre côté et ensuite nous reprendrons les travaux.
Répondez à vos courriels, préparez la note pour la réunion de service de demain, après quoi vous allez venir dans mon bureau.

5 Créez des situations dans lesquelles vous pouvez insérer des phrases sur les modèles ci-dessus.

GRAMMAIRE

Exprimer la postériorité

→ 1. Le futur est envisagé à partir du présent

→ **Futur proche** : Je **pense** que nous **allons conclure** l'accord dans deux jours.

→ **Futur simple** : Je **pense** que nous **conclurons** l'accord dans deux jours.

→ **Futur antérieur** : Je **pense** que, dans deux jours, nous **aurons conclu** l'accord.

→ 2. Le futur est envisagé à partir du passé (futur certain ou hypothétique)

→ **Conditionnel présent**

On a officiellement **annoncé** que les élections anticipées **auraient lieu** en octobre.

J'**étais** sûr que nous **aurions** le temps de travailler ensemble jeudi et vendredi.

Il m'**avait assuré** que je **serais** sur la short-list.

→ **Conditionnel passé**

J'ai **appris** qu'à la mi-juillet, on **aurait** déjà **rendu publics** les résultats des concours.

Je **croyais** qu'à mon retour vous **auriez remis** le rapport depuis huit jours.

On lui **avait dit** que le dossier **serait bouclé** avant la fin du mois.

---

6 Complétez avec le verbe qui convient au temps qui convient :

terminer – avoir lieu – voyager – il y a – se trouver

a. On m'avait dit que le déménagement … en juillet.

b. Je viens d'apprendre que, quand je rentrerai, notre service … dans les nouveaux locaux.

c. Je ne savais pas que nous … ensemble.

d. On m'avait prévenu que … des problèmes.

e. Je pense que nous … samedi.

7 Complétez avec les verbes qui conviennent aux temps qui conviennent :

expliquer – présider – comprendre – avoir lieu – dire – coller – croire – commencer – penser – terminer

a. Je … que, la semaine prochaine, nous … déjà les travaux.

b. On … , sur la base des informations reçues, que la réunion … à la date prévue.

c. On vous … que d'ici deux jours, on … les affiches électorales.

d. Je … que vous … les travaux deux jours après mon départ.

e. Pierre me … début juillet que le ministre de la Culture … la réunion plénière de printemps.

8 Réécrivez le texte suivant.

Selon le porte-parole, la conférence de presse doit avoir lieu vers 19 heures.

On nous a dit que les travaux se termineraient vers 17 heures mais, apparemment, les négociateurs ont pris du retard. Qu'est-ce que cela signifie ? Que les pourparlers sont plus difficiles que prévu ? Que des problèmes imprévus se sont posés ?

Je devais envoyer un papier à mon agence vers 18 heures mais ce ne sera manifestement pas possible. Il faut que je les prévienne et que je leur explique que j'enverrai des informations dès que j'en aurai. Ensuite, je repasserai à l'hôtel et j'espère que je pourrai dîner avec mes collègues allemands. Cela fait très longtemps que je ne les ai pas rencontrés.

Selon le porte-parole, la conférence de presse devait avoir lieu…

MANIERES DE DIRE

Quelques exemples de reformulation

→ Phrases

1. La situation n'est peut être pas désespérée.
   → Il pense qu'il y a peut-être encore de l'espoir.
2. Pour les négociations tripartites, le chef de cabinet est assez optimiste.
   → Le chef de cabinet semble plutôt confiant sur l'issue des négociations tripartites.
3. Les pourparlers sont au point mort.
   → Les négociations n'avancent pas.
4. En raison du mauvais temps, l'avion aura plus de deux heures de retard.
   → C'est à cause de la météo que l'avion atterrira avec deux heures de retard.

→ Séquence

Ce n'est pas par conformisme politique que je trouve cette proposition de loi malvenue mais parce que, tout simplement, j'en désapprouve le contenu. Je le trouve en effet peu convaincant. Quant à la forme, elle est extrêmement ambiguë et je vois déjà les batailles de juristes dont son interprétation fera l'objet.
→ Je ne suis pas favorable à cette proposition de loi, non par principe mais seulement parce que ses dispositions ne me paraissent pas satisfaisantes et, qu'en outre, les ambiguïtés de la formulation seront l'occasion de controverses entre juristes.

9 Reformulez les phrases suivantes avec vos propres mots.

a. Le choix du site est discutable mais le projet de construction d'un nouvel aéroport correspond tout à fait aux besoins économiques.

b. Même si tout n'est pas parfait dans cette loi, je suis profondément convaincu qu'elle comporte d'excellentes dispositions.

c. Voilà un investissement qui coûte très cher. Ce coût élevé s'explique surtout pas des installations de sécurité extrêmement complexes.

10 Cherchez des articles de presse ou des séquences d'émissions de radio ou de télévision et présentez-en le contenu avec vos propres mots.

En situation

1. Imaginez à deux ou trois des conversations :
   – il y a beaucoup de bruit, vous ne vous entendez pas très bien ;
   – l'un fait répéter l'autre parce qu'il ne comprend pas bien le sens de ce qu'il dit ;
   – au cours d'une conversation, il y a un malentendu qui est ensuite dissipé.

2. Imaginez en groupes un débat télévisé « mouvementé » :
   – certains participants sont très bavards ;
   – d'autres s'énervent facilement, font ses reproches, se montrent indignés ;
   – il y a des malentendus, de mauvaises interprétations des propos des participants ;
   – l'animateur tente de maîtriser la situation.
   (Vous pouvez modifier les contraintes proposées.)

On en parle…

Une équipe à gauche pour lutter contre une logique libérale

WebTV

24h à Paris / Clémentine Autain : une
équipe à gauche pour lutter …   ‹ retour

… contre la logique libérale.
Clémentine Autain est en charge de la jeunesse auprès
du Maire de Paris.

Réalisation Claude Vittiglio · George Dougueli

date : 01.05.2006
durée : 00:02:21
auteur(s) - producteur(s) :
Claude Vittiglio /
TV5MONDE

De quoi s'agit-il ?

1. Essayez de deviner qui est Clémentine Autain, quel courant de pensée elle représente et dans quel contexte. Vérifiez ensuite vos hypothèses en recherchant des informations sur ses idées et son parcours.

2. Complétez le tableau suivant.

Ce que Clémentine Autain refuse	Ce que Clémentine Autain préconise

3. Selon Clémentine Autain,…

   a. quels sont les apports de son groupe au conseil municipal de Paris ?

   b. quelle sera la situation du logement dans les grandes métropoles si on ne fait rien ?

   c. peut-on pratiquer une politique de la ville sans prendre en compte la région parisienne ?

4. D'après vous, Clémentine Autain est-elle optimiste ou pessimiste ? Justifiez votre réponse.

Qu'en pensez-vous ?

Penser la ville autrement, ce sont des mots, rien que des mots !

Dans les villes, il y a un écart grandissant entre quartiers riches et quartiers pauvres.

Les grandes métropoles, c'est insupportable !

J'ai besoin de la ville. La campagne, c'est bien pour quelques jours mais pas plus et pas trop souvent.

Vous choisissez un de ces thèmes pour…

– présenter oralement votre point de vue ;

– exprimer votre point de vue dans un article de presse ;

– avoir une conversation informelle avec un ami, un collègue… ;

– organiser un débat télévisé.

Et chez vous ?

Vivre en ville ou s'installer à la campagne ?

• Quelles sont, au sein de la population de votre pays, les tendances par rapport à cette question ?

• Dans votre pays, est-il possible d'habiter à la campagne et de travailler en ville ?

• Comment se répartit la population d'une grande ville de votre pays ?

• Y a-t-il un problème du logement ? Si oui, comment se présente-t-il ? Sinon, qu'est-ce qui a permis de résoudre le problème ou de l'éviter ?

Testez-vous ························➤

1 🎧 Compréhension orale

1. En quoi les points de vue de M. Vacaluera, Mme Barnegee et Mme Ianopoulos se rejoignent-ils ? Justifiez votre réponse.

2. Quel(s) message(s) le départ d'une ONG d'une zone de conflit peut-il délivrer et à qui ?

2 Pratique de la langue

GRAMMAIRE

1. Reformulez les phrases suivantes. Vous devez faire une seule phrase.

  a. Il craint l'affrontement. Donc il se montre conciliant.

  b. Et si nous étions mal renseignés ? Il vaut mieux vérifier les informations.

  c. Il maîtrisait mal le dossier technique. Alors il préférait rester dans le vague face aux propositions.

  d. Ils n'ont pas rappelé. Pourtant ils avaient promis de le faire.

  e. Ils vont sans doute refuser de faire des concessions ? Alors notre délégation va rompre les négociations.

  f. Les candidats ne préparent pas leurs interventions. Les électeurs se désintéressent du débat.

2. Complétez avec la conjonction qui convient.

  a. Nous acceptons ... nous voulons avancer et ... l'opinion publique ne soit pas déçue.

  b. ... vous en faites la demande, vous pourrez visiter les collections qui ne sont pas montrées au public ... le directeur vous aura expliqué les contraintes liées aux assurances.

  c. ... pouvoir réussir, il faut que vous soyez audacieux ... les conditions sont difficiles. Mais ... vous êtes prudents et que vous arrivez à choisir le bon moment pour attaquer, ça marchera.

  d. ... le président donne une réception, certains délégués continuent à négocier. Mais ... ces pourparlers seront terminés, les chefs d'État et de gouvernement négocieront directement.

3. Complétez avec le verbe qui convient au mode et au temps qui conviennent :

téléphoner – apprendre – ne pas réussir – transmettre – pouvoir

  a. La réunion n'avait pas encore commencé et il me ... déjà pour me dire d'être vigilant.

  b. Un ministre vient de démissionner. On l'... juste avant le début de la cérémonie.

  c. Nous sommes très surpris qu'ils ... à faire voter la loi.

  d. Il ignorait encore que son gouvernement lui ... de nouvelles instructions.

  e. Je n'imaginais pas que vous ... terminer le rapport avant la fin de la semaine.

VOCABULAIRE

Dites le contraire.

  a. C'est quelqu'un d'impulsif.

  b. C'est quelqu'un de catégorique.

  c. Il est toujours imprévisible.

  d. C'est quelqu'un de tout à fait équilibré.

3 Expression orale

À l'occasion d'un reportage sur un problème de société, les manières de répondre aux questions posées sont différentes : réponse très argumentée, ton très partisan, attitude désinvolte, etc. Jouez des scènes à deux.

4 Expression écrite

Vous reprenez les mêmes thèmes et les mêmes attitudes pour écrire votre point de vue sur un blog.

Mettons tout sur la table et discutons!

1 PRÉPARONS-NOUS...

... À AFFRONTER LA SITUATION

À l'écoute de personnes expérimentées et... clairvoyantes!

1. Je suis volontiers suspicieux, j'ai souvent l'impression que tout le monde est contre moi. Ça ne m'a pas toujours servi... C'est dommage parce qu'au fond, je suis plutôt consensuel.

2. Pour ma part, j'ai un objectif et j'adapte ma stratégie en fonction du caractère de mes interlocuteurs. Il arrive que mon attitude soit différente si les circonstances l'exigent : je peux être formel ou franchement dégagé de toute contrainte « protocolaire ». Ça dépend...

3. Moi, j'aime les objectifs clairement définis, les arguments bien documentés, les partenaires qui se comprennent à demi-mot. La confrontation, l'esprit de compétition, le besoin de me mesurer à l'autre, ce n'est pas du tout ce que je recherche.

4. Pour bien négocier, je dois être sous pression. Je dois me donner des objectifs maximalistes et il faut que j'aie peur de ne pas les atteindre. Sinon, je laisse libre cours à l'empathie que j'éprouve spontanément pour mes interlocuteurs et je n'arrive à rien.

... À TENIR COMPTE DES CIRCONSTANCES... SURTOUT À L'INTERNATIONAL!

Dans une négociation, il y a les aspects techniques mais il y a aussi les aspects culturels...

1. Suis-je suffisamment renseigné sur les usages et les pratiques de mes partenaires?

2. Vais-je comprendre les modes de raisonnement et les stratégies de la partie adverse?

3. Que faut-il faire pour instaurer un climat de confiance avec des inconnus dont on connaît peu ou mal les habitudes de communication?

4. Faut-il être direct, jouer franc jeu ou au contraire prendre des chemins détournés?

5. Comment interpréter certains gestes, certaines mimiques dont la véritable signification nous échappe?

...EN MAÎTRISANT BIEN LES DOSSIERS...

[...]

La directive 97/67/CE est modifiée comme suit :

1. L'article 7 est remplacé par le texte suivant :
« Article 7
1. Dans la mesure où cela est nécessaire pour assurer le maintien du service universel, les États membres peuvent continuer à réserver des services à un (des) prestataire(s) du service universel. Lesdits services sont limités à la levée, au tri, au transport et à la distribution des envois ordinaires

de correspondance intérieure et de correspondance transfrontière entrante, que ce soit par courrier accéléré ou non, conformément tant aux limites de poids que de prix ci-après. [...]

3. La Commission procède à une étude prospective destinée à évaluer, pour chaque État membre, l'impact sur le service universel de l'achèvement du marché intérieur des services postaux en 2009. Sur la base des conclusions de cette étude, la Commission présente, avant le 31 décembre 2006, un rapport au Parlement européen et au Conseil, assorti d'une proposition confirmant, le cas échéant, la date de 2009 pour l'achèvement du marché intérieur des services postaux ou définissant toute autre étape à la lumière des conclusions de l'étude. » [...]

3. À l'article 19, les premier et second alinéas sont remplacés par le texte suivant : « Les États membres veillent à ce que des procédures transparentes, simples et peu coûteuses soient mises en place pour le traitement des réclamations des consommateurs, notamment en cas de perte, de vol, de détérioration ou de non-respect des normes de qualité du service (y compris des procédures d'établissement des responsabilités dans les cas où plusieurs opérateurs sont impliqués). [...] »

4. À l'article 22, le troisième alinéa est remplacé par le texte suivant : « Les autorités réglementaires nationales ont en particulier pour tâche d'assurer le respect des obligations découlant de la présente directive et instaurent, s'il y a lieu, des contrôles et des procédures spécifiques afin de veiller à ce que les services réservés soient respectés. Elles peuvent aussi être chargées d'assurer le respect des règles de la concurrence dans le secteur postal. »

D'après http://eur-lex-europe.eu

1 Notez le numéro du témoignage (document 1) correspondant aux qualificatifs suivants.

   a. Celui/celle qui se méfie de lui-même/elle-même et doit se surveiller.

   b. Celui/celle qui a une légère tendance à la paranoïa.

   c. Celui /celle qui a l'esprit méthodique.

   d. Celui/celle qui se montre souple et flexible.

Justifiez votre choix.

2 À quelle(s) question(s) du document 2 se rapportent les remarques suivantes ?

   a. Il posait toujours des questions qui n'étaient pas directement liées à l'objet de la négociation. Je ne comprenais pas où il voulait en venir.

   b. Mon interlocuteur me regardait de telle sorte que j'avais l'impression qu'il approuvait toutes mes propositions. C'était sans doute un peu trop simple mais comment savoir ?

   c. Ce sont des gens avec qui on ne peut pas aller droit au but. Il faut parler de choses et d'autres et puis, petit à petit, entrer dans le vif du sujet.

   d. Mes interlocuteurs avaient des attitudes déroutantes. Au début, je n'étais jamais sûr d'avoir la bonne interprétation. Et je me demandais aussi comment mes propres propos pouvaient bien être perçus.

   e. En Asie du Sud-Est, évitez de regarder négligemment la carte de visite qu'on vous donne avant de la mettre au plus vite dans votre poche.

3 Cherchez des exemples illustrant chacune des questions posées sur les aspects culturels à prendre en compte dans une négociation.

4 Complétez le tableau suivant (document 3).

N° de l'alinéa	Disposition(s) principale(s)	Explicitation

MANIERES DE DIRE

Présenter des objectifs ou des tâches

Le ministère **se donne pour tâche/objectif de** réformer le droit d'asile.
Notre secteur **a pour tâche/objectif/mission/but** d'évaluer les performances…
Notre mission **consiste à** vérifier des budgets.
Leur action **consiste dans la** sensibilisation/**en une** information des citoyens.
La commission parlementaire **est chargée de** faire des propositions.
Le résultat attendu/recherché est une confirmation de nos hypothèses.
Vos services **doivent veiller à ce que/s'assurer que** tout se passe bien.
La délégation **procédera à** une enquête détaillée.
Les missionnaires **s'efforceront de** recueillir le plus grand nombre de témoignages possible.

5 Complétez avec l'expression qui convient.

   a. Notre travail … donner des conseils aux entreprises.

   b. Vos inspecteurs … de faire respecter les procédures.

   c. Les différents services … limiter les coûts de représentation.

   d. Votre mission … une étude de faisabilité.

6 Reformulez les phrases suivantes en utilisant l'expression qui convient.

   a. À quoi sert cette étude ? À mieux connaître la situation !

   b. Pourquoi faire une enquête ? Parce qu'il faut savoir ce que pensent les citoyens.

   c. On nous demande de faire des propositions sur le contrôle des dépenses.

   d. Nous sommes envoyés dans ce poste pour tenter de résoudre de profonds conflits internes.

VOCABULAIRE

Attitudes d'interlocuteurs

Elle a une certaine empathie à l'égard des autres.
Il a le sens du compromis.
Elle aime la confrontation. / Elle a le goût de la confrontation.
Il peut faire preuve de souplesse ≠ Il manque de souplesse. / Il n'a aucune souplesse.
Ce n'est pas quelqu'un d'accommodant.
Il peut être d'un formalisme incroyable.
Elle affiche une rigueur inébranlable.
Il est terriblement procédurier.
Il a tendance à discuter pour discuter, contredire pour le plaisir.
Il se montre parfois suspicieux, méfiant.
La provocation ne lui fait pas peur.
Elle entre beaucoup trop dans les détails. / Elle se perd dans les détails.
Il ne dépasse jamais le niveau des généralités.

7 Mettez les phrases suivantes en relation avec les attitudes caractérisées ci-dessus.

   a. Quand il a un objectif, il est très difficile de le faire changer d'avis.

   b. Il donne souvent l'impression de ne pas avoir confiance dans ses interlocuteurs.

   c. Il aime bien choquer ses interlocuteurs.

   d. Avec elle, on ne peut jamais rentrer dans le détail. C'est un vrai problème.

8 Vous racontez une anecdote concrète illustrant une des attitudes données ci-dessus. Les autres membres du groupe doivent deviner de laquelle il s'agit.

VOCABULAIRE

Caractériser des situations

→ C'est une situation…	→ C'est une situation…	→ C'est une situation…
satisfaisante	complexe/difficile	relativement complexe
claire/transparente	compliquée	assez/parfois confuse
sans problème (particulier)	imprévue/imprévisible	passablement dramatique
privilégiée	confuse	terriblement compliquée
idéale	tendue	globalement satisfaisante
porteuse	problématique	souvent privilégiée
excellente	ambiguë	particulièrement privilégiée
facile/simple	insupportable	extrêmement facile
détendue	dramatique	plutôt détendue

9 Caractérisez les situations suivantes.

a. Nous ne pouvions pas anticiper sur la modification radicale du climat des négociations.

b. À mesure que le temps passait, les discussions devenaient de plus en plus difficiles.

c. Nous n'avons pas compris ce qu'ils attendaient de nous.

d. Grâce à cette réunion, nous avons beaucoup avancé.

À vous de proposer des situations que votre voisin(e) caractérisera.

10 Répondez librement aux questions suivantes.

a. Pourquoi était-ce une situation idéale ?

b. Pourquoi cette réunion était-elle tellement insupportable ?

c. La situation est assez confuse, n'est-ce pas ?

d. En quoi la situation est-elle dramatique ?

À vous de trouver des questions et de demander à un membre du groupe d'y répondre.

MANIERES DE DIRE

Préciser le contexte

→ L'origine

Étant donné les/Compte tenu des informations données, restons prudents.

Vu les premières réactions de nos interlocuteurs, il faut craindre le pire.

C'est **sur la base de/en nous fondant sur** ces analyses que la décision sera prise.

→ La situation

Dans les conditions actuelles, il est difficile de prendre des décisions.

Nous aviserons **sur le moment.**

Nous mettrons notre stratégie au point **en fonction de la situation.**

Plus que jamais, la balle est dans notre camp.

→ Les choix stratégiques

Dans la mesure où le point 1 est adopté, il ne devrait pas y avoir de problème pour le point 2.

Pourvu qu'ils acceptent le premier point, nous ferons des concessions sur le second.

Quelle que soit leur position, la nôtre ne changera pas.

Si les circonstances l'exigent, je demanderai un report de la négociation finale.

Même si cela crée des tensions, il nous est impossible de ne pas réagir énergiquement.

Que cela pose des problèmes **ou non,** nous ne pouvons plus faire machine arrière.

11 Complétez avec une expression qui convient.

a. C'est … que nous pourrons comprendre la situation.

b. … quelques informations circulent, rien ne nous permet de prévoir l'issue des discussions.

c. Vous devrez décider … de la conduite à adopter.

d. … , je ne peux pas vous donner d'instructions précises.

e. … la modification radicale de la position de nos interlocuteurs, je suis contraint de consulter le cabinet du ministre.

12 Reformulez les phrases suivantes en utilisant l'expression qui convient.

a. En voulant les convaincre à tout prix, nous prenons des risques mais il faut essayer.

b. J'espère que la situation va évoluer dans le bon sens. Si c'est le cas, nous serons rassurés.

c. Nous n'avons que des informations non encore vérifiées. Inutile de publier un communiqué.

d. Vous verrez comment les choses se présentent et vous déciderez alors comment procéder.

13 Imaginez des situations dans lesquelles une des expressions ci-dessus peut être utilisée et jouez la scène avec votre voisin(e).

À vous

1. Vous êtes responsable de la cellule communication de La Poste. À l'occasion de la négociation sur la transposition de la directive 97/67CE, vous répondez aux questions d'un journaliste qui vous interroge sur l'objet de cette directive.

2. Votre chef de service vous demande, avant une négociation sur un thème de votre choix, de lui faire une note sur les négociateurs, l'enjeu de la négociation, les avancées et les difficultés possibles.

② EXPOSÉ DES MOTIFS ET TOUR DE TABLE

document 1

M. Verdier, représentant du ministère de tutelle

Mesdames et Messieurs, bonjour !

Cette réunion a pour but d'examiner le projet de loi sur le nouveau statut de La Poste qui sera prochainement présenté au Conseil des ministres. Ce texte est évolutif mais comporte un caractère obligatoire puisqu'il fait partie du processus de transposition de la directive 97/67/CE relative à l'ouverture à la concurrence des services postaux de la Communauté.

Conformément aux termes de la directive que je viens de citer, l'établissement public La Poste doit être réformé mais l'État est tenu de garantir la sauvegarde du service universel ainsi que de veiller à ce qu'aucun citoyen ne se trouve pénalisé. Par ailleurs, vous n'êtes pas sans savoir que La Poste est endettée. Une mutation est donc nécessaire. À ce titre, le gouvernement souhaite modifier le statut de La Poste qui deviendra une société anonyme à capitaux exclusivement publics. Je propose donc, dans un premier temps, un tour de table qui sera suivi d'un débat qui, je l'espère, permettra aux organisations que vous représentez de mieux comprendre les objectifs du gouvernement et de faire des propositions constructives que mes services ne manqueront pas d'étudier. Je vous donne donc la parole.

M. Malaval, représentant d'une centrale syndicale

Notre organisation a été choquée que l'État souhaite faire de La Poste une société anonyme. Même s'il assure vouloir que ses capitaux restent publics, c'est une forme juridique qui permet une évolution vers l'ouverture à des capitaux privés. Nous nous faisons l'écho des 300 000 employés inquiets pour l'avenir de leur emploi et le maintien de leur statut de fonctionnaires que rien ne garantit. À ce titre, nous nous opposons à ce projet.

Mme Bordier, représentante d'une centrale syndicale

Notre centrale partage les inquiétudes exprimées par M. Malaval. Néanmoins, c'est une directive européenne que l'État français est tenu de transposer et on peut voir, chez certains autres États membres, que l'expérience s'avère concluante. Pour cette raison, nous ne nous opposerons pas à la proposition. Par contre, nous serons fermes sur l'obligation de fournir des garanties contre l'ouverture du capital ainsi que sur la définition d'un processus progressif de réforme avec un calendrier, des évaluations et la correction des dispositions s'il y a lieu. Tout cela, bien sûr, en étroite concertation avec les organisations d'employés et de consommateurs. Je vous remercie.

Mme Cornut, représentante d'une association de consommateurs

Notre position est simple : il y a, dans ce projet de loi, des zones d'ombre et des lacunes. Nos experts sont inquiets quant à la fiabilité des dispositions garantissant le maintien d'un service universel. De plus, les usagers ont vécu l'ouverture du marché pour d'autres entreprises publiques et ils ont constaté d'une part dégradation des services, d'autre part une augmentation des tarifs. Nous avons donc besoin de garanties fortes.

M. Falaize, représentant d'un consortium d'associations de consommateurs

Notre position est proche de celle de Mme Cornut car les faits sont là : nos experts eux non plus n'ont pas pu fournir de réponses satisfaisantes à nos interrogations. Nous en concluons que c'est la forme juridique choisie qui ne permet pas d'éviter ce que l'ensemble des partenaires sociaux redoute : la privatisation de fait. Nous demandons donc le retrait du projet et une consultation approfondie des différentes parties prenantes. Si cette concertation ne peut avoir lieu, nous serons contraints d'employer d'autres moyens.

1 ⌒ Écoutez le document 1 et complétez le tableau en style télégraphique.

Plan	Contenu
Accueil	
Objet / cadre de la réunion	
Argumentation Point 1	
Argumentation Point 2	
Conclusion	
Solution proposée	
Organisation de la réunion	

2 ⌒ Écoutez le dialogue et complétez le tableau.

Position des représentants	
M. Malaval	
Mme Bordier	
Mme Cornut	
M. Falaize	

Faites la liste des points de convergence et des points de divergence des différentes parties.

3 Utilisez les notes prises pour présenter le problème avec vos propres mots et sans recours aux textes.

MANIERES DE DIRE

Ouvrir une réunion

→ Indiquer l'objet de la réunion
Cette réunion a pour but/objectif/objet de…
Le but de cette réunion est de…/Cette réunion se propose de…
Au cours de cette réunion, nous allons…

→ Faire le lien avec une information antérieure
Comme vous le savez déjà, …/Comme chacun sait, …/Comme vous en avez été informés,…
Comme cela a été précisé/mentionné/signalé, …
Conformément à l'ordre du jour/la convocation/l'invitation, …

→ Présenter une situation
Exemple 1 : Conformément à la loi de 2002 sur la réforme
du système de retraite, le gouvernement doit modifier
cette loi en conformité avec les résultats des évaluations.
Avant de soumettre le texte à l'Assemblée, il souhaite
une concertation avec les partenaires sociaux.
Exemple 2 : L'immigration clandestine concerne plusieurs
États membres et les chiffres font état d'un fort accroissement
du nombre de morts en raison du naufrage d'embarcations
précaires. La Commission va examiner les mesures
envisageables face à ces drames.

→ Lancer l'échange
Je vous invite donc à nous faire part de votre vision/vos réflexions sur le problème.
Je voudrais donner à chacun de vous la possibilité d'exprimer sa position.
Je serais heureux que nous fassions un tour de table sur les solutions que vous pouvez proposer.
Vous avez/Je vous passe/Je vous donne la parole.

4 Complétez les phrases avec une expression qui convient.

a. …. , nous devons prendre aujourd'hui une décision définitive.

b. …. par courrier, la réunion d'aujourd'hui porte sur le budget.

c. …. faire le point sur les investissements.

d. …. présenter la situation respective de vos services.

MANIERES DE DIRE

Justifier un choix

Notre position **s'explique par** le souci d'assainir la situation.
Ce sont les résultats de nos expériences **qui nous amènent à** proposer la solution suivante.
Cela me paraît une solution équilibrée/juste/efficace/pragmatique.
Le contexte est tendu. **C'est pourquoi /C'est la raison pour laquelle** une solution s'impose.
Ce qui nous incite/amène/pousse à opter pour une solution audacieuse, **c'est** la détresse dans laquelle
les populations concernées sont plongées.
Notre choix **se justifie/est motivé par** un profond souci de justice.
Le meilleur/seul choix possible est de réunir l'ensemble des parties concernées.

5 Complétez les phrases suivantes en utilisant une forme qui convient.

a. Leur réaction … la difficulté de leur situation matérielle.

b. Nous avons pris les décisions qui s'imposaient. Celles-ci … une situation financière
particulièrement catastrophique.

c. Les éléments du débat m' … mettre la question au vote.

d. … nous pourrions réformer le mode de rémunération.

6 Imaginez des situations dans lesquelles les expressions ci-dessus peuvent être utilisées.

VOCABULAIRE

Verbes et expressions pour…

→ **protester**

Je proteste solennellement contre les propos que vous venez de tenir.

Je m'insurge/m'élève contre vos propositions qui sont totalement inadaptées au problème.

Je refuse purement et simplement de prendre en compte de telles opinions.

Je m'inscris en faux contre cette vision des choses.

→ **menacer**

Si vous ne retirez pas ce que vous venez de dire, nous quittons la réunion.

Ou bien vous faites un pas vers nous, ou bien nous quittons la table des négociations.

Votre inflexibilité va nous contraindre à employer d'autres moyens.

Prenez garde à ce que vous dites ! Vous en subirez les conséquences.

N'insistez pas ! Ne nous obligez pas à quitter la salle.

7 Complétez les dialogues suivants en utilisant une expression qui convient.

a. – Nous refusons de revenir sur le contenu du communiqué.   – …

b. – …   – Je suis désolé mais je ne fais pas autre chose que d'exprimer la réalité.

c. – … que vous me parliez sur ce ton. – Je vous prie de m'excuser.

d. – …   – Inutile de s'énerver. Détendons-nous et discutons.

8 Imaginez des situations dans lesquelles les expressions ci-dessus peuvent être utilisées.

VOCABULAIRE

Articuler un raisonnement (synthèse)

→ **Justifier un point de vue**

Suite à des propos provocateurs, nous demandons le report des discussions.

→ **Énoncer un objectif**

Afin de faire cesser la polémique, je suspends la séance.

→ **Envisager les conséquences**

Si nous ne faisons rien, il en résultera une catastrophe.

→ **Exprimer une contradiction**

Ils disent que nous n'avons fait aucune proposition. Or, nous en avons fait.

→ **Formuler des réserves**

Même si je trouve l'idée bonne, je n'approuve pas la manière de la mettre en œuvre.

→ **Mettre des faits/données/idées sur le même plan**

Leurs propositions sont mal élaborées. De même que leur plan d'action.

→ **Relier des actions, des idées, des arguments**

Il faut être imaginatif. De plus, il faut agir vite. Par contre, il ne faut pas faire n'importe quoi.

→ **Présenter un processus**

Tout d'abord on fait une étude. Ce n'est qu'ensuite qu'on cherchera des opérateurs.

9 Faites un remue-méninges afin de rassembler les mots et expressions que vous connaissez pour chaque catégorie mentionnée ci-dessus.

10 Réagissez dans les situations suivantes.

a. Vous imaginez la conséquence d'un refus catégorique de participer à une réunion.

b. Vous réfutez les reproches qui vous sont faits en vous appuyant sur plusieurs éléments justificatifs.

c. Vous justifiez par trois arguments reliés entre eux votre opinion sur la politique de développement durable de votre État.

d. Vous savez que les mesures prises pour limiter les conséquences de la crise financière sont les seules possibles mais vous les trouvez risquées.

11 Imaginez à deux des micro-conversations permettant de mettre en contexte un ou plusieurs types de raisonnement.

À vous

1. Faites le compte rendu du discours d'ouverture de la réunion sur La Poste (100 mots).

2. Vous lancez une réunion sur un thème de votre choix.

3 ARGUMENT CONTRE ARGUMENT

document 1

▶ **M. Verdier :** Je vous remercie pour ces remarques auxquelles je vais tenter de répondre. Si j'ai bien compris vos interventions, je pense pouvoir regrouper vos interrogations en trois points. Le premier concerne l'acceptation par la population des réformes que nous proposons, le deuxième les craintes concernant la sauvegarde d'un service de qualité, le troisième la situation des personnels de La Poste. Donc…

▶ **M. Falaize :** Excusez-moi de vous interrompre mais il faut aussi prendre en compte la garantie d'accès à l'ensemble des citoyens quel que soit leur lieu d'habitation.

▶ **M. Verdier :** Quand je parle de qualité, j'inclus ce que vous venez de dire. Je reviens donc à mon premier point, la communication dont vous avez raison de dire qu'elle est nécessaire. Je prends bonne note de cette proposition.

▶ **M. Malaval :** Pour ma part, je considère que nous prenons le problème à l'envers. Certes l'État doit communiquer sur la question et si les associations de consommateurs peuvent, parce que les choix du gouvernement rencontrent leur accord, le relayer auprès des citoyens, c'est tant mieux. Mais, je vous le demande : avant de parler de communication, parlons des contenus et là, nous avons tout lieu d'être inquiets car le statut des employés de La Poste n'est pas garanti.

▶ **M. Verdier :** Vous faites erreur, Monsieur Malaval. Le projet de loi est très clair sur ce point : la société anonyme La Poste sera une entreprise publique, ses capitaux seront publics, à l'exception de ceux versés par les employés de La Poste si cette option est retenue. C'est là un avantage nouveau pour les postiers puisqu'ils seront intéressés aux bénéfices de leur entreprise.

▶ **Mᵐᵉ Bordier :** Si vous le permettez, je souhaiterais recadrer le débat. Avec l'intéressement des employés de La Poste, nous sommes dans des considérations de second plan. Le point central, c'est de savoir d'une part si le projet du gouvernement est de nature à garantir les conditions de travail des employés et d'autre part s'il permet de garantir un service universel.

▶ **M. Falaize :** C'est un fait que nous n'avons pas de garantie et les consommateurs sont inquiets.

▶ **Mᵐᵉ Cornut :** D'où la nécessité d'organiser une concertation de nature à lever les ambiguïtés.

▶ **M. Verdier :** Mais la loi est très claire, Madame Cornut, notamment sur la garantie de services de qualité. Tous les principes qu'elle édicte seront concrétisés par les décrets d'application. De plus, l'État va injecter 2,7 milliards d'euros dans son capital.

> ▶ **M. Malaval :** Il n'est pas nécessaire, pour cela, de transformer son statut et les garanties, elles n'existent pas. Celles que vous évoquez n'ont pas été opérationnelles dans les processus d'ouverture du capital d'autres entreprises publiques puisque, aujourd'hui, une partie de leurs capitaux sont, de fait, privés.
>
> ▶ **Mme Bordier :** C'est sur cet aspect essentiel que nous souhaiterions faire porter le débat : il faut aller plus loin. Nous devons en effet tirer les enseignements de ces expériences qui ont effectivement abouti à autre chose que ce qui était prévu au départ.
>
> ▶ **M. Verdier :** Je prends bonne note de vos propositions, Madame Bordier. Bien… Je propose une demi-heure de pause. Nous nous retrouvons donc à 16 h 30.

1 🎧 Écoutez l'extrait de réunion puis notez dans le tableau le canevas des échanges.

Nom de l'intervenant	Type d'intervention*	Contenu
M. Verdier		
M. Falaize		
M. Malaval		
M. Verdier		
Mme Bordier		
M. Falaize		
Mme Cornut		
M. Verdier		
M. Malaval		
Mme Bordier		
M. Verdier		

* accord, désaccord, changement de thème, menace, etc.

MANIÈRES DE DIRE

Réfuter des arguments, un point de vue, une analyse

Cette analyse n'est pas cohérente/est incohérente/manque de cohérence.
Cet argument n'est pas adapté à la situation.
Je récuse ce point de vue. C'est tout/exactement le contraire.
Cette opinion est sans fondement. / Votre analyse n'est pas crédible.
Votre raisonnement est illogique/incomplet/bancal/mal construit.
Ces chiffres vont à l'encontre de votre analyse.

2 Reformulez les phrases suivantes.

   a. Je ne suis pas du tout de cet avis.
   b. Votre présentation de la situation n'est pas défendable.
   c. Ce que vous dites ne tient pas debout.
   d. Votre argumentation manque de rigueur.

3 Que dites-vous ?

   a. Un argument donné par votre interlocuteur ne vous paraît pas sérieux.
   b. Vous ne croyez pas aux idées développées par votre interlocuteur.
   c. L'argumentation de votre interlocuteur ne vous paraît pas convaincante.
   d. Vous trouvez qu'il y a des contradictions dans les propos de votre interlocuteur.

VOCABULAIRE

Verbes et noms

> **→ Certaines formes verbales peuvent être remplacées par une forme nominale**
>
> Il **est intervenu** à 14 heures. / Son **intervention** est prévue pour 14 heures.
> On **regroupe** les familles ce matin. / Le **regroupement** des familles a eu lieu ce matin.
> Il a sincèrement **remercié** le chauffeur. / Ses **remerciements** au chauffeur étaient sincères.
> On **permet** aux gens de s'approcher. / Les gens ont la **permission** de s'approcher.

> **→ Forme verbale et forme nominale ont des différences de signification (contexte)**
>
> Il a très bien **vécu** son expatriation. / La **vie** est un long fleuve tranquille.
> Il faut **veiller** à la bonne marche du projet. / La **veille** technologique est une nécessité.
> J'ai bien **noté** vos coordonnées. / J'ai pris son intervention en **notes**.
> Il **destine** son fils à une carrière de diplomate. / Elles ont eu un **destin** tragique.
> Il **est persuadé** d'être persécuté. / Cet orateur a un grand pouvoir de **persuasion**.

> **→ Il n'y a pas de forme nominale liée à la forme verbale**
>
> Nous **sommes revenus** sur cette décision. / Le fait d'être **revenu** sur cette décision est très judicieux.
> La situation **s'est avérée** très dangereuse.

4 Dites la même chose en utilisant une forme nominale quand c'est possible.

  a. Tout *a été* très bien *organisé*.
  b. Il est inutile de *se poser la question*.
  c. Ce parking *est réservé*. C'est très désagréable.
  d. On *accède* au dernier étage par un escalier.
  e. Il *assure* les fonctions de chef de service.

5 Faites des phrases et demandez à votre voisin de les reformuler avec le nom correspondant au verbe employé quand c'est possible.

MANIERES DE DIRE

Prendre la parole

> Je vous remercie de me donner/m'accorder la parole.
> Puis-je me permettre de dire que… / Si vous le permettez, je vous répondrai que…
> Je voudrais ajouter un mot/une phrase… / Je voudrais simplement ajouter que…
> Je voudrais m'exprimer sur … / Juste un mot, une phrase sur…

Garder la parole

> Encore un mot, une phrase,… / Merci de me laisser terminer. / J'en ai presque terminé.
> Je vous passe la parole dans un instant.
> Je serai bref : …
> Je vous demande de ne pas me couper la parole/de me laisser parler.

6 Complétez les phrases avec une expression qui convient.

  a. Je vous remercie de … Je serai très bref.
  b. … pour préciser que les chiffres ont été vérifiés.
  c. … il ne me reste qu'à vous remercier.
  d. … vous interrompre pour citer un chiffre.

7 Que dites-vous pour…

  a. manifester le souhait de parler sur un thème précis.
  b. préciser que vous allez dire seulement quelques mots.
  c. demander qu'on vous laisser finir votre intervention.
  d. manifester le souhait d'ajouter quelque chose.

MANIERES DE DIRE

Passer d'un point à un autre (orienter le débat)

Je voudrais d'ailleurs ajouter que le problème n'est pas là. En effet, …
Cet aspect ne me paraît pas primordial. Si vous voulez bien, voyons maintenant…
Avec votre permission, passons maintenant à un autre aspect qui…
De ce point de vue, d'ailleurs, …
Je souhaiterais que nous concentrions notre attention sur…
Je voudrais présenter une autre approche : …
Passons au point suivant si vous le voulez bien.

8 Retrouvez l'équivalent des phrases suivantes.

a. Je pense que le problème ne doit pas être pris sous cet angle.

b. Je souhaiterais clore sur ce point.

c. Pour ma part, je souhaiterais centrer le débat sur…

d. Je vais vous proposer un autre éclairage.

9 Que dire pour…

a. faire évoluer la discussion dans une autre direction.

b. clore un sujet et se mettre à en traiter un autre.

c. continuer à traiter un sujet mais différemment.

d. signaler que vous souhaitez approfondir un point.

MANIERES DE DIRE

Vers un compromis

Vos positions sont justifiées. Peut-être pouvons-nous trouver une solution intermédiaire…
Votre proposition me semble tout à fait acceptable/constructive/équitable mais nous souhaiterions proposer quelques modifications de détail.
Dans ces conditions, nous pouvons nous mettre d'accord sur la démarche à adopter.
Nous approuvons les modifications que vous proposez mais en les formulant autrement.
Voilà un compromis qui tient compte des intérêts de tous. Nous ne pouvons que l'approuver.
Si vous acceptez de modifier le point 4, nous pouvons, de notre côté, accepter de faire des concessions sur le montage juridique.
Notre proposition est la suivante : nous pouvons approuver les nouvelles dispositions que vous souhaitez introduire à condition de modifier les points évoqués ce matin.

10 Que dire pour…

a. informer votre interlocuteur que vous êtes d'accord pour effectuer certains changements.

b. réagir positivement à une proposition concernant la méthode de travail.

c. introduire une solution possible.

d. approuver partiellement les arguments de votre interlocuteur et proposer un compromis.

11 Imaginez des situations où des positions divergentes finissent par se rapprocher.

En situation

1. Résumez par écrit le contenu de la réunion (situation 3).

2. Imaginez les situations suivantes :

– dans une réunion, un des participants monopolise la parole. Le président de séance est obligé d'intervenir ;

– dans un débat, un participant propose des arguments pour illustrer sa position et un autre les réfute systématiquement ;

– les participants à une réunion changent tout le temps de sujet. Le président de séance leur rappelle l'ordre du jour et l'obligation de le respecter.

On en parle...

La Charte des droits de l'enfant a 20 ans

De quoi s'agit-il ?

1. Retracez l'évolution chronologique de la réflexion sur les droits de l'enfant.

2. Faites l'état des lieux aujourd'hui.

Les principes	La réalité

3. Faites le point sur la situation des États-Unis, de l'Afrique, de la Chine.

4. Présentez le point de vue d'Angela Diffley.

Qu'en pensez-vous ?

Voter une charte est une chose, l'appliquer en est une autre.

Les droits de l'enfant, ça ne veut pas dire la même chose sur tous les continents.

Les droits de l'enfant sont les mêmes que les droits de l'homme !

La charte garantit des droits aux enfants mais, la plupart du temps, ils ne connaissent pas leurs droits.

Vous choisissez un de ces thèmes pour…

– présenter oralement votre point de vue ;
– exprimer votre point de vue dans un article de presse ;
– avoir une conversation informelle avec un ami, un collègue… ;
– organiser un débat télévisé.

Et chez vous ?

L'enfant dans votre pays

- Quelle est, chez vous, la place de l'enfant dans la société ?
- Quel est en moyenne le nombre d'enfants par famille dans votre pays ? Comment cela s'explique-t-il ?
- Pensez-vous qu'une charte est utile, inutile, une déclaration de principe plus ou moins suivie d'effets ? Justifiez votre position ?
- L'enfant est-il un enfant-roi dans votre entourage ? Est-ce, pour lui, un avantage ou un inconvénient ?
- Est-ce que, dans votre pays, les enfants sont traités différemment suivant le milieu social auquel ils appartiennent ? Donnez des exemples concrets.
- Si, dans votre pays, un enfant est maltraité, que peut-il faire ?

Testez-vous

1 ∩ Compréhension orale

1. Répondez aux questions.

a. Comment est présentée la situation des jeunes diplômés issus de l'immigration ?

b. Quelles sont les différences entre les jeunes diplômés issus de familles aisées et ceux issus de familles modestes ?

c. En quoi des jeunes issus de l'immigration augmentent-ils la compétitivité d'une entreprise ?

2. Réalisez une fiche présentant les données du problème.

2 Compréhension écrite

La libéralisation du trafic international des chemins de fer en France

Le 1er janvier 2010, le trafic international de voyageurs a été libéralisé : des opérateurs concurrents de la SNCF vont pouvoir faire circuler des trains sur le réseau français. C'est un pas de plus vers l'ouverture du marché du rail engagée avec une directive de 1991 qui imposait la séparation de l'infrastructure (qui reste sous monopole national) des services de transports, voués à être progressivement soumis à la concurrence. La législation européenne du début des années 1990 avait préconisé cette séparation afin d'alléger les budgets publics mais aussi pour que des acteurs proprement européens prennent le relais des opérateurs nationaux.

On peut se demander si cette nouvelle étape va bouleverser le marché. Si l'on se fie à l'exemple de la libéralisation du fret, intervenue en 2003, qui n'a pas permis de relancer le transport ferroviaire de marchandises, on peut difficilement imaginer une recomposition significative du marché dans l'immédiat, d'autant que la SNCF conserve son monopole sur le trafic domestique.

À plus long terme, la nouvelle donne va à coup sûr entraîner une modification de l'offre. Cela se fera-t-il au bénéfice des usagers ? Rien n'est moins sûr, compte tenu des surcoûts entraînés par les nombreux doublons et de la complexification du système ferroviaire liée à cette ouverture à la concurrence.

1. Complétez le tableau.

	Avant 2003	Entre 2003 et 2009	Après le 01/01/2010
Transport des marchandises			
Transport des passagers			

2. Résumez le point de vue de l'auteur de l'article sur ce processus.

3 Expression orale

Vous analysez une situation où votre interlocuteur a pris des positions scandaleuses et vous le menacez de conséquences graves. Il tente de se justifier.

4 Expression écrite

À l'occasion d'un conflit social entre État et salariés, vous rédigez un communiqué afin de rendre publique la position de l'organisation ou de l'institution que vous représentez.

Une réunion est organisée sur un thème de votre choix. L'objet de la réunion peut être une prise de décision, une recommandation à l'intention d'une/d'autorité(s), une réunion de concertation, etc.
Les participants sont choisis en fonction du format de la réunion et de sa thématique.

A. Plantez le décor

1. «Détails pratiques» à discuter en grand groupe

- Choisir l'objet de la réunion, faire la liste des participants, déterminer le lieu, la durée.
- Choisir le format : séance plénière et/ou travail en commissions, types d'interventions (exposé des motifs, exposé d'une position, débat, etc.), programme, nombre et longueur des pauses, rituels utilisés pour la prise de parole, les tours de parole, etc.
- Établir une fiche par participant (identité, fonction, caractère).
- Rechercher et/ou réaliser des documents de référence.

2. Activités à réaliser en petits groupes ou individuellement

- Réaliser les documents et/ou préparer les interventions en fonction du format déterminé.
- Établir une «feuille de route» par participant : préciser les positions à présenter et défendre, les objectifs à atteindre, les points pouvant faire (ou non) l'objet d'un compromis, etc.

NB. Ces différents documents, les choix effectués serviront de base à l'intervention pendant la simulation. Les participants ne doivent pas communiquer entre eux.

B. Le jour J

1. Avant la réunion

Les participants arrivent, sont enregistrés, échangent des salutations, se présentent mutuellement.

2. La réunion commence

Elle se déroule selon le scénario et les «règles du jeu» élaborés en commun.
Une ou plusieurs personnes prennent des notes en vue du compte rendu de la réunion.
Les pauses sont l'occasion d'échanges hors réunion pour demander des précisions, justifier une position auprès d'un partenaire, tenter de nouer des alliances.

3. Clôture officielle de la réunion

C. Après la réunion

1. Échanges informels entre les participants

- Communications téléphoniques.
- Envoi de textos, de messages.
- Échanges éventuels avec la presse.

2. Élaboration de documents rendant compte de la réunion

- Relevé de conclusions, comptes rendus, note envoyée à l'organisme représenté.
- Communiqué de presse, article de presse.

Conseils pour la réalisation de la simulation

- Le canevas de la réunion peut-être calqué sur le format d'une réunion existant réellement ou bien être construit librement.
- Le thème choisit doit permettre à tous les participants de s'exprimer. À ce titre, il ne doit pas être trop technique.
- Il faut prévoir différents «décors» : séance plénière, travail en commissions (si des commissions sont prévues dans cette simulation), «décor» pour les conversations informelles, etc.

Unité 1

A : Merci Bérangère Tillol. Après toutes ces informations et ces conseils, une dernière recommandation peut-être ?

B : Oui, absolument. Il est indispensable de s'entraîner à la communication orale. Communiquer, c'est délivrer un message mais encore faut-il que ce message soit bien compris et bien interprété par le récepteur ! Un message mal perçu peut avoir des conséquences fâcheuses et produire les effets contraires à ceux attendus. Un message efficace est un message qui produit l'effet attendu, il va nous rendre sympathique et convaincre le destinataire.

A : Vous dites « rendre sympathique », cela ne passe donc pas seulement par le message lui-même ?

B : Vous avez tout à fait raison : il est très important de surveiller sa voix, de choisir le ton adéquat, d'appuyer certains mots, d'éviter les tics de langage ; une élocution trop rapide ou trop lente risque soit de rendre le candidat ennuyeux, soit de lui donner un air arrogant, prétentieux, bref de donner au final une image négative. Enfin, il faut avoir un comportement souriant, une gestuelle mesurée, bref une attitude générale qui soit en parfait accord avec les paroles prononcées.

A : Bérangère Tillol, je vous remercie.

Unité 2

Nous allons commencer par un bref rappel historique… Le problème de l'énergie a accompagné toute l'histoire de la construction européenne qui a commencé, je vous le rappelle, par la création de la Communauté européenne du Charbon et de l'Acier, suivie par la signature du traité EURATOM. Au cours de la décennie suivante, les besoins en charbon ont régressé au profit du pétrole et, lors de la crise pétrolière de 1973, la nécessité d'une politique communautaire de l'énergie s'est imposée à l'UE.

Aujourd'hui, les objectifs de la politique énergétique de l'UE sont ambitieux. Il s'agit d'assurer une sécurité de l'approvisionnement énergétique à un prix abordable, mais aussi de garantir le bon fonctionnement du marché intérieur et de favoriser le désenclavement des régions… La protection de l'environnement fait également partie de nos préoccupations majeures.

Je vous cite, pour terminer cette introduction, deux exemples de mises en application de ces objectifs : l'ouverture progressive des marchés nationaux de l'électricité et du gaz à tous les producteurs d'énergie qui est à ce jour bien avancée ; la mise en œuvre du programme « Énergie intelligente – Europe » qui soutient l'amélioration de l'efficacité énergétique, l'adoption de sources d'énergie nouvelles et renouvelables, une plus large pénétration sur le marché, la diversification de l'énergie et des carburants et la réduction de la consommation énergétique.

Unité 3

A : Pierre-Henri Malevergne, bonsoir. Vous allez nous parler, je crois, de la lettre de mission adressée par le président de la République à son nouveau ministre des Affaires étrangères et européennes. Alors quelle est, selon vous, la mission majeure exposée dans cette lettre ?

B : Eh bien, pour ma part, de cette lettre, je retiens le mot-clé de « ministère de la mondialisation » qui est le signe d'une nouvelle orientation de politique étrangère.

A : Mais cette orientation est-elle aussi nouvelle que l'affirme le président de la République ?

B : Vous savez, il n'y a jamais d'idée totalement nouvelle. Même une rupture s'appuie sur quelque chose d'existant. D'ailleurs, je parlerai plutôt d'ajustement. Car, que demande le président de la République ? Je vais citer ses propos : « Il apparaît urgent, dit-il, de lancer une réflexion sur nos priorités de politique étrangère et sur l'adéquation de nos moyens à celles-ci ». Il demande au ministre de lui soumettre un livre blanc sur la politique étrangère et européenne de la France, un livre blanc qui devra identifier, je cite, « les missions prioritaires assignées à notre appareil diplomatique dans le contexte d'un monde en pleine évolution, les aménagements à apporter à l'organisation et aux structures du ministère des Affaires étrangères et européennes pour qu'il se concentre sur ces missions, les conséquences à en tirer sur les métiers spécifiques de ce ministère, tant au niveau du recrutement, de la formation professionnelle, du déroulement des carrières, que de l'ouverture vers l'extérieur ».

Unité 4

A : Dans un sommet international, quelle est la place de la presse ?

B : Il y a deux aspects. Sur le plan pratique, la presse à un rôle limité… au moins dans le temps. Mais d'un point de vue, disons symbolique, il faut la ménager parce que, si on vexe la presse, elle sait se venger. Cependant, elle est extrêmement cadrée : il y a toujours une entrée presse et les journalistes sont confinés dans certains espaces. On ne les laisse intervenir qu'à des moments très précis : par exemple les arrivées où il y a un ordre protocolaire. Le représentant du pays hôte accueille ses homologues, on se serre la main, on échange deux-trois paroles et là, pendant ce temps, la presse mitraille. Souvent, avant que la réunion commence, on laisse entrer un pool de photographes qui prennent des photos pendant deux minutes et ensuite on les fait ressortir. Là, tout le monde sourit, on échange des petites blagues, on se serre la main, juste avant de commencer. Puis les journalistes sortent et la réunion commence. Il y a aussi la photo de famille : l'ensemble des participants pose, en souriant, en général selon un ordre prévu à l'avance par les organisateurs mais pas toujours respecté. Et, là aussi, les photographes mitraillent. Et puis, on peut imaginer que tel participant souhaite faire une conférence de presse réservée aux journalistes venus du pays qu'il représente. Ça, l'attaché de presse doit le prévoir à l'avance en s'adressant aux personnes chargées de l'organisation. Mais d'une manière générale, il n'y a pas beaucoup de place pour l'improvisation, pour le spontané.

Unité 5

Madame la Ministre,

Mesdames et Messieurs les élus,

les experts et représentants d'associations,

Chers amis,

Permettez-moi tout d'abord d'exprimer la joie d'accueillir une réunion internationale dans notre ville. Certes, notre ville est familière du dialogue des cultures. Elle est jumelée avec plusieurs villes étrangères et, en tant que centre touristique, elle accueille de nombreux étrangers. Mais c'est la première fois qu'elle accueille un forum international.

En deuxième lieu, je dois dire que je suis très sensible au thème de cette rencontre puisque notre ville va être le théâtre de débats, de tables rondes, de conférences sur l'action phare de notre municipalité : les choix énergétiques pour le futur. Chacun sait les efforts que le conseil municipal fait pour créer un contexte propice au développement durable et à la réduction des effets négatifs de l'industrie et de l'urbanisation sur la qualité de notre environnement. Mais ce travail dépasse les aspects techniques et les investissements municipaux. Il a pour souci de faire adhérer la population à cette manière d'envisager la gestion du milieu qui nous entoure. Nous, élus, ne ménageons pas nos efforts pour que cette conception de la sauvegarde de notre cadre de vie soit l'affaire de tous, qu'elle soit comprise par l'ensemble des habitants, que le plus grand nombre soit impliqué dans l'action commune. Et là, il ne s'agit plus de débloquer des crédits, d'obtenir des subventions, mais de communiquer avec nos administrés, de les intégrer à l'action de la municipalité.

Mesdames et messieurs, je vous souhaite, au nom du conseil municipal, une grande réussite dans vos travaux.

Unité 6

Mesdames et Messieurs, bonjour !

Le premier point abordé aujourd'hui, comme le prévoyait l'ordre du jour, était la Stratégie antiterroriste mondiale de l'ONU, adoptée le 8 septembre 2006. Les États membres ont affirmé leur refus de participer à un débat puis à un vote qui restent au niveau des principes. Ils souhaitent en effet que les décisions votées débouchent sur des actions concrètes. Il est clairement apparu que l'Assemblée générale souhaite voir poursuivre, à travers les différentes instances compétentes de l'Organisation, la défense des droits de l'homme et la sauvegarde des libertés fondamentales. Défendre et maintenir ces deux grandes causes là où elles sont plus ou moins mises en pratique mais aussi, et peut-être surtout, les promouvoir dans les États qui semblent ne pas y attacher beaucoup d'importance.

Le respect de ces droits est la justification première et fondamentale de la lutte contre le terrorisme. Car cette lutte est une urgence à laquelle la communauté internationale peut apporter une réponse rapide, à condition qu'elle se déroule exclusivement dans le respect du droit international. En dehors de lui, elle ne peut aboutir et on ne peut accepter une lutte contre le terrorisme qui serait en contradiction avec les droits de l'homme et la sauvegarde des libertés fondamentales.

Le président de l'équipe spéciale chargée de l'application de la Stratégie a précisé que celle-ci travaillait maintenant avec 24 organes de l'ONU, dont seulement certains ont comme seul mandat la lutte antiterroriste.

Le débat a ensuite porté sur la définition de la notion de terrorisme et les participants se sont demandé si un consensus sur cette définition était un préalable à toute mesure et à toute action individuelle des États. Mais, avant d'aborder ce point majeur, je suis bien sûr à votre disposition, Mesdames et messieurs, pour répondre à d'éventuelles questions.

Unité 7

Je considère que l'enjeu principal est de savoir où nous voulons mener l'Union européenne. Et l'alternative, on pourrait la formuler de la façon suivante : une première voie consiste à demeurer une Europe marché, puisque nous avons élargi avant d'approfondir. En effet, je m'explique, aujourd'hui, à 27, il est pratiquement impossible d'avancer sur les questions de l'Europe politique, sur la défense, sur la politique étrangère, la politique sociale ou la politique fiscale, bref sur tous ces domaines qui font le cœur d'une Europe politique, d'un véritable acteur international, mondial. Donc la question est de savoir si la volonté existe de passer d'une Europe espace économique à une Europe politique. Et c'est là le deuxième terme de l'alternative et, je dois dire, la question centrale. Si cette volonté existe réellement, cela ne peut passer que par une avant-garde, c'est-à-dire par un nombre restreint de pays, étant donné qu'à 27, on a des positions divergentes sur les questions-clés, les questions sensibles de politique étrangère, de liens avec nos grands voisins comme la Russie, de liens avec nos alliés traditionnels comme les États-Unis… Écoutez, on a des positions tellement opposées que, si nous voulons avancer dans l'Europe politique, revenir à l'ambition des pères fondateurs de la construction européenne, on ne peut avancer qu'avec un nombre restreint de pays qui partagent cet objectif commun et doivent faire un travail de pionnier. Certains hommes politiques réfléchissent dans ce sens et ils ne sont pas seulement issus de la France et de l'Allemagne, moteurs certes de la construction européenne par le poids qu'ils pèsent dans l'Union mais incapables à eux seuls de faire évoluer les pays vers une autre dimension de l'idée européenne, vers une autre étape de sa construction.

Unité 8

A : La Conférence « Jeunes chercheurs en Europe » s'est déroulée les 20 et 21 septembre. En tant qu'universitaire politiquement engagé, comment voyez-vous ses résultats ?

B : À mon sens, l'année 2008 a été marquée par l'engagement des États membres et de la Commission pour la construction d'un marché du travail ouvert, transparent pour les chercheurs. La publication, en avril 2007, du Livre vert « L'Espace européen de la recherche : nouvelles perspectives » avait ouvert le débat. On y proposait l'instauration d'un marché du travail unique pour les chercheurs. Et cet objectif a fait l'objet, en mars 2008, de recommandations du groupe d'experts créé à cet effet.

A : La communication de la Commission européenne du 27 mai 2008 intitulée « Favoriser les carrières et la mobilité » proposait un partenariat. Entre qui et qui et selon quelle orientation ?

B : Le partenariat proposé concerne les acteurs du marché de l'emploi des chercheurs et s'organise autour de quatre axes : recrutement ouvert, satisfaction des besoins en matière de sécurité sociale et de retraite, offre de conditions d'emploi et de travail attractives, amélioration de la formation.

A : Et selon vous, la présidence française a agi dans le bon sens ?

B : Tout à fait. Le Conseil a bien accueilli ce partenariat. Les premiers rapports nationaux sont attendus pour fin 2009 et permettront d'établir en 2010 une première évaluation globale. Tout a été fait pour obtenir un résultat optimum : impliquer dans la réflexion tous les acteurs du marché européen de l'emploi des chercheurs, en particulier les associations, les employeurs et les agences de financement de la recherche.

A : Yves Polignac, je vous remercie.

B : Merci à vous.

Unité 9

A : Nous passons au point suivant qui concerne la gestion de la pêche et l'évaluation des ressources. Mme Seiler, c'est à vous. Pouvez-vous faire un rapide état des lieux ?

B : Je vous remercie. Je dois dire pour commencer que le constat est préoccupant. Les risques de non renouvellement des stocks sont réels mais les experts n'ont pas tous la même explication. Sont évoqués le changement climatique et la pollution mais, à mon sens, il ne faut pas minimiser l'impact de la pêche.

C : Je m'excuse de vous interrompre mais comment peut-on savoir que c'est précisément la pêche qui pose problème et non la pollution et le réchauffement climatique ? Les modifications du milieu naturel sont des éléments nouveaux. Pas la pêche.

B : M. Gasparo, je sais l'attachement que vous avez pour l'avenir de la pêche, surtout artisanale. Mais n'oubliez pas que la consommation a fortement augmenté et vous ne pouvez nier les chiffres. Pourquoi serait-il normal de protéger des espèces animales et végétales continentales mais pas des espèces marines ?

C : Certes l'on fait des évaluations des stocks mais ce ne sont que des évaluations, des observations qui sont susceptibles d'erreurs. Mais il y a un autre instrument de mesure, c'est le comportement des pêcheurs : ils n'ont pas véritablement changé leurs itinéraires. C'est là un signe clair que la situation n'est pas alarmante.

B : M. Gasparo, vous venez de prononcer le mot-clé : alarmante. La situation est-elle ou non alarmante ? Et là, je pose une nouvelle question, bien plus pertinente à mon sens : faut-il attendre que la situation soit alarmante pour agir ?

Unité 10

A : Pour ma part, je considère que le lobbying auprès des institutions européennes est alarmant. On estime que 3 000 groupes d'intérêts employant 10 000 personnes font du lobbying à Bruxelles. Il y a là un grave dysfonctionnement. C'est intolérable !

B : Écoutez, je ne sais pas si c'est tolérable ou intolérable. Il faut se fonder sur des faits pour juger, sur des analyses qui ne se soient pas simplement des chiffres. Et c'est sur cette base qu'on pourra alors se poser les vraies questions et décider si la situation requiert ou non des mesures d'urgence.

A : Mais les chiffres ont tout de même un sens ! Simplement on préfère ne pas regarder la réalité en face et…

B : Ils ont un sens certes, mais l'évaluation de la situation ne se résume pas à des chiffres. Essayons d'examiner le problème sans passion. Les lobbies existent, ils sont influents, personne ne le contestera. Mais qui sont-ils ? On peut les diviser en deux catégories en fonction des intérêts défendus : certains représentent la société civile, d'autres des acteurs économiques. Y a-t-il là matière à s'inquiéter ?

A : Absolument. Parce qu'ils sont exorbitants et que trop de lobbying, c'est trop. Je trouve simplement que leur rôle ne cesse de prendre de l'ampleur. Ceci dit – j'en suis bien conscient – le problème ne se limite pas à leur nombre. Il faut aussi savoir – et mesurer – que les différents courants de pensée, les différents groupes d'intérêts n'ont pas la même influence, n'ont pas les mêmes moyens et surtout sont plus ou moins écoutés. D'où de possibles dérives pour lesquelles le risque ne s'évalue effectivement pas en termes de nombre de lobbies mais est fonction de l'écho rencontré auprès des décideurs de l'Union.

Unité 11

A : M. Vacaluera, vous approuvez ou vous désapprouvez ?

B : Quand une ONG annonce qu'elle se retire d'un pays, je le regrette mais je ne peux que l'approuver. Il ne serait pas raisonnable d'exiger que les membres d'une ONG continuent à intervenir dans une région où les conditions de sécurité leur font courir des risques extrêmes. Ils mènent une action humanitaire, ce ne sont pas des soldats !

A : Mme Barnegee, vous partagez le point de vue de M. Vacaluera ?

C : Au plan du résultat, oui : je suis d'accord que cela fait partie de la responsabilité des dirigeants d'une ONG de savoir, à un moment donné, privilégier la sécurité, voire la vie de leurs membres actifs. Mais le choix de partir, d'abandonner une population en détresse est aussi un moyen d'alerter le monde sur la gravité de la situation, de dire

aux dirigeants du monde entier : regardez, nous avons fait tout ce que nous avons pu mais la situation est devenue si grave que nous devenons impuissants. Messieurs les politiques, à vous d'intervenir maintenant ! Mobilisez-vous, il y a urgence !

A : Mme Ianopoulos ?

D : C'est vrai : il y a une limite au-delà de laquelle on ne peut plus exposer les membres des ONG. Et je ne saurais qu'adhérer au point de vue de Mme Barnegee : Messieurs les politiques, c'est à vous ! Mais je pense que le départ d'une ONG qui considère que la situation devient trop dangereuse pour ses membres peut aussi interpeller les parties prenantes d'un conflit : le message peut aussi être un « Arrêtez ! » aux belligérants d'une guerre civile. Un geste fort qui peut permettre de prendre conscience qu'ils sont allés trop loin. Peut-être…

Unité 12

A : Une étude récente affirme qu'engager des jeunes diplômés issus de l'immigration constitue un plus pour l'entreprise. Partagez-vous cette analyse ?

B : Absolument. À l'heure de la mondialisation, il est très important, pour les entreprises, de sortir des modèles traditionnels de recrutement où l'on embauche en priorité des diplômés de grandes écoles prestigieuses qui sont, dans leur immense majorité, issus de la grande bourgeoisie ou des classes moyennes. Or, certains spécialistes du recrutement ont pris récemment conscience de l'arrivée sur le marché des cadres de jeunes originaires de quartiers modestes dont beaucoup font partie de la deuxième génération, voire de la troisième génération d'enfants d'immigrés. Ces jeunes ont les mêmes diplômes que les autres et sont souvent fortement motivés. Mais surtout, le fait d'avoir grandi au contact de deux, voire plusieurs cultures leur donne une ouverture, une souplesse, une capacité d'innovation qui constituent, pour les entreprises qui les embauchent, un capital humain plus performant. Ces jeunes pratiquent depuis leur plus jeune âge le dialogue des cultures qui, tous les indicateurs le disent, joue un rôle grandissant dans les échanges commerciaux.

A : Alors, cela veut-il dire que les jeunes diplômés issus de l'immigration sont en passe de devenir, à leur manière, des privilégiés ?

B : Non, nous n'en sommes pas là. Le temps de recherche d'un emploi reste pour eux bien plus long que pour leurs camarades franco-français mais les mentalités évoluent lentement. Et dans le bon sens.

Unité 1

Compréhension orale

1. parvenir à communiquer sans ambiguïté, donner une image positive, avoir un comportement en accord avec les propos tenus.

2. Éléments stratégiques : se montrer capable de communiquer, être clair (propos sans équivoque), parler sur un ton qui rend sympathique, avoir une attitude en accord avec les propos tenus. – Éléments pratiques : s'entraîner à l'expression, formuler des messages efficaces (plaire, convaincre), surveiller le ton, le choix des mots, le rythme, l'intonation, être souriant et avoir des gestes mesurés.

Grammaire

1. quels, que, qui, que, où, laquelle, que, quelle, de quelle, qui

2. a. Le service auquel je veux m'adresser… – **b.** Le commissaire pour qui/lequel… – **c.** Sa fonction exacte est… (pas de réponse possible avec un pronom relatif) – **d.** La personne/l'équipe sur laquelle je compte… – **e.** Je compte… (pas de réponse possible avec un pronom relatif) – **f.** La ville/le bâtiment où vous devez vous rendre…

3. doit, veilliez, décriviez, est, trouviez

Vocabulaire

a. Cette expérience a été déterminante dans ma carrière. – **b.** Cette proposition est pour vous une opportunité exceptionnelle. – **c.** Vos attributions correspondront à des activités d'organisation et de contrôle. – **d.** La date limite de dépôt des candidatures est fixée à lundi.

Unité 2

Compréhension orale

1. Aspect historique : l'énergie est la première politique commune. Évolution 1 : adaptation/mutation des sources d'énergie. Évolution 2 : a. Organiser le marché : assurer la sécurité de l'approvisionnement, bon fonctionnement du marché intérieur. b. Faire face à des situations nouvelles : nécessité de prendre en compte la protection de l'environnement, de trouver des sources d'énergies nouvelles (et renouvelables), diversifier les sources d'énergie, réduire la consommation d'énergie.

3. Axe 1 : limiter la consommation pour limiter la pollution. Axe 2 : développer des énergies nouvelles pour diversifier les sources d'énergie et réduire ainsi la consommation et donc la pollution.

Compréhension écrite

1. Les liens ONU-UE se sont renforcés : ouverture d'une délégation de l'UE auprès de l'ONU, ouverture du Bureau de Presse et des Affaires publiques. – **2.** Mise à disposition : orateurs, documentation, publication. – **3.** Interventions directes : organisation de programmes, forum, réunions, actions à l'intention de la presse, réponse à des questions. – **4.** Présidence de l'Union, secrétariat du Conseil, missions des États membres à New York.

Unité 3

Compréhension orale

2. Il relativise le caractère affiché « nouveau » des missions assignées au ministre des Affaires étrangères. Il parle plutôt d'ajustement.

Grammaire

1. l', le, en, y, l', l', la

2. était, avais prévenu, il fallait, avais donné, avais été, ne s'est passé, ont fait, ont pu

3. a. avoir envoyé/écrit – **b.** changer – **c.** répondre

Vocabulaire

1. avons fait, préparer, recevoir, avons prévu, organiser, avons également précisé, avons décidé, sera/serait, organiser/accompagner, ai présidé, ai rédigé

2. a. quel jour – **b.** toute la journée/soirée/matinée/l'après-midi – **c.** Le soir – **d.** deux ou trois jours par

Unité 4

Compréhension orale

1. La presse joue un rôle assez limité : elle intervient seulement à certains moments. – La presse, c'est très important dans un sommet : il faut la ménager sinon, elle peut « se venger » ➜ elle a un certain pouvoir dans le choix des images/informations diffusées.

2. arrivée des participants, début de la réunion, photo de famille, interview prévue à l'avance.

Compréhension écrite

1. Informations à retenir : arrivée / réunion du trio / dîner de gala / programme culturel / réunions / changement éventuel de délégués / événement imprévu éventuel / dîner de gala / programme culturel.

2. Acteurs d'un sommet informel de l'UE : ministres des États membres comme chef de délégation ; commissaire(s) ; délégués (secrétaires d'État, directeurs généraux, experts) pour assister le chef de délégation ; attaché(e) de presse (pour assurer le lien avec l'extérieur).

Unité 5

Compréhension orale

2. La ville est jumelée avec plusieurs villes étrangères, les touristes y sont nombreux, elle accueille une réunion internationale.

Grammaire

1. Ce dont, qui, qui, donc, dans laquelle, que, que

2. a. C'est avec grand plaisir que nous recevrons vos délégués. – **b.** C'est à vous que j'en parle parce que je sais… – **c.** C'est afin de régler définitivement le problème que je voudrais négocier. – **d.** C'est dans les jours qui viennent que nous allons régler le problème. – **e.** C'est un défi à relever que de prendre en charge l'organisation de cette conférence. – **f.** C'est sans aucun état d'âme que nous allons dire non.

3. a. Tandis que/Alors que – **b.** En attendant que – **c.** Tant que – **d.** À l'époque où – **e.** Chaque fois que – **f.** Aussi longtemps que

Vocabulaire

a. Est-ce que leurs relations sont aussi bonnes qu'on le dit ? – **b.** Ils ont des relations espacées. – **c.** Leurs points de vue divergent. – **d.** Leurs propositions sont proches. – **e.** On est certain qu'il y a eu des malversations. – **f.** Il reconnaît s'être trompé.

Unité 6

Compréhension orale

1. a. le refus d'un débat et d'un vote qui se situe uniquement au niveau des principes – **b.** se centrer sur l'action concrète contre le terrorisme dans le respect des droits de l'homme et du droit international, sans attendre qu'une définition « officielle » ait été donnée au mot « terrorisme » – **c.** ce n'est pas un préalable à l'action

2. a. Non : elle doit respecter les libertés fondamentales et le droit international. – **b.** Non : plusieurs organes de l'ONU s'occupent du terrorisme entre autres thématiques. – **c.** Cette question est seulement posée.

Compréhension écrite

1. a. écrire un Livre blanc des priorités de la politique étrangère de la France. – **b.** 40 personnalités : élus nationaux et européens, chef d'entreprises, universitaires, scientifiques. – **c.** séances plénières hebdomadaires, constitution de groupes de travail, relations avec d'autres commissions, invitation d'intervenants extérieurs.

Unité 7

Grammaire

1. se termineront, nous serons mis d'accord, aura informé, partirons, atterrirons, serons déjà arrivés

2. a. j'ai connue – **b.** se détériore à ce point/se soit à ce point détériorée – **c.** perde – **d.** n'avions pas oublié – **e.** aviez été – **f.** aient été données.

3. a. Dans cette perspective – **b.** de manière à – **c.** Pour – **d.** avec pour objectif/intention – **e.** Pour ce faire

Vocabulaire

1. a. Mme Mendelev propose de reporter la réunion. – **b.** M. Albin exprime le souhait de s'assurer le soutien de l'Égypte. – **c.** M. Madli exprime sa déception que trois pays se soient retirés du projet. – **d.** Mme Raskov aurait voulu être présente au dîner de gala. – **e.** M. Goes a manifesté le regret d'avoir décliné l'invitation au sommet.

2. a. Au départ – **b.** de plus en plus rarement – **c.** L'année suivante

Unité 8

Compréhension orale

1. Avril 2007 : publication du livre vert «L'Espace européen de la recherche : nouvelles perspectives ». Mai 2008 : publication de la communication de la Commission européenne intitulée «Favoriser les carrières et la mobilité» + mise en place d'un partenariat. 2e semestre 2008 : proposition bien accueillie par le Conseil. 2010 : évaluation du partenariat.

2. 2008, année clé : mars 2008 (recommandation d'un groupe d'experts : partenariat entre les différents acteurs du marché de l'emploi des chercheurs); partenariat bien accueilli pendant la présidence française; poursuite des actions entreprises en 2008 pour 2009 et 2010.

Compréhension écrite

1. Objectifs des États-Unis : prise d'indépendance; tendance à négliger l'OTAN et le partenariat transatlantique; conserver leur hégémonie. – Objectifs des Européens : s'émanciper de l'OTAN et créer une «Europe de la défense»; PESD : renforcer la place de l'UE dans le partenariat transatlantique; politiques nationales : France (affirmer l'Europe comme une puissance), Grande-Bretagne (conserver la position d'intermédiaire), Allemagne (préserver le multilatéralisme européen et atlantique).

2. Problèmes des États-Unis : agir sans les Européens suppose la perte de contrôle sur leurs alliés; agir avec eux implique de partager la décision – Problèmes des Européens : agir seuls (sans les États-Unis) implique des ambitions limitées.

3. Chacun tente de s'émanciper de l'autre sans prendre trop de risques car une trop grande émancipation pose des problèmes.

Unité 9

Compréhension orale

Mme Seiler : la baisse des ressources en poisson n'est pas seulement due à la détérioration de l'environnement mais aussi à l'impact de la pêche; pourquoi protéger les espèces végétales et la faune terrestres et laisser sans protection la faune marine ; la consommation de poisson a fortement augmenté ; la situation est alarmante – M. Gasparo : rien ne prouve que la pêche est à l'origine de la baisse des stocks ; évaluations susceptibles d'erreurs; itinéraires des pêcheurs non modifiés.

Grammaire

1. a/3 – b/1 – c/4 – d/2

2. a. C'est inutile de – **b.** Malgré cela – **c.** Alors que – **d.** Bien que – **e.** quoi que

3. a. On recrutera un chef de bureau quand Mme Kolchnick aura obtenu un autre poste. – **b.** Je suis contrarié parce que mes choix n'ont pas été pris en compte. – **c.** Le problème est que M. Mourad a donné l'impression d'hésiter. – **d.** Mme Robles est satisfaite parce que ses propositions ont été prises en compte. – **e.** Je pense qu'il aurait été mieux de faire d'abord le montage juridique. – **f.** Il m'a dit qu'il n'avait pas pris de décision définitive.

Vocabulaire

a. maintenant – **b.** De nos jours – **c.** à ce jour – **d.** pour l'heure – **e.** à la fin du mois

Unité 10

Compréhension orale

2. Oui : M. Van Dyck reconnaît qu'il ne faut pas seulement s'intéresser au nombre d'organisations qui font du lobbying mais aussi aux familles d'idées qui sont représentées et à l'influence qu'elles ont.

Compréhension écrite

1. Point 1 : racisme et xénophobie sont générés par la peur et la méconnaissance ➜ développer la mixité sociale, favoriser la rencontre entre personnes de différentes cultures. – Point 2 : ce rapprochement est plus important en temps de crise ➜ nécessité de reconnaître la diversité, processus dans lequel les ONG jouent un rôle primordial. – Point 3 : le dialogue interculturel doit être une priorité politique ➜ nécessité de développer éducation et apprentissage. – Point 4 : discrimination et stigmatisation doivent être combattues sous toutes leur formes ➜ ne pas établir de liste des formes de racisme. – Point 5 : les personnes discriminées doivent être représentées dans les actions en justice ➜ les ONG doivent intervenir dans ce domaine.

Unité 11

Compréhension orale

1. Les points de vue des trois personnes interviewées se rejoignent pour reconnaître qu'en cas de danger, une ONG peut décider le départ de ses intervenants. MM^mes Barnegee et Ianopoulos approuvent et reprennent les arguments formulés par M. Vacalurea.

2. Le départ d'une ONG peut délivrer un message aux responsables politiques afin qu'ils agissent sur le conflit. Il peut aussi être une manière de demander aux forces en présence de cesser les hostilités.

Grammaire

1. a. Craignant l'affrontement, il se montre conciliant. – **b.** Il vaut mieux vérifier les informations, au cas où nous serions mal renseignés. – **c.** Comme il maîtrisait mal le dossier technique, il préférait rester dans le vague face aux propositions. – **d.** Bien qu'ils aient promis de rappeler, ils ne l'ont pas fait. – **e.** S'ils refusent de faire des concessions, notre délégation va rompre les négociations. – **f.** Les candidats ne préparent pas leurs interventions, ce qui a pour résultat que les électeurs se désintéressent du débat.

2. a. parce que, pour que – **b.** Si, après que – **c.** Pour, même si, si – **d.** pendant que, dès que

3. a. téléphonait – **b.** a appris – **c.** n'aient pas réussi – **d.** avait déjà transmis – **e.** puissiez

Vocabulaire

a. réfléchi – **b.** consensuel – **c.** fiable – **d.** excessif

Unité 12

Compréhension orale

1. Ils constituent une richesse parce qu'ils ont l'expérience de l'interculturalité et sont plus performants dans les relations entre partenaires de cultures différentes, plus innovants, ce qui va dans le sens des besoins actuels des entreprises. Cependant, ils mettent plus de temps à trouver un emploi que les jeunes diplômés franco-français.

2. Les uns reproduisent des modes de comportement « classiques », les autres apportent de la nouveauté, de l'innovation, de l'ouverture, de la souplesse.

3. Ils contribuent de façon plus performante à la capacité de l'entreprise à s'adapter aux exigences des échanges économiques actuels où l'interculturalité joue un rôle grandissant.

Compréhension écrite

1. Transport des marchandises : avant 2003 : sous monopole d'État; entre 2003 et 2009 : ouvert à la concurrence; après le 01/01/2010 : ouvert à la concurrence. – Transport des passagers : avant 2003 : sous monopole d'État; entre 2003 et 2009 : sous monopole d'État; après le 01/01/2010 : ouvert à la concurrence.

MANIÈRES DE DIRE / DE FAIRE / D'ÉCRIRE

1. Actes de parole généraux

Demander quelque chose (D1 U2 p. 24)
Auriez-vous le numéro de M. Lévy ?

Demander de faire quelque chose (D1 U2 p. 24)
Je vous demande de patienter un instant.

Exprimer des règles et les conséquences de leur non respect (D1 U2 p. 30)
Tout visiteur doit se présenter à l'accueil.
Tout manquement au règlement entraînera des sanctions.

Inviter à l'oral, à l'écrit (D2 U4 p. 49)
On présente un spectacle de musique vocale ce soir.
Vous serez des nôtres, n'est-ce pas ?
M. le ministre et Mme Louis Moran seront heureux de vous accueillir pour une réception…

Remercier quelqu'un (vie courante/situations officielles) (D2 U5 p. 68)
Je vous remercie du fond du cœur. /
Tous mes remerciements vont à…

Énoncer des règles, des usages (D2 U4 p. 54)
Il faut être là une heure avant. Il convient d'apporter des fleurs. Merci de respecter les instructions.

Planter le décor (D2 U6 p. 79)
Action en train de se dérouler, action passée, situation, contexte politique, économique, social faisant l'objet d'un jugement de valeur
Origine (c'est sur la base de), situation (dans les conditions actuelles), choix stratégiques (dans la mesure où).

Introduire un objectif, un enjeu, un problème (D3 U7 p. 95)
L'enjeu/l'objectif/leur souhait/leur but, sa crainte est de… Le problème, la difficulté, c'est…/c'est de… Voilà comment… C'est ainsi/comme ça/de cette manière que… C'est la seule façon/l'unique moyen de...

Poser des questions (D2 U6 p. 78)
Types de questions : Avez-vous… ? Quel type de… ? Pourquoi… ?
Questions dans leur contexte : Pensez-vous que… ? Êtes-vous sûr que… ? Cependant ne devrions-nous pas… ? …, n'est-ce pas ? …, mais pourquoi… ?

Comment gérer un moment d'hésitation ? (D3 U8 p. 103)
Comment dire ? Je dirai(s)… C'est difficile à exprimer,… Disons,…

Réagir à un message non/mal compris (D4 U11 p. 147)
Excusez-moi, je n'ai pas bien compris/entendu.

Que voulez-vous dire par là ? Où veut-il en venir ?
Il a peut-être voulu dire que…

Présenter des objectifs et des tâches (D4 U12 p. 154)
Se donner/Avoir pour tâche/objectif /mission de… Leur action consiste à…/en… Le résultat attendu/recherché est… On doit veiller à ce que…/s'assurer que…/s'efforcer de…

Prendre la parole, garder la parole (D4 U12 p. 162)
Je vous remercie de m'accorder la parole.
Merci de me laisser terminer.

Passer d'un point à un autre (orienter le débat) (D4 U12 p. 163)
Je voudrais ajouter que…/présenter une autre approche/ recentrer le débat.

L'expression de l'opinion (D2 U5 p. 63)
Comment voyez-vous l'avenir ? On a changé la date, c'est inadmissible, vous ne trouvez pas ?

Présenter de façon neutre des événements passés ou futurs (D2 U6 p. 74)
Compte rendu d'événements passés. Informer sur ce que va faire quelqu'un/ce qui va se passer

Exprimer des réactions (D3 U8 p. 100)
Excellente idée ! Absolument pas d'accord !
Certainement pas ! Pourquoi pas !

Exprimer son accord ≠ désaccord (synthèse) (D3 U9 p. 116)
J'approuve votre stratégie. Je suis absolument d'accord avec vous. Leur position est absolument intenable.

Exprimer une conviction (D3 U8 p. 104)
Je suis convaincu/persuadé… J'ai l'intime conviction de…/que… Ma conviction est… J'en ai la certitude. C'est une évidence ! Mon opinion est… J'y crois ! Je n'ai pas le moindre doute.

Adhérer à ≠ se démarquer d'une position (D3 U9 p. 112)
Approbation/soutien/appui sans faille/inconditionnel à… Adhérer (totalement) à… Être en parfait(e) harmonie/ accord avec… Se rallier à…
Désaccord (profond)/désapprobation/divergence Être (farouchement) hostile à…/opposé à… S'opposer à… Rejeter quelque chose Se désolidariser de…

Justifier un choix (D4 U12 p. 158)
S'expliquer par… Amener à… C'est pourquoi,… La raison pour laquelle,… Inciter/pousser à… Se justifier Être motivé par…

Convaincre en énumérant des faits, des arguments, des exemples (D3 U8 p. 100)
Il est important, urgent, déterminant de trouver… La situation est préoccupante, critique même.

Introduire, exprimer, caractériser un point de vue
(synthèse) (D4 U10 p. 126)
Je trouve cela choquant. Nous partageons leur analyse de la situation. Leurs points de vue sont convergents. À mes yeux, rien n'est perdu.

Réfuter un argument, un point de vue, une analyse
(D4 U12, p. 161)
Cette analyse est sans fondement/pas crédible/illogique/ bancale/mal construite/n'est pas cohérente.
Cet argument n'est pas pertinent. Je récuse ce point de vue. Ces chiffres vont à l'encontre de…

Demander de donner ou d'expliquer son point de vue (D4 U10 p. 125)
Quel est votre avis ? Quelle importance attachez-vous à… ? Pourquoi militez-vous en faveur de… ? Qu'est-ce qui vous pousse à…

Exemples de présentation des arguments en faveur ou contre un point de vue (D4 U10 p. 129)
Faire une démonstration, énoncer/développer/illustrer des arguments objectivement, sans connecteurs

Mettre l'accent sur un fait, une idée (D3 U7 p. 91)
Utiliser des synonymes : *C'est très difficile, très complexe ! ;* introduire des reformulations : *Je trouve cette attitude absurde. Improductive, si vous préférez.*

Mettre une opinion en valeur (surtout à l'oral)
(D3 U7 p. 87)
La corruption est forte, nous le savons tous. Comment dépasser la crise ? Personne ne le sait !

Faire des propositions et réagir à des propositions
(D3 U9 p. 118)
Puis-je me permettre de… Avec joie ! Je suis désolé mais c'est impossible. Je vais y réfléchir.

Insister dans une argumentation (D4 U10 p. 131)
Donc/effectivement/bien/de fait/de toute évidence/à l'évidence
Phrases incises : *contrairement à ce que… on se doute que… cela va de soi…*

Citer, rapporter une prise de position (D3 U8 p. 107)
« Je trouve les relations… » ➡ *M. Lawson a déclaré que les relations…*

Exprimer un degré (D3 U8 p. 106)
De plus en plus/de moins en moins (de…) D'autant plus/ moins… que… De plus en plus souvent

Nuancer des propos (D3 U9 p. 111)
Pour exprimer un degré : *extrêmement/progressivement/ profondément*
Pour atténuer une affirmation : *probablement/peut-être/ sans doute Relativiser Éviter de généraliser/dramatiser*

Exprimer la crainte (D4 U 11 p. 139)
Par peur/crainte de… De peur/crainte que… Ayant peur de… Craignant… Craindre/redouter À craindre/à redouter Risquer de… Un risque de… Angoisse/inquiétude

Vers un compromis (D4 U12 p. 163)
Peut-être pouvons-nous trouver une solution intermédiaire ? Voilà un compromis qui tient compte de… Si vous acceptez de…, nous pouvons accepter de…

2. Actes de parole professionnels

Lancer un appel à candidature, définir les qualités du candidat, examiner la candidature (D1 U1 p. 12)
L'OMC lance un appel à candidature pour un poste de… Le futur conseiller devra être titulaire d'un diplôme de…/ en…Il doit avoir le goût du travail en équipe. Les dossiers incomplets sont rejetés/écartés.

Poser des questions sur un appel à candidature
(D1 U1 p. 12)
Quel est le mode de recrutement ? Par concours ? Sur dossier ?

Parler de son expérience professionnelle
(D1 U1 pp. 15)
Les conditions de travail étaient difficiles mais passionnantes. Je me suis familiarisé avec le traitement automatique des données. J'ai trouvé l'équilibre entre imposer et convaincre.

Parler de ce qu'on a déjà fait et de ce que l'on sait faire (D1 U1 p. 18)
J'ai négocié des accords. J'ai l'expérience des relations avec les médias.

Parler des attributions de quelqu'un (D1 U3 p. 35)
Jocelyne Parmalon participe aux travaux de la commission des lois.

Organiser un emploi du temps (D1 U3 p. 39)
Déplacer un rendez-vous Faire face à une urgence

Parler de son parcours professionnel (D1 U3 p. 41)
Il a été muté au Brésil. M. Heller a été nommé premier Conseiller.

Caractériser une expérience de travail de façon positive/critique (D1 U3 p. 43)
C'était un travail très créatif. J'ai connu de grosses difficultés.

Exprimer les relations hiérarchiques (diriger, être dirigé par…) (D1 U2 p. 28)
Assurer la direction de… Être placé sous l'autorité de…

La vie politique au jour le jour (D2 U6 p. 81)
Exprimer un jugement positif/nuancé/négatif :
Le président a qualifié le projet d'historique.
Proposer : *Le Conseil économique et social recommande une baisse des impôts.*
Agir : *Le gouvernement a débloqué 200 millions d'euros pour…*

Rendre compte de la position de quelqu'un (utiliser le discours rapporté) (D2 U6 p. 80)
Le préfet de police a déclaré : « Cette violence est intolérable. » Le préfet de police a déclaré que cette violence est intolérable. Le préfet de police jugeait cette violence intolérable.

Demander solennellement/officiellement (oral/écrit) (D3 U9 p. 116)
Je déclare… Je prends acte de… Je soussigné,… Vu les impératifs actuels,…

Intervenir dans un débat pour… (D3 U9 p. 118)
Faire accepter/refuser une proposition Prendre position en faveur de…/contre… Clarifier une position Dissiper un malentendu

3. Savoir-faire

Formuler son accord/désaccord de manière officielle (D2 U5 p. 66)
L'ONU apportera son soutien à… Notre délégation ne saurait accepter… Ce plan mérite réflexion.

Introduire ce que l'on veut/va faire ou dire (D3 U7 p. 91)
Je vais tout d'abord évoquer… Permettez-moi de conclure sur…

Se référer à des institutions, des auteurs, des œuvres (D3 U8 p. 101)
Comme l'écrit/le dit/ l'affirme… Si l'on en croit… Pour citer/paraphraser… Pour illustrer/justifier… Je citerai… Je vais évoquer… Selon/d'après… À en croire…

Se référer à… (D3 U9 p. 115)
Quelqu'un : *Au nom/à la demande/à l'initiative de… Par délégation de… / Sur ordre de…*
Un texte : *En vertu/dans le respect/en application de… Conformément/en référence à… Selon…*

Comment tenter de déstabiliser son interlocuteur (D4 U11 p. 143)
Vous savez… Tout le monde/chacun sait très/fort bien que… Demandez aux personnes ici présentes ce qu'elles en pensent ! Comment peut-on défendre des idées pareilles ! Et pour vous, où est l'essentiel ? Vous pouvez me le dire ?

Civilités, formules d'adresse, remerciements, salutations, sentiments (D2 U5 p. 62)
Messieurs,… Je voudrais vous saluer et vous remercier de… C'est avec grand plaisir que…

Prendre et utiliser des notes (D3 U7 p. 88)
Abréviations, style télégraphique

Construire une argumentation simple (marquer une opposition, ajouter un argument, un dernier argument, exprimer la cause, le but, conclure) (D2 U4 p. 56)
Malgré des progrès, il reste un long chemin à faire. Pour finir, il faut reconnaître que la crise va durer.

Construire une argumentation simple (introduire/énumérer/rappeler données, faits, arguments) (D2 U5 p.65)
Cette prise de position se justifie de plusieurs points de vue. D'abord,… ensuite,… enfin,…

Construire une argumentation (D4 U11 p. 141)
Structurer temporellement, rajouter un argument, introduire une relation de conséquence/de cause, introduire une explication, une illustration, un argument restrictif ou opposé

Schéma argumentatif (confronter des points de vue et en faire la synthèse) (D4 U11, p. 140)
Point de vue 1 + 2 → synthèse (commentaire sur point de vue 1 + 2 + proposition de compromis)

La reformulation (D4 U11 p. 149)

Terminer une lettre (D2 U4 p. 49)
En vous remerciant, je vous prie de croire à… Comptant sur votre présence, je vous prie d'agréer…

Comment écrire une lettre de motivation (disposition et plan) (D1 U1 p. 17)

Le déroulement d'une réunion (D2 U4 p. 50)
Ouverture, désignation du secrétaire de séance, examen de l'ordre du jour

Présenter le contenu d'une réunion (cadre, problématique, enjeux, objectifs) (D2 U4 p. 51)
Cette réunion fait suite à… Nous sommes tous conscients que… Notre collègue se donne pour objectif de…

Lancer une table ronde (D3 U8 p. 99)
J'ai le plaisir de modérer cette table ronde. Cette table ronde va nous permettre de nous interroger sur une question controversée. Le choix des participants répond à un souci de pluridisciplinarité.

Présenter une controverse (D4 U10 p. 133)
La dépénalisation du commerce des drogues douces ne cesse de faire débat. Ces dernières semaines,… Selon les associations,… Quant à lui/elle,… Quelle sera l'issue de cette affaire ?

GRAMMAIRE

1. Le verbe

Construire des verbes (D1 U2 p. 25)
Je vous propose un… Je vous propose de… Je propose que…

Verbes et expressions construits avec « de » et « à » (D2 U6 p. 78)
Il adresse un message à… Il participe à…Ils obtiennent des concessions de… Il cesse de faire pression.

L'infinitif présent et passé (D1 U3 p. 35)
Elle s'engage à faire… Je me demande à qui m'adresser. Elle est intervenue afin de régler… Je vous remercie d'avoir envoyé…

Simplifier les phrases en utilisant des formes participiales (D4 U10 p. 135)
Comme il était en réunion, il a éteint son portable.
➜ *Étant en réunion, il a éteint son portable.*

La voie passive (présent/passé, verbe opérateur, adverbe) (D1 U1 p. 11)
Les candidats sont invités à se présenter à 9 heures.

Les différentes négations (D1 U2 p. 23)
Ne… pas encore / ne… jamais / ne… que / ne… plus / ne… ni / ni… ni / ne pas… ni

Faire ou se faire + infinitif (D4 U10 p. 134)
La préfecture a fait enlever les affiches. Il s'est fait représenter à une réunion.

Passé composé, plus-que-parfait, imparfait (D1 U3 p. 38)
Je réécris la lettre que vous m'avez transmise. / J'ai récrit la lettre que vous m'aviez transmise.

L'ordre des mots au passé composé (D1 U3 p. 42)
Je ne lui en ai pas souvent donné. Irène ne s'en est pas posé.

Le futur antérieur (D3 U7 p. 90)
Quand les discussions auront abouti, on signera l'accord.

Subjonctif présent ou indicatif présent ? (D1 U1 p. 13)
Fait avéré, certitude : *Il est évident qu'il n'est pas d'accord.*
Fait envisagé, obligation, doute : *Il faut que vous envoyiez une lettre de candidature.*

Le subjonctif passé (D3 U7 p. 95)
J'ai/j'avais peur qu'ils n'aient pas reçu mon courriel.

Subjonctif ou indicatif ? (D3 U9 p. 113)
Avec être sûr/certain (formes interrogative, interro-négative, négative)

2. Les pronoms

La pronominalisation (D2 U4 p. 54)
Je les ai. Je ne les ai pas. J'en ai un. Je n'en ai pas.

La double pronominalisation (présent et passé composé, accord) (D1 U2 p. 27)
Elle le lui présente. Il les leur a distribués.

Les pronoms « en » et « y » (simple pronom, quantité, lieu) (D1 U2 p. 30)
Il en parle. J'y vais la semaine prochaine.

La place des pronoms avec les verbes opérateurs (D1 U3 p. 39)
Vous avez pu leur parler ? Je n'ai pas pu y aller.

Pronoms représentant une phrase (D3 U9 p. 119)
Je viens de l'apprendre. J'en parlerai à la réunion. J'y penserai.

Emploi de « tout » (D3 U8 p. 104)
Tout travail, tout cela, toute la nuit Tous sont là. Tout va bien. Ils sont tout contents.

Généralisation (D3 U7 p. 94)
Tout(e), tout le monde, chacun (d'eux), quiconque, qui que ce soit, quel(s) que soi(en)t

Autre (adjectif/pronom indéfini, expressions) (D2 U4 p. 50)
L'autre programme… Donnez-moi l'autre. Est-ce qu'il y a autre chose à discuter ?

Certain (pronom et adjectif indéfini) (D2 U6 p. 75)
Certaines délégations… Certains affirment le contraire. Un certain nombre de…, à une certaine distance de…, une certaine manière de…, un certain Monsieur Taupin

3. La phrase simple et la phrase complexe

Il y a + nom + pronom relatif (D4 U11 p. 145)
Il y a des orateurs que je ne peux pas supporter. Il y a des collaborateurs dont je ne sais rien.

Impératif + présent, futur simple ou futur proche (D4 U11 p. 147)
Préparez les dossiers puis vous pouvez partir.

La comparaison (comparer des quantités, exprimer des points de vue) (D2 U6 p. 77)
moins de… que de… ; autant de… que de… ; plus de… que de… ; plus… que… ; si/aussi que… ; pire que… ; mieux que… ; bien moins que… ; C'est mieux de… ; plus… plus…/mieux… ; ce que… le plus, c'est de… ; faire mieux que…

Constructions segmentées (insister sur personne, action, moment, lieu, manière) (D2 U4 p. 57)
Le protectionnisme, ça ne marche pas. Oublier le passé, voilà la meilleure solution.

Construction segmentées avec « c'est… » ou « ce sont… » (D2 U5 p. 68)
C'est l'objectif qui est le nôtre. C'est un grand honneur d'animer cette table ronde.

Les subordonnées relatives (déterminatives ou explicatives) (D2 U5 p. 66)
Le projet que je préfère est le projet N° 2.

Le communiqué, que le ministre a relu, va être publié.

Les propositions interrogatives indirectes
(D1 U1 p. 19)
Je ne sais pas qui pourrait nous répondre.

Dont (pronom relatif, une partie de qqch, ce dont)
(D2 U5 p. 61)
Le conseiller dont je parle est nouveau. Trois conseillers, dont vous, seront chargés du dossier. Ce dont je voudrais vous parler, c'est…

Répéter ou non une conjonction ou un pronom relatif (D3 U8 p. 103)
C'est le problème auquel… auquel… Le projet a abouti parce que… et que…

Questions et réponses adverbes/pronoms interrogatifs et pronoms relatifs (D1 U1 p. 15)
Ils sont semblables : *Qui a obtenu le poste ?* / Ils sont différents : *De qui parlez-vous ?* / La réponse se fait sans pronom relatif : *Comment allez-vous ? Je vais bien. Merci.*

Exprimer des relations temporelles (D2 U5 p. 69)
Répétition/habitude : *chaque fois/aussi souvent que…*
Situer dans le temps : *la première/dernière fois que… ; à l'époque où…* Simultanéité : *tandis/en même temps que…* Durée : *aussi longtemps/en attendant que…*

Les subordonnées temporelles (D1 U2 p. 28)
Aussitôt que le sommet s'est terminé, les délégations ont quitté le Palais des Congrès.

Expression du but (D3 U7 p. 92)
Pour/afin ; dans le but/avec pour objectif de… ; de manière/de façon à… ; pour ce faire ; dans ce but/ cette perspective ; à cet effet

Exprimer la conséquence (D4 U10 p. 130)
assez… pour ; conséquence/résultat : … ; d'où/en conséquence/donc/finalement/alors… ; il en résulte/cela a pour conséquence/entraîne… ; si bien/tellement que… ; à ce/tel point que… ; sans que… ; trop/assez… pour… ; suffisamment bien…/assez… pour que…

Exprimer l'opposition, la concession (D3 U9 p. 115)
Sans ; malgré ; toutefois ; en dépit de… ; au lieu de… ; mais ; alors ; tandis/bien que… ; quoique ; quoi que

Exprimer l'antériorité (D3 U9 p. 119)
Nous pensons qu'il était trop catégorique. Je répondrai quand j'aurai consulté mes collaborateurs.

Exprimer la postériorité (D4 U 11 p. 148)
Je pense que nous conclurons l'accord demain. J'étais sûr que nous pourrions travailler jeudi.

Les subordonnées circonstancielles (synthèse)
(D4 U11 p. 144)
Cause, conséquence, but, concession, opposition, rapport temporel, condition, hypothèse

VOCABULAIRE

1. Vocabulaire général

Caractériser une expérience (D1 U1 p. 16)
Cela a été relativement pénible. Des activités plus ou moins enrichissantes.

Introduire des informations (sur le contenu/pratiques)
(D2 U4 p. 51)
En conformité avec… ; de nos jours , avec la volonté de… ; vous trouverez ci-joint…

Caractériser le point de vue / l'attitude de quelqu'un
(D3 U7 p. 94)
Se féliciter de/saluer/souligner… ; faire part de/exprimer/ manifester/ne pas cacher… ; espérer que… ; exprimer/ manifester son intention de… ; n'être pas mécontent que…

Caractériser des attitudes (D4 U11 p. 145)
Positivement, négativement, de manière nuancée

Attitudes d'interlocuteurs (D4 U12 p. 154)
Avoir de l'empathie à l'égard de… ; avoir le sens du compromis ; être accommodant/procédurier ; se perdre dans les détails

Caractériser des situations (D4 U12 p. 155)
Positivement, négativement, de manière nuancée

Verbes introducteurs de l'opinion (conviction, certitude, espoir, doute, réserves) (D2 U5 p. 62)
Je suis convaincu que les négociations vont aboutir. J'ai des doutes en ce qui concerne sa sincérité.

Verbes et expressions pour protester, menacer
(D4 U12 p. 159)
Protester/s'insurger/s'inscrire en faux contre… ; Retirez ce que vous venez de dire, nous quittons la réunion.

Présenter des données chiffrées (D3 U7 p. 92)
3 personnes sur 1 ; un cas dangereux pour 1 000 ; se mettre par 4/en 6 groupes/2 par ordinateur ; diviser par 3 ; autour de/aux environs de ; 150 des/sur 200 familles ; voté par 12 voix contre 5 ; perdre par 2 à 4 ; de l'ordre de/ environ 150 euros

Effectuer des démarches administratives
(D1 U2 p. 24)
Faire une photocopie de visa en trois exemplaires.

La sécurité (D1 U2 p. 31)
Un étage sécurisé ; une caméra de surveillance ; donner l'alarme

La politique de défense et de sécurité (D2 U6 p. 74)
Développer la démocratie et l'état de droit ; élargir la coopération interétatique ; réagir à une agression extérieure

L'aide humanitaire (D2 U6 p. 75)
Assister des populations victimes de la guerre ; s'investir dans l'aide alimentaire ; venir en aide aux populations défavorisées

Autour des médias (se référer à la presse, les médias font référence à leurs sources) (D4 U10 p. 134)
La presse fait état de… Le rapport, que nous nous sommes procuré, indique que… Sous couvert de l'anonymat, un membre du cabinet du ministre…

2. Vocabulaire professionnel

Caractériser positivement/négativement des relations officielles (entre personnes, institutions, États) (D2 U5 p. 69)
Avoir des rapports cordiaux ≠ être en mauvais termes

Éviter les répétitions (D3 U8 p. 99)
Nous écouterons… nous entendrons ; nous parlerons de… nous écouterons

Donner la parole en localisant dans la salle (D3 U8 p. 103)
Là-haut ; en bas à droite ; au milieu du troisième rang

Exprimer le titre d'un intervenant (D3 U8 p. 107)
Chercheur au CNRS ; directeur-adjoint de… ; président de… ; docteur honoris causa de…

La procédure de recrutement, les critères de recrutement (D1 U1 p. 11)
Un avis de vacance de poste ; la formation initiale ; les diplômes

Les attributions (D1 U1 p. 13)
Assurer le suivi financier de…

Effectuer un travail administratif (D1 U2 p. 24)
Certifier conforme à l'orignal

Services et fonctions (D1 U2 p. 27)
Le secrétariat général → le secrétaire général, l'assistante de direction

Les types de formation (D1 U3 p. 42)
Une formation théorique ; la formation continue

Actions quotidiennes (D1 U3 p.38)
Se rendre au ministère ; remplir une obligation professionnelle

3. Mots outils

Indicateurs temporels (D1 U3 p. 41)
Ce soir ; quel jour ; ce matin ; le matin ; à midi ; dans la/ en soirée ; la journée ; dans la matinée ; tous les jour ; trois fois par jour ; deux jours par semaine ; un vendredi sur deux

Exprimer le moment/la période présent(e) (D3 U9 p. 112)
À l'heure qu'il est ; au moment où je vous parle ; pour l'heure/l'instant ; présentement ; à ce jour ; maintenant ; aujourd'hui ; de nos jours ; à notre époque ; en ce début de…

Indicateurs temporels (D2 U6 p. 73)
*Situer un événement ponctuel : à l'occasion de ; lors ; au cours de ; le même jour ; dans le courant de
Se référer au passé : il y a ; à cette époque ; à ce moment-là ; alors ; cette année-là ; depuis
Se projeter dans l'avenir : la semaine/l'année prochaine ; très vite ; bientôt ; prochainement ; dans un délai de ; du jour au lendemain ; d'un jour à l'autre*

Indicateur temporels (D3 U7 p. 87)
au départ ; à l'origine ; de plus en plus/de moins en moins souvent/fréquemment ; au-delà du/passé le/après le… ; un jour ; 50 ans plus tard ; la semaine/l'année suivante

Mots et expressions de liaison (D4 U11 p. 140)
À la fois ; aussi bien… que ; tant pour… que (pour) ; non seulement… mais encore/en plus… ; soit/ou bien… ; d'un côté… de l'autre ; tantôt… tantôt

Articuler un raisonnement (synthèse) (D4 U12 p. 159)
Suite à des propos provocateurs,… Même si je trouve l'idée bonne,… De plus, il faut agir vite. Ce n'est qu'ensuite qu'on cherchera des opérateurs.

Exprimer la cause (D3 U7 p. 88)
Cela est dû/peut être dû à…/peut s'expliquer par… ; provient de…/a pour origine/est lié à… ; trouve ses fondements/racines/leur explication dans… ; à la source/ l'origine de…. ; aux sources/origines/fondements de… ; c'est dans … qu'il faut cherche l'explication/l'origine de…

4. La formation des mots

Exprimer le contraire à l'aide de préfixes (D4 U10 p. 131)
Irréversible ; incontournable ; improbable ; illégal ; disproportionné

Des verbes aux noms (D4 U12 p. 162)
Sens identique : *intervenir → intervention*
Sens différent : *veiller à… / la veille*
Pas de lien : *revenir sur qqch / le fait de revenir sur…*

ABRÉVIATIONS

adj.	adjectif
adv.	adverbe
conj.	conjonction
exp.	expression
nf	nom féminin
nm	nom masculin
pl.	pluriel
prép.	préposition
qqch	quelque chose
qqn	quelqu'un
v	verbe

A

aborder qqn/qqch (v)	to approach sb/sth	jmd./etw. ansprechen	dirigirse a alguien/abordar algo	فاتح أحدا
aboutir à qqch (v)	to result in sth	zu etw. führen	conducir a algo	بلغ
abstenir (s') (v)	to abstain from	etw. unterlassen	abstener(se)	امتنع
abstention (nf)	abstention	Enthaltung	abstención	امتناع
accession (nf)	accession	Erlangung	accesión	انضمام
accommodant(e) (adj.)	accommodating	kulant	complaciente	مطاوع(ة)
accomplir des progrès (exp.)	to make progress	Fortschritte machen	realizar avances	حقق تقدما
accorder qqch à qqn (v)	to concede sth to sb	jmd. etw. eingestehen	reconocer algo a alguien	وافق أحدا في الأمر
accorder (s') pour dire que (exp.)	to agree that	sich einig sein, dass	poner(se) de acuerdo en decir que	اتفاق على القول بأن
accréditer qqn (v)	to accredit sb	jmd. zu Ansehen verhelfen	acreditar a alguien	اعتمد أحدا
accroître qqch (v)	to increase sth	etw. vergrößern	incrementar algo	زاد في الشيء
accusé de réception (nm)	acknowledgement of receipt	Empfangsbestätigung	acuse de recibo	وصل استلام
acquérir qqch (v)	to purchase sth	etw. erwerben	adquirir algo	اكتسب
adapter (s') à qqn/qqch (v)	to adapt to sb/sth	sich an jmd./etw. anpassen	adaptarse a alguien/algo	تكيف مع أحد/شيء
adhérer à une position (exp.)	to adhere to a way of thinking	eine Position vertreten	sumarse a una posición	تبنى موقفا
admettre qqch (v)	to admit sth	etw. anerkennen	admitir algo	سلم بشيء
administrés (nm pl.)	constituents	Bürger	administrados	رَعايا
adopter qqch (v)	to approve sth	etw. annehmen	adoptar algo	تبنى أحدا
adresser un message à qqn (exp.)	to send a message to sb	an jmd. eine Nachricht senden	enviar un mensaje a alguien	توجيه رسالة إلى أحد ما
affronter qqn/qqch (v)	to confront sb/sth	jmd./etw. die Stirn bieten	afrontar algo/a alguien	واجه أحدا/شيئا
affronter (s') (v)	to confront each other	miteinander streiten	enfrentar(se)	مُجابهة
agence (nf)	agency	Agentur	agencia	وكالة
agent (nm)	civil servant	Beamter	agente	عميل
aggraver (s') (v)	to get worse	sich verschlimmern	agravar(se)	ازداد سوءا
à hauteur de (prép.)	(to the value of) of	in Höhe von	por un importe de	إلى حد
aide humanitaire (nf)	humanitarian aid	humanitäre Hilfe	ayuda humanitaria	مساعدة إنسانية
à la hauteur de (prép.)	live up to	entsprechend	a la altura de	في مستوى
à la réflexion (exp.)	on reflection	wenn ich genau überlege, so	pensándolo bien	بعد التفكير
à l'égard de (prép.)	towards	Gegenüber	con respecto a	تجاه
alinéa (nm)	paragraph	Absatz	párrafo	فقرة
à l'initiative de (prép.)	initiated by	auf Veranlassung von	por iniciativa de	بمبادرة من
à l'issue de (prép.)	at the end of	Nach	al término de	عقب
aller à l'encontre de qqn/qqch (exp.)	to contradict sb/sth	im Gegensatz zu jmd./etw. stehen	ir en contra de algo/alguien	ناقض شيئا
aller à l'essentiel (exp.)	to get straight to the point	zum Wesentlichen kommen	ir a lo esencial	مرّ إلى الأهم
allocation (nf)	benefit	Beihilfe	subsidio	منحة
ambiguïté (nf)	ambiguity	Zweideutigkeit	ambigüedad	لبس
amélioration (nf)	improvement	Verbesserung	mejoría	تحسّن
amener qqn à + inf. (v)	to persuade sb	jmd. dazu bringen, etw. zu tun	llevar a alguien a	قاد أحدا إلى
anticipé(e) (adj.)	in advance	Vorzeitig	anticipado(a)	مستبق
appel à candidature (nm)	call for applicants	Aufforderung zur Einreichung von Bewerbungen	convocatoria de candidaturas	دعوة لتقديم الترشيحات
appel d'offres (nm)	invitation to tender	Ausschreibung	concurso	مناقصة
appeler qqch de ses vœux (exp.)	to hope and pray for sth	etw. fordern	anhelar algo	تمنى شيئا
apporter la preuve de qqch (exp.)	to prove sth	den Beweis für etw. erbringen	aportar la prueba de algo	البرهان على الشيء
apporter son soutien à qqn/qqch (exp.)	to support sb/sth	jmd./etw. seine Unterstützung gewähren	apoyar algo/a alguien	تقديم الدعم
apporter un éclairage sur qqch (exp.)	to shed (new) light on sth	Licht in etw. bringen	aclarar algo	إلقاء الضوء على
apprendre sur le tas (exp.)	to learn as one goes along	Lernen durch Praxis	formarse en el trabajo	التعلم بالممارسة
approprié(e) (adj.)	appropriate	angemessen	apropiado(a)	مناسب
appuyer qqn/qqch (v)	to help sb/sth	jmd./etw. unterstützen	apoyar a alguien/algo	دعم
arrêté (nm)	decree	Verordnung	resolución	قرار
asphyxie économique (nf)	economic asphyxiation	wirtschaftliche Lähmung	asfixia económica	اختناق اقتصادي

assister à qqch (v)	to attend sth	etw. beiwohnen	asistir a algo	حضَر شيئا
association (nf)	association	Vereinigung	asociación	جمعية
associer (s') à un avis (exp.)	to agree with an opinion	einer Meinung zustimmen	adherir(se) a una opinión	انضم إلى رأي
attaché(e) de police (n)	police attaché	Polizeiattaché	agregado(a) de policía	ملحق شرطي
attaché(e) de défense (n)	defence attaché	Militärattaché	agregado(a) de defensa	ملحق عسكري
attaché(e) de presse (n)	press attaché	Presseattaché	agregado(a) de prensa	ملحق صحفي
attachement (nm)	belief	Verbundenheit	apego	تعلق
attacher de l'importance à qqch (exp.)	to attach importance to sth	etw. Bedeutung beimessen	dar importancia a algo	إعارة الاهتمام
attacher (s') à qqn/qqch (v)	to become attached to sb/sth	mit jmd./etw. verbunden sein	encariñar(se) con alguien/algo	تعلق بأحد/بشيء
attarder (s') sur qqch (v)	to linger over sth	bei etw. verweilen	retrasar (se) con algo	ركّز على شيء
atteindre qqch (v)	to achieve sth	etw. erreichen	alcanzar algo	بلغ
attributions (nf pl.)	attributions	Zuständigkeitsbereich	atribuciones	المهام الموكلة
au nom de (prép.)	in the name of	im Namen von	en nombre de	باسم
au sein de (prép.)	within	innerhalb	en el seno de	داخل
au titre de (prép.)	in the capacity of	aufgrund	a título de	بصفة
avec la volonté de + inf. (exp.)	to be determined to	mit dem Wunsch etw. zu tun	con la voluntad de	مع إرادة
avérer (s') (v)	to prove to be	sich erweisen als	comprobar(se)	تبيّن
avis de vacance de (nm)	vacancy	Stellenausschreibung für	anuncio de vacante de	إشعار بكشغور
avoir accès à qqch (exp.)	to have access to sth	Zugang zu etw. haben	tener acceso a algo	إمكانية النفوذ إلى شيء
avoir confiance en qqn/qqch (exp.)	to have confidence in sb/sth	in jmd./etw. Vertrauen haben	tener confianza en alguien/algo	منح الثقة
avoir conscience de + inf/que (exp.)	to be aware of /that	sich etw. bewusst sein / sich bewusst sein, dass	ser consciente de/que tener dudas	أدرك أن
avoir des réserves (exp.)	to have doubts	Vorbehalte haben	tener experiencia de algo	أن تكون له تحفظات
avoir l'expérience de qqch (exp.)	to have experience of sth	mit etw. Erfahrung haben	tener el honor de hacer algo	يملك الخبرة بكشيء
avoir l'honneur de faire qqch (exp.)	to be honoured to do sth	die Ehre haben, etw. zu tun	estar profundamente convencido	تشرف بفعل شيء
avoir l'intime conviction de + n/inf/que (exp.)	to be convinced of /that	tief überzeugt sein, dass/von etw.	de/que	القناعة العميقة بـ
avoir la pratique de qqch (exp.)	to be familiar with sth	in etw. Übung haben	tener práctica en algo	قد تمرس بكشيء
avoir le sens de qqch (exp.)	to have a sense of sth	einen Sinn für etw. haben	tener sentido de algo	عنده مَلَكة الشيء
avoir pour origine qqch (exp.)	to arise from sth	etw. zum Ursprung haben	tener origen en algo	صدر عن شيء
avoir pour tâche/objectif de + inf.(exp.)	to have the task/aim of	etw. zur Aufgabe/zum Ziel haben	tener la tarea/el objetivo de	مهمته/هدفه
avoir tout lieu de + inf. (exp.)	to have every reason to	allen Grund haben, etw. zu tun	tener buenas razones para	له كل دواعي

B

b-a-ba (nm)	basis	ABC	el abc	أبجديات
barrières commerciales (nf pl.)	commercial barriers	wirtschaftliche Barrieren	barreras comerciales	الحواجز التجارية
bilatéral(e) (adj.)	bilateral	bilateral	bilateral	ثنائي(ة)
blocage (nm)	blockage	Blockade	bloqueo	انسداد
bon sens (nm)	common sense	gesunder Menschenverstand	sentido común	تفكير سليم
boursier(ère) (n)	scholarship student	Stipendiant(in)	becario(a)	صاحب منحة دراسية

C

c'est/ce n'est pas d'actualité (exp.)	it is/it is not on the agenda	das steht (nicht) zur Diskussion	es/no es de interés actual	ليس أوان ذلك
c'est la pire chose à faire (exp.)	it is the worst thing to do	das ist das schlimmste, was man tun kann	es lo peor que se puede hacer	إنه أسوأ ما يمكن فعله
calculateur(trice) (adj.)	calculating	berechnend	calculador(a)	مُخطط
camp (nm)	side	Lager	campo	جهة
campagne (nf)	campaign	Kampagne	campaña	حملة
capacité de faire qqch (nf)	ability to do sth	Fähigkeit, etw. zu tun	capacidad para hacer algo	القدرة على
catastrophe naturelle (nf)	natural catastrophe	Naturkatastrophe	catástrofe natural	كارثة طبيعية
cerner la personnalité de qqn (exp.)	to figure out sb's personality	die Persönlichkeit von jmd. Einschätzen	definir la personalidad de alguien	الإحاطة بشخصية أحد ما
certificat d'immatriculation (nm)	registration certificate	Kfz-Brief	certificado de matriculación	شهادة تسجيل
certificat de mariage (nm)	marriage certificate	Heiratsurkunde	certificado de matrimonio	شهادة زواج
certifier conforme (exp.)	to certify as an exact copy of the original	Beglaubigen	certificar conforme	صدّق على
cessation (nf)	suspension	Beendung	cese	وقف
changer de visage (exp.)	to change completely	sein Gesicht verändern	cambiar de expresión	تغير الوجه
chef d'État (n)	head of State	Staatschef(in)	jefe de Estado	رئيس دولة
chef d'unité (n)	head of department	Referatsleiter(in)	jefe de unidad	رئيس وحدة
chef de délégation (n)	head of delegation	Delegationsleiter(in)	jefe de delegación	رئيس وفد
chef de gouvernement (n)	head of government	Regierungschef(in)	jefe de gobierno	رئيس حكومة
chef de projet (n)	project manager	Projektleiter(in)	jefe de proyecto	رئيس مشروع
chef du protocole (n)	head of protocol	Protokollchef(in)	jefe de protocolo	رئيس البروتوكول

citer qqn/qqch (v)	to cite sb/sth	jmd./etw. zitieren	citar a alguien/algo	ذكر أحدا/شيئا
citoyen(ne) (n)	citizen	Bürger(in)	ciudadano(a)	مواطن(ة)
clairvoyant(e) (adj.)	perceptive	scharfsichtig	clarividente	بصير(ة)
clarifier une position (exp.)	to clarify a position	eine Position klären	aclarar una posición	توضيح موقف
clivage (nm)	cleavage	Kluft	división	شرخ
collaborer avec qqn/à qqch (v)	to work alongside sb/sth	mit jmd./etw. zusammenarbeiten	colaborar con alguien/en algo	التعاون مع أحد ما/على الشيء
collecte de fonds (nf)	fund-raising event	Mittelbeschaffung	recaudación de fondos	جمع الأموال
collectivité territoriale (nf)	local authority	Gebietskörperschaft	entidad territorial	جماعة إقليمية
combler les manques (exp.)	to improve	Mängeln abhelfen	subsanar las carencias	سد الثغرات
commémoration (nf)	commemoration	Gedenkfeier	conmemoración	إحياء ذكرى
communauté internationale (nf)	international community	internationale Gemeinschaft	comunidad internacional	المجتمع الدولي
communiqué de presse (nm)	press release	Pressekommuniqué	comunicado de prensa	بيان صحفي
compensation (nf)	compensation	Kompensation	compensación	تعويض
comporter qqch (v)	to comprise sth	etw. beinhalten	conllevar algo	احتوى على
compromis(e) (adj.)	compromised	gefährdet	comprometido	مهدد
compte financier (nm)	financial account	Finanzierungskonto	cuenta financiera	حساب مالي
compte rendu (nm)	minutes	Bericht	informe	تقرير
compter sur qqn/qqch (v)	to rely on sb/sth	auf jmd./etw. zählen	contar con alguien/algo	الاعتماد على أحد/شيء
concentrer son attention sur qqch (exp.)	to focus one's attention on sth	sich auf etw. konzentrieren	concentrar la atención en algo	تركيز الاهتمام على الشيء
conférence de presse (nf)	press conference	Pressekonferenz	conferencia de prensa	مؤتمر صحفي
conférer qqch à qqn (v)	to confer sth to sb	jmd. etw. übertragen	otorgar algo a alguien	منح شيئا لأحد ما
confirmer qqch à qqn (v)	to confirm sth to sb	jmd. etw. bestätigen	confirmar algo a alguien	توآيد الشيء لأحد ما
conflictuel(le) (adj.)	conflictual	konfliktgeladen	conflictivo(a)	صراعي
conforme à qqch (adj.)	in conformity with sth	konform mit etw.	conforme con algo	مطابق للشيء
conformément à (prép.)	in accordance with	gemäß	de acuerdo con	طبقا لـ
confronter qqch/qqn (v)	to confront sth/sb	jmd./etw. gegenüberstellen	enfrentar algo/a alguien	واجه شيئا/أحدا بآخر
conjointement (adv.)	jointly	gemeinsam	conjuntamente	معا
consécutif(ve) à qqch (adj.)	as a result of sth	infolge etw.	consecutivo(a) a algo	مترتب(ة)
conseil de Sécurité (nm)	Security Council	Sicherheitsrat	consejo de Seguridad	مجلس الأمن
conseil municipal (nm)	municipal council	Stadtrat	consejo municipal	مجلس البلدية
considérer comme (exp.)	to consider as	ansehen als	considerar como	اعتبَر مثل
considérer que (v)	to think that	der Meinung sein, dass	considerar que	اعتبَر أن
consister en qqch/à faire qqch (v)	to consist of sth/in doing sth	in etw. bestehen/ darin bestehen, etw. zu tun	consistir en algo/en hacer algo	تمثل في
constater qqch/que (v)	to note sth/that	etw. feststellen/feststellen, dass	constatar algo/que	تحقق من شيء/من أن
constructif(ve) (adj.)	constructive	konstruktiv	constructivo(a)	بنّاء(ة)
consultant(e) (n)	consultant	Berater(in)	consultor(a)	مستشار
consultation (nf)	meeting	Anhörung	consulta	استشارة
contentieux (nm)	dispute	Streitsache	contencioso	نزاع
contribuer à qqch (v)	to contribute to sth	zu etw. beitragen	contribuir en algo	سَاهم في الشيء
controverse (nf)	controversy	Kontroverse	controversia	جدال
convaincre qqn de/que (v)	to convince sb of/that	jmd. von etw. überzeugen/ überzeugen, dass	convencer a alguien de/de que	أقنع
convenir de qqch/que (v)	to acknowledge sth/that	etw. einräumen/einräumen, dass	acordar algo/que	أقر بشيء/بأن
convention (nf)	agreement	Vereinbarung	convención	اتفاقية
convergent(e) (adj.)	convergent	konvergent	convergente	متقارب(ة)
conviction (nf)	conviction	Überzeugung	convicción	قناعة
convier qqn à qqch (v)	to invite sb to sth	jmd. zu etw. einladen	convidar a alguien a algo	دعا أحدا إلى الشيء
convoquer qqn/qqch (v)	to convoke sb/sth	jmd. laden/etw. einberufen	convocar a alguien/algo	استدعى
coordination (nf)	coordination	Koordination	coordinación	تنسيق
coordonnées (nf pl.)	contact details	Daten	dirección	العنوان ورقم الهاتف
correspondance (nf)	correspondence	Korrespondenz	correspondencia	مراسلة
correspondre à (v)	to meet the requirements of	etw. entsprechen	corresponder con	ناسبَ
corruption (nf)	corruption	Korruption	corrupción	فساد
Cour des Comptes (nf)	Court of Audit	Rechnungshof	tribunal de cuentas	مجلس المحاسبة
coût de réalisation (nm)	realisation cost	Durchführungskosten	coste de realización	كلفة الإنجاز
coût prévisionnel (nm)	projected cost	voraussichtliche Kosten	coste previsto	كلفة تقديرية
couvrir les besoins (exp.)	to meet the needs	den Bedarf decken	cubrir las necesidades	تلبية الاحتياجات
créer des tensions (exp.)	to create tensions	Spannungen hervorrufen	crear tensiones	خلق توترات

D

dans l'urgence (exp.)	urgently	unter Zeitdruck	con apremio	على عجل
dans la mesure où (conj.)	provided that	insoweit, als	en la medida en que	بقذر ما

dans le respect de qqn/qqch (exp.)	whilst respecting sb/sth	unter Achtung von jmd./etw.	respetando a alguien/algo	مع احترام
dans un esprit de + qqch (exp.)	in a spirit of sth	im Sinne von etw.	con un espíritu de algo	بروح من
de premier plan (exp.)	key	wichtig	de primer plano	من الدرجة الأولى
débat contradictoire (nm)	debate	kontradiktorische Debatte	debate contradictorio	نقاش متضارب
débattre de qqch (v)	to debate sth	über etw. debattieren	debatir sobre algo	ناقش شيئا
débloquer une situation (exp.)	to break the deadlock in	eine Situation entspannen	desbloquear una situación	حرّك الوضع
décharge (nf)	time off	Entlastung	exención	إخلاء المسؤولية
décliner une offre (exp.)	to decline an offer	ein Angebot ablehnen	declinar una oferta	رفض عرضا
dégrader (se) (v)	to deteriorate	(sich) verschlechtern	degradar (se)	تدهور
défavorisé(e) (adj.)	disadvantaged	benachteiligt	desfavorecido(a)	محروم(ة)
défendre qqn/qqch (v)	to defend sb/sth	jmd./etw. verteidigen	defender algo/a alguien	دافع عن
défi (nm)	challenge	Herausforderung	desafío	تحدي
délai (nm)	deadline	Frist	plazo	أجل
délégué(e) général(e) (n)	deputy leader	Generaldelegierte(r)	delegado(a) general	مندوب عام
déléguer une tâche à qqn (exp.)	to delegate a task to sb	eine Aufgabe an jmd. delegieren	delegar una tarea a alguien	فوّض عملا إلى أحد ما
délivrer qqch (v)	to issue sth	etw. ausfertigen	entregar algo	أصدر
demander du temps (exp.)	to take time	Zeit fordern	pedir tiempo	طلب الوقت
demander la parole (exp.)	to request the floor	das Wort fordern	pedir la palabra	طلب الكلمة
démarche administrative (nf)	administrative procedure	Behördengang	trámite administrativo	إجراء إداري
démarquer (se) d'une position (exp.)	to take a different view	sich von einer Position distanzieren	desmarcar(se) de una posición	تميّز بموقفه عن آخر
démentir une information (exp.)	to refute information	eine Information dementieren	desmentir una información	أنكر خبرا
dénoncer qqch (v)	to denounce sth	etw. anprangern	denunciar algo	شجب
dépasser qqch (v)	to overcome sth	etw. überwinden	superar algo	تخطى
dépendre de qqn/qqch (v)	to be answerable to sb/sth	abhängig sein von jmd./etw.	depender de alguien/algo	تابع لـ
déplacer (se) (v)	to travel	sich fortbewegen	desplazar(se)	تنقل
déployer des efforts (exp.)	to take pains	Anstrengungen unternehmen	desplegar esfuerzos	بذل الجهود
dépôt des candidatures (nm)	submission of candidacy	Einreichung der Bewerbungen	entrega de candidaturas	إيداع الترشيحات
désigner qqn/qqch (v)	to designate sb/sth	jmd./etw. benennen	nombrar a alguien/algo	عيّن
désolidariser (se) de qqn (v)	to disassociate oneself from sb	sich von jmd. distanzieren	desolidarizar(se) de alguien	انفصل عن أحد
détourner l'attention de qqn (exp.)	to divert sb's attention	die Aufmerksamkeit von jmd. ablenken	desviar la atención de alguien	صرف انتباه أحد
dialogue des cultures (nm)	dialogue of cultures	Dialog der Kulturen	diálogo de culturas	حوار الثقافات
différer qqch (v)	to postpone sth	etw. verschieben	diferir algo	أجّل
diffuser une information (exp.)	to spread information	eine Information verbreiten	difundir una información	أذاع خبرا
dire (ne pas dire) son dernier mot (exp.)	to say (not say) one's last word	(nicht) sein letztes Wort sprechen	decir (no decir) su última palabra	قال (لم يقل) كلمته الأخيرة
discours d'ouverture (nm)	opening speech	Eröffnungsrede	discurso de apertura	خطاب افتتاحي
discours de bienvenue (nm)	welcome speech	Begrüßungsansprache	discurso de bienvenida	خطاب ترحيبي
discours de clôture (nm)	closing speech	Schlussrede	discurso de clausura	خطاب اختتامي
discours officiel (nm)	official speeches	offizielle Ansprache	discurso oficial	خطاب رسمي
discrimination (nf)	discrimination	Diskriminierung	discriminación	تمييز
dispenser de (v)	to exempt from	befreien von	dispensar de	أعفى من
disponibilité (nf)	availability	Verfügbarkeit	disponibilidad	فرْغ
disposition (nf)	measure	Verfügung	disposición	تدبير
disproportionné(e) (adj.)	disproportionate	verhältniswidrig	desproporcionado(a)	غير متكافئ(ة)
dissiper un malentendu (exp.)	to clear up a misunderstanding	ein Missverständnis aus der Welt schaffen	disipar un malentendido	تبديد سوء فهم
divergence (nf)	divergence	Divergenz	divergencia	تباعد
docteur honoris causa (nm)	honoris causa doctor	Doktor honoris causa	doctor honoris causa	دكتوراه شرفية
document de travail (nm)	work document	Arbeitsdokument	documento de trabajo	وثيقة عمل
domaine de compétence (nm)	field of expertise	Zuständigkeitsbereich	campo de competencia	ميدان الكفاءة
domaine de responsabilité (nm)	field of responsibility	Verantwortungsbereich	ámbito de responsabilidad	مجال المسؤولية
donnée (nf)	data	Angabe	dato	معطى
donner l'alarme (exp.)	to raise the alarm	Alarm schlagen	dar la alarma	عطاء إشارة الإنذار
donner (se) pour tâche/objectif de + inf (exp.)	to set (oneself) the task/objective of	sich etw. zur Aufgabe/zum Ziel setzen	poner(se) como tarea/objetivo	حدد لنفسه مهمة/هدف
donner confirmation par écrit (exp.)	to confirm in writing	schriftlich bestätigen	dar confirmación por escrito	قدم تأكيدا كتابيا
donner la parole à qqn (exp.)	to give sb the floor	jmd. das Wort erteilen	dar la palabra a alguien	عطاء الكلمة لأحد ما
donner sa parole à qqn que (exp.)	to promise sb that	jmd. sein Wort geben, dass	dar palabra a alguien de que	وعد أحدا أن
donner lieu à qqch (exp.)	to lead to sth	zu etw. führen	dar lugar a algo	فسح المجال للشيء
dossier de candidature (nm)	application file	Bewerbungsunterlagen	expediente de candidatura	ملف ترشح
dossier de presse (nm)	press file	Pressemappe	dossier de prensa	حزمة إعلامية
dûment (adv.)	duly	ordnungsgemäß	debidamente	أصولا
d'un côté..., de l'autre... (conj.)	on the one hand..., on the other hand...	einerseits..., andererseits...	por un lado..., por el otro...	من جهة...، من جهة أخرى...
d'un jour à l'autre (adv.)	from one day to the next	von einem Tag zum andern	de un día a otro	بين عشية وضحاها

E

écarter (v)	to be against	beseitigen	descartar	استبعد
éclairage (nm)	perspective	Beleuchtung	enfoque	شرح
éclaircissement (nm)	explanation	Aufklärung	aclaración	توضيح
effectuer une mission (exp.)	to be on an assignment	eine Aufgabe ausführen	realizar una misión	القيام بمهمة
efforcer (s') de faire qqch (exp.)	to endeavour to do sth	sich bemühen, etw. zu tun	esforzar (se) en hacer algo	اجتهد في القيام بالشيء
élargir ses frontières (exp.)	to expand its borders	seine Grenzen ausweiten	ampliar los límites	وسّع حدوده
éligibilité (nf)	eligibility	Wählbarkeit	elegibilidad	أهلية
émettre des réserves (exp.)	to voice doubts	Vorbehalte anmerken	exponer dudas	أبدى تحفظات
en accès libre (exp.)	open access	mit freiem Zugang	de libre acceso	متاح بحرية
en application de qqch (exp.)	in accordance with sth	in Anwendung von etw.	en aplicación de algo	تطبيقا للشيء
en ce qui concerne (prép.)	in terms of	bezüglich	en lo que respecta a	فيما يتعلق بـ
en conformité avec (prép.)	according to	in Übereinstimmung mit	en conformidad con	طبقا لـ
en fonction de (prép.)	depending on	entsprechend	en función de	حسب
engager (s') à faire qqch (exp.)	to commit (oneself) to doing sth	sich verpflichten, etw. zu tun	comprometer(se) a hacer algo	التزم بفعل شيء
en gros (adv.)	roughly	ungefähr	más o menos	إجمالا
en l'honneur de (prép.)	in honour of	zu Ehren von	en honor a	على شرف
en l'occurrence (adv.)	as it happens	in diesem Fall	en este caso	في هذه الحالة
en matière de (prép.)	in terms of	in Sachen	en materia de	فيما يخص
en parfait accord (exp.)	to agree entirely	in bestem Einvernehmen	en perfecto acuerdo	على اتفاق تام
en parfaite harmonie (exp.)	very smoothly	in perfekter Harmonie	en perfecta armonía	في تناغم كامل
en référence à (prép.)	in reference to	mit Bezug auf	en referencia a	في إشارة إلى
en suspens (exp.)	on hold	offen	pendiente	مُعلق
en toutes circonstances (exp.)	whatever the circumstances	unter allen Umständen	en toda circunstancia	في كل الظروف
en vertu de (prép.)	by virtue of	aufgrund	en virtud de	بموجب
en vigueur (exp.)	in force	geltend	en vigor	ساري المفعول
en voie de disparition (exp.)	dying out	im Verschwinden begriffen	en vías de extinción	في طريق الانقراض
encadrement (nm)	organisation	Betreuung	jerarquía	إشراف على
encadrer des équipes (exp.)	managing teams	Teams betreuen	dirigir a los equipos	أشرف على الفرق
encourager qqn/qqch (v)	encouraging sb/sth	jmd./etw. fördern	estimular a alguien/algo	شجع أحد/شيئا
énergie nucléaire (nf)	nuclear energy	Nuklearenergie	energía nuclear	طاقة نووية
engager une action (exp.)	launching an action	eine Aktion starten	entablar una acción	اتخذ إجراء
enjeu (nm)	stake	Thema	reto	رهان
enrichissant(e) (adj.)	worthwhile	bereichernd	enriquecedor(a)	مُثر/مُثرية
entraîner (v)	to cause	nach sich ziehen	provocar	أدى إلى
entreprise publique (nf)	public company	öffentliches Unternehmen	empresa pública	مؤسسة عمومية
entretenir des relations avec qqn (exp.)	to have relations with sb	Beziehungen unterhalten mit jmd.	mantener relación con alguien	إقامة علاقات مع أحد ما
entretien d'embauche/de recrutement (nm)	job interview	Bewerbungs-/Anstellungsgespräch	entrevista de contratación/de selección	مقابلة تشغيل/توظيف
entrevoir une issue (exp.)	to see a way out	einen Ausweg sehen	entrever una salida	رأى مخرجا
environnement professionnel (nm)	professional environment	berufliches Umfeld	entorno profesional	الوسط المهني
épuiser (s') (v)	to run out	versiegen	agotar (se)	نفد
établir qqch (v)	to establish sth	etw. festsetzen	establecer algo	قرر شيئا
état de droit (nm)	subject to the rule of law	Rechtsstaat	estado de derecho	دولة القانون
États signataires (nm pl.)	signatory States	Unterzeichnerstaaten	Estados signatarios	دول مُوَقعة
être (tous) dans le même bateau (exp.)	to be (all) in the same boat	(alle) im selben Boot sitzen	estar (todos) en el mismo barco	كون (الجميع) على نفس المركب
être à la tête de (exp.)	to be at the head of	an der Spitze von etw. stehen	estar a la cabeza de	أن يكون على رأس الشيء
être à son poste (exp.)	to be at one's desk	auf seinem Posten sein	estar en su puesto	أن يكون في منصبه
être affecté à (exp.)	to be assigned to	eingeteilt sein für	estar destinado a	أن يُعيّن في
être assisté par (exp.)	to be assisted by	unterstützt werden von	ser ayudado por	أن يُساعده أحد
être au regret de faire qqch (exp.)	to regret to have to do sth	es bedauern, etw. zu tun	lamentar hacer algo	أن يُؤسفه فعل الشيء
être candidat à qqch (exp.)	to be a candidate for sth	Kandidat für etw. sein	ser candidato a algo	أن يترشح للشيء
être chargé de qqch (exp.)	to be in charge of sth	mit etw. beauftragt sein	estar encargado de algo	أن يُكلف بالشيء
être compétent pour + n/inf (exp.)	to be capable of (doing sth)	zuständig sein für etw.	ser competente para	أن يكون مؤهلا لأن
être confiant (exp.)	to be confident	zuversichtlich sein	tener confianza	أن يكون واثقا
être confronté à qqn/qqch (exp.)	to have to face up to sb/sth	konfrontiert sein mit jmd./etw.	hacer frente a alguien/algo	أن يواجه أحدا/شيئا
être conscient de qqch (exp.)	to be aware of sth	sich etw. bewusst sein (Exp.)	ser consciente de algo	أن يُدرك شيئا
être contraint de faire qqch (exp.)	to be forced to do sth	gezwungen sein, etw. zu tun	verse obligado a hacer algo	أن يُجْبَر على فعل شيء
être de nature à + inf (exp.)	to be likely	derart sein, dass	tener inclinación a	أن يكون من طبيعته
être dégagé de qqch (exp.)	to be finished with sth	befreit sein von etw.	ser liberado de algo	أن يُعفى من شيء
être déterminé(e) à qqch/à + inf (exp.)	to be determined to	entschlossen sein zu etw./etw. zu tun	estar decidido(a) a algo/a	أن يكون عازما على القيام بشيء
être disposé(e)/ne pas être disposé(e) à qqch/à faire qqch (exp.)	to be willing/unwilling to do sth	bereit / nicht bereit sein zu etw./ etw. zu tun	estar dispuesto(a)/no estar dispuesto(a) a algo/a hacer algo	أن يكون مستعدا/غير مستعد للشيء\لفعل شيء

être en bons termes avec qqn (exp.)	to be on good terms with sb	mit jmd. auf gutem Fuß stehen	mantener buena relación con alguien	أن يكون على علاقة حسنة مع أحد ما
être en mauvais termes avec qqn (exp.)	to be on bad terms with sb	mit jmd. auf schlechtem Fuß stehen	mantener mala relación con alguien	أن يكون على علاقة سيئة مع أحد ما
être en charge de qqn/qqch (exp.)	to be in charge of sb/sth	für jmd./etw. zuständig sein	estar a cargo de alguien/algo	أن يكون متكفلا بأحد/مكلفا بشيء
être en possession de qqch (exp.)	to be in possession of sth	in Besitz von etw. sein	estar en posesión de algo	أن يملك شيئا
être en prise directe avec qqch (exp.)	to be directly affected by sth	mit etw. konfrontiert bleiben	estar en contacto con algo	أن يكون على صلة مباشرة بالشيء
être en réunion (exp.)	to be in a meeting	in einer Sitzung sein	estar en reunión	أن يكون في اجتماع
être exposé(e) à qqch (v)	to be exposed to sth	etw. ausgesetzt sein	estar expuesto(a) a algo	أن يكون مُعَرَّضا للشيء
être hostile à qqn/qqch (exp.)	to be hostile to sb/sth	gegen jmd./etw. feindlich gesinnt sein	ser hostil a alguien/algo (v)	أن يكون معاديا لأحد/لشيء
être muni de qqch / se munir de qqch (exp.)	to (take) hold of	versehen sein mit etw. / sich etw. verschaffen	estar provisto de algo / proveerse de algo	أن يكون مزودا بـ / أن يتزود بـ
être muté (v)	to be transferred	versetzt werden	ser mutado	أن يُحوّل
être nommé (v)	to be appointed	ernannt werden	ser nombrado	أن يُنصّب
être persuadé de + inf /que (exp.)	to be sure of + verb/that	überzeugt sein von etw. /, dass	estar convencido de/que	أن يعتقد أن
être placé sous l'autorité de qqn (exp.)	to be placed under sb's authority	jmd. unterstellt sein	estar bajo la autoridad de alguien	أن يكون تحت إمرة أحد ما
être placé sous la tutelle de qqn (exp.)	to be placed under sb's tutelage	unter der Aufsicht von jmd. stehen	estar bajo la tutela de alguien	أن يكون تحت وصاية أحد ما
être rattaché à qqch (exp.)	to be attached to sth	etw. angegliedert sein	estar relacionado con algo	أن يكون تابعا للشيء
être sur le terrain (exp.)	to be in the field	vor Ort sein	estar sobre el terreno	أن يكون في الميدان
être sûr(e) de soi (exp.)	to be sure of oneself	selbstsicher sein	estar seguro(a) de sí mismo	أن يكون واثقا بنفسه
être tenu de faire qqch (exp.)	to be required to do sth	etw. tun müssen	estar obligado a hacer de algo	أن يكون ملزما بفعل شيء
évaluation (nf)	evaluation	Bewertung	evaluación	تقييم
examiner qqch (v)	to look at sth	etw. untersuchen	examinar algo	عاين
exception (nf)	exception	Ausnahme	excepción	استثناء
excessif(ve) (adj.)	excessive	exzessiv	excesivo(a)	مغال(ة)
exclusion (nf)	exclusion	Ausschluss	exclusión	إقصاء
exécuter qqch (v)	to carry out sth	etw. ausführen	ejecutar algo	نفذ شيئا
exercer des fonctions de + n (exp.)	to exercise the functions of	das Amt eines + n innehaben	ejercer funciones de	قام بوظائف
exiger qqch (v)	to demand sth	etw. fordern	exigir algo	طالب بشيء
expérience professionnelle (nf)	professional experience	Berufserfahrung	experiencia profesional	خبرة مهنية
expertise technique (nf)	technical report	technisches Gutachten	pericia técnica	خبرة فنية
expulser qqn (v)	to deport sb	jmd. ausweisen	expulsar a alguien	طرد أحدا
extrait d'acte de naissance (nm)	birth certificate	Auszug aus der Geburtsurkunde	extracto de partida de nacimiento	شهادة ميلاد

F

face à la situation (exp.)	faced with the situation	angesichts der Situation	frente a la situación	في مواجهة الوضع
faire appel à qqn (exp.)	to call upon sb	auf jmd. zurückgreifen	recurrir a alguien	لجأ إلى أحد
faire avancer qqch (exp.)	to move sth on	etw. vorantreiben	hacer avanzar algo	دفع شيئا إلى الأمام
faire avec qqch (exp.)	to have to deal with sth	sich mit etw. abfinden	hacer con ayuda de algo	التكيف مع الشيء
faire de son mieux (exp.)	to do one's best	sein Bestes geben	hacer lo mejor que se puede	بذل المستطاع
faire des concessions (exp.)	to make concessions	Zugeständnisse machen	hacer concesiones	قدم تنازلات
faire des efforts (exp.)	to make an effort	Anstrengungen unternehmen	hacer esfuerzos	بذل جهودا
faire des reproches à qqn (exp.)	to criticize sb	jmd. Vorwürfe machen	hacer reproches a alguien	لام أحدا ما
faire face à qqch (exp.)	to face up to sth	etw. die Stirn bieten	hacer frente a algo	واجه الشيء
faire l'impasse sur qqch (exp.)	to skip sth	etw. ausklammern	no tener en cuenta a alguien	لم يتطرق للشيء
faire l'unanimité (exp.)	to gain unanimous support	einer Meinung sein	lograr la unanimidad	حصل على الإجماع
faire la connaissance de qqn (exp.)	to make sb's acquaintance	jmd. kennenlernen	conocer a alguien	تعرف على أحد ما
faire machine arrière (exp.)	to back down	einen Rückzieher machen	dar marcha atrás	تراجع
faire obstacle à qqn/qqch (exp.)	to stand in the way of sb/sth	jmd./etw. in den Weg stellen	obstaculizar a alguien	أعاق أحدا/شيئا
faire part de qqch à qqn (exp.)	to reveal sth to sb	jmd. etw. mitteilen	informar de algo a alguien	أخبر أحدا بلاشيء
faire partie intégrante de qqch (exp.)	to be an integral part of sth	Bestandteil von etw. sein	formar parte de algo	أن يكون جزءا لا يتجزأ من الشيء
faire porter le débat sur qqch (exp.)	to direct the discussion towards sth	die Diskussion auf etw. lenken	dirigir el debate hacia algo	وجه المناقشة إلى الشيء
faire pression sur qqn (exp.)	to put pressure on sb	auf jmd. Druck ausüben	presionar a alguien	ضغط على أحد ما
faire preuve de qqch (exp.)	to show sth	etw. an den Tag legen	dar prueba de algo	أبدى صفة
faire (se) l'écho de qqch (exp.)	to repeat sth	etw. weitergeben	hacer(se) eco de algo	أذاع شيئا
faire (se) une idée de qqn/qqch (exp.)	to get an idea of sb/sth	sich ein Bild von jmd./etw. machen	hacer(se) una idea de alguien/algo	أن تكون له فكرة عن أحد/شيء
faire une procuration à qqn (exp.)	to authorise sb	jmd. bevollmächtigen	dar un poder a alguien	أعطى وكالة لأحد ما
familiariser (se) avec qqch (exp.)	to familiarize (oneself) with sth	sich mit etw. vertraut machen	familiarizar (se) con algo	تألف مع الشيء
fatalité (nf)	fate	Fatalität	fatalidad	القدر
favorablement (adv.)	favourably	günstig	favorablemente	بالإيجاب
féliciter (se) de qqch (v)	to be very pleased about sth	sich zu etw. beglückwünschen	felicitar (se) por algo	سُرّ بالشيء
ferme (adj.)	firm	standhaft	firme	حازم

fiable (adj.)	reliable	zuverlässig	fiable	موثوق
fiche individuelle (nf)	individual form	Personalienkarte	ficha individual	ورقة معلومات فردية
fin (nf)	end	Ziel	fin	غاية
fixer (se) pour ambition de + inf (exp.)	to set (oneself) the objective of	sich etw. zum Ziel setzen	fijar (se) la meta de	يحدد هدفه بأن يكون
flexibilité (nf)	flexibility	Flexibilität	flexibilidad	مرونة
focaliser (se) sur qqch (v)	to pay too much attention to sth	sich auf etw. konzentrieren	centrar (se) en algo	ركز على الشيء
fonctionnaire international (n)	international civil servant	internationaler Beamter	funcionario internacional	موظف دولي
fondements (nm pl.)	foundations	Grundlagen	Fundamentos	أسس
fonder qqch sur qqch (v)	to base sth on sth	etw. auf etw. begründen	fundamentar algo sobre algo	بنى شيئا على شيء
formalisme (nm)	rigidity	Formalismus	formalismo	(مذهب) الشكلية
formation continue (nf)	continued training	Weiterbildung	formación continua	تدريب متواصل
formation initiale (nf)	initial training	Erstausbildung	formación inicial	تدريب أولي
formation théorique (nf)	theoretical training	theoretische Bildung	formación teórica	تدريب نظري
formation tout au long de la vie (nf)	lifelong training	lebenslange Bildung	formación durante toda la vida	تدريب على مدى الحياة
formulaire (nm)	form	Formular	formulario	استمارة
formule de politesse (nf)	letter ending	Höflichkeitsfloskel	fórmula de cortesía	عبارة مجاملة

G

général (nm)	general	General	general	لواء
genèse (nf)	origin	Entwicklungsgeschichte	génesis	نشأة
gérer qqch (v)	manage sth	etw. verwalten	gestionar algo	أدار شيئا
gestion des crises (nf)	crisis management	Krisenmanagement	gestión de crisis	إدارة الأزمات
gestionnaire (n)	manager	Verwalter(in)	gestor	إداري
gouvernant(e) (n)	governor	Regierende(r)	gobernante	حاكم(ة)
grossier(ère) (adj.)	rough	allgemein	aproximado(a)	تقريبي(ة)

H

hiérarchie (nf)	hierarchy	Hierarchie	jerarquía	تراتب
homologue (nm)	counterpart	Kollege	homólogo	نظير
honorer la mémoire de qqn/qqch (exp.)	to honour the memory of sb/sth	das Gedächtnis an jmd./etw. in Ehren halten	honrar la memoria de alguien/algo	كرّم ذكرى أحد/شيء
horizon (nm)	horizon	Horizont	horizonte	أفق

I

idée reçue (nf)	preconceived idea	Vorurteil	idea preconcebida	اعتقاد شائع
identifier qqn/qqch (v)	to identify sb/sth	jmd./etw. identifizieren	identificar a alguien/algo	حدد أحد/شيئا
il convient de + inf (exp.)	it is appropriate + inf	man sollte etw. tun	es conveniente	ينبغي
il va de soi que (exp.)	it goes without saying that	es versteht sich von selbst, dass	es evidente	من البديهي
il y a/il n'y a pas lieu de faire qqch (exp.)	there is(/is no) need to do sth	es gibt (k)einen Grund etw. zu tun	procede/no procede hacer algo	ثمة داع لـ/ليس هناك داع لـ
immunité (nf)	immunity	Immunität	inmunidad	حصانة/حصانات
impact (nm)	impact	Auswirkung	impacto	وقع
impliquer qqn/qqch/que (v)	to involve sb/to imply sth	jmd./etw. implizieren / implizieren, dass	implicar a alguien/algo/que	استلزم
imposer qqch à qqn (v)	to oblige sb to do sth	jmd. etw. auferlegen	imponer algo a alguien	فرض شيئا على أحد ما
inadmissible (adj.)	unacceptable	unzulässig	inadmisible	غير مقبول
inciter à faire qqch (exp.)	to urge (sb) to do sth	veranlassen, etw. zu tun	incitar a hacer algo	دعا إلى فعل شيء
inclure qqn/qqch (v)	to include sb/sth	jmd./etw. einschließen	incluir a alguien/algo	أدمج أحد/شيئا
incontournable (adj.)	essential	unumgänglich	ineludible	لا يمكن تحاشيه
indemnisation (nf)	compensation	Entschädigung	indemnización	تعويض
indicateur économique (nm)	economic indicator	Wirtschaftsindikator	indicador económico	مؤشر اقتصادي
indigner (s') (v)	to be infuriated	sich entrüsten	indignar (se)	سخط
infraction (nf)	offence	Vergehen	infracción	مخالفة
infrastructures (nf pl.)	infrastructure	Infrastrukturen	infraestructuras	بنى تحتية
insoluble (adj.)	insoluble	unlösbar	irresoluble	غير قابل للحل
instaurer qqch (v)	to establish sth	etw. einrichten	instaurar algo	وضع شيئا
instruction (nf)	instruction	Anweisung	instrucción	تعليمة
insurger (s') contre qqn/qqch (v)	to rebel against sb/sth	sich gegen jmd./etw. auflehnen	sublevar(se) contra alguien/algo	ثار ضد أحد/شيء
intégrer (s') dans qqch (v)	to integrate into sth	sich in etw. integrieren	integrar (se) en algo	اندمج في
intensifier (s') (v)	to intensify	sich intensivieren	intensificar (se)	تكثف
intention (nf)	intention	Absicht	intención	نية
interculturel(le) (adj.)	intercultural	interkulturell	intercultural	متعدد الثقافات
interdisciplinaire (adj.)	interdisciplinary	interdisziplinär	interdisciplinario	متعدد التخصصات
intérêt de qqn/qqch (nm)	interest of sb/sth	Interesse von jmd./etw.	interés de alguien/algo	مصلحة أحد/شيء
intergouvernemental(e) (adj.)	intergovernmental	zwischenstaatlich	intergubernamental	بين الحكومات

intérimaire (adj.)	temporary	vorläufig	temporal	مؤقت
interlocuteur(trice) (n)	contact	Ansprechpartner(in)	interlocutor(a)	مُحاوِر(ة)
interrompre qqn (v)	to interrupt sb	jmd. unterbrechen	interrumpir a alguien	قاطع أحدا
intervenant(e) (n)	speaker	Redner(in)	ponente	متدخل(ة)
intervention d'urgence (nf)	emergency intervention	Notfalleinsatz	intervención de emergencia	تدخل استعجالي
intolérance (nf)	intolerance	Intoleranz	intolerancia	لا تسامح
inviter à faire qqch (exp.)	to invite (sb) to do sth	auffordern, etw. zu tun	invitar a hacer algo	دعا إلى فعل الشيء

J

jouer franc jeu (exp.)	to play fair	mit offenen Karten spielen	jugar limpio	تصرف بوضوح
jouer un rôle dans qqch (exp.)	to play a part in sth	eine Rolle bei etw. spielen	desempeñar un papel en algo	لعب دورا
jouir de qqch (v)	to delight in sth	von etw. profitieren	disfrutar de algo	تمتع بشيء

L

laisser planer l'incertitude (exp.)	to allow some uncertainty to remain	im Ungewissen lassen	sembrar dudas	ترك الشك يحوم
lancer le débat (exp.)	to launch the discussion	die Diskussion beginnen	lanzar el debate	افتتح مناقشة
lancer un appel à qqn (exp.)	to appeal to sb	an jmd. Appellieren	llamar a alguien	وجه نداء
le cas échéant (exp.)	if need be	gegebenenfalls	llegado el caso	إذا كان الحال كذلك
législation (nf)	legislation	Gesetzgebung	legislación	تشريع
légitimité (nf)	legitimacy	Legitimität	legitimidad	شرعية
lettre de motivation (nf)	covering letter	Anschreiben	carta de motivación	وثيقة طلب عمل
lettre de recommandation (nf)	reference	Empfehlungsschreiben	carta de recomendación	رسالة تزكية
lever les ambiguïtés (exp.)	to clear up any confusion	Zweifel beseitigen	disipar las ambigüedades	رفع اللبس
libéraliser qqch (v)	to liberalize sth	etw. liberalisieren	liberalizar algo	إباحة الشيء
libre circulation des marchandises, des capitaux, des services et des personnes (exp.)	free movement of goods, capital, services and people	freier Waren-, Kapital-, Dienstleistungs- und Personenverkehr	libre circulación de mercancías, capitales, servicios y personas	حرية تنقل البضائع، رؤوس الأموال، الخدمات والأشخاص
libre-échange (nm)	free trade	Freihandel	libre mercado	التبادل الحر
limite d'âge (nf)	age limit	Altersgrenze	límite de edad	حد السن
limiter les coûts (exp.)	to limit costs	die Kosten begrenzen	limitar los costes	الحد من التكاليف
locaux (nm pl.)	premises	Räume	locales	مقرات
logistique (nf et adj.)	logistics, logistic	Logistik / logistisch	logística	السوقيات (اسم)

M

maintien (nm)	continuation	Aufrechterhaltung	mantenimiento	استمرار
majorité (nf)	majority	Mehrheit	mayoría	أغلبية
mandat (nm)	term of office	Mandat	orden	عهدة
manifestation (nf)	demonstration	Veranstaltung	manifestación	تظاهرة
manquement (nm)	breach	Verletzung	incumplimiento	إخلال
manquer de confiance en soi (exp.)	to lack self confidence	nicht genug Selbstvertrauen haben	falta de confianza en sí mismo	قلة الثقة بالنفس
manquer de pratique (exp.)	to lack practical experience	nicht genug Erfahrung haben	carecer de práctica	نقص الممارسة
marché de l'emploi (nm)	job market	Arbeitsmarkt	mercado laboral	سوق العمل
marché intérieur (nm)	domestic market	Binnenmarkt	mercado interior	السوق الداخلية
médiateur(trice) (n)	mediator	Vermittler(in)	mediador(a)	وسيط
médiatisation (nf)	media coverage	Mediatisierung	mediatización	إشهار إعلامي
membre honoraire (nm)	honorary member	Ehrenmitglied	miembro honorífico	عضو شرفي
menace (nf)	threat	Bedrohung	amenaza	تهديد
mentionner qqch à qqn (v)	to mention sth to sb	etw. jmd. gegenüber erwähnen	mencionar algo a alguien	ذكر شيئا لأحد ما
mériter réflexion (exp.)	to be worth thinking about	einen Gedanken wert sein	merecer reflexión	جدير بالتفكير
mettre qqch au point (exp.)	to fine tune sth	etw. ausarbeiten	poner algo a punto	أعد شيئا
mettre qqn en cause (exp.)	to call sb into question	etw. in Frage stellen	poner a alguien en entredicho	اتهم احدا
mettre qqch en place (exp.)	to put sth in place	etw. einrichten	poner algo en su sitio	أقام شيئا
mettre qqch en pratique (exp.)	to put sth into practice	etw. umsetzen	llevar algo a la práctica	طبق شيئا
mettre qqn/qqch en valeur (exp.)	to show sb/sth to advantage	jmd./etw. zur Geltung bringen	poner a alguien/algo de relieve	أبرز قيمة أحد/شيء
mettre l'accent sur qqch (exp.)	to emphasize sth	etw. betonen	hacer hincapié en algo	التركيز على شيء
mettre qqch sur pied (exp.)	to set sth up	etw. auf die Beine stellen	poner algo en pie	أنشأ شيئا
mettre (se) d'accord avec qqn sur qqch (exp.)	to agree with sb upon sth	sich mit jmd. einigen über etw.	poner (se) de acuerdo con alguien sobre algo	اتفق مع أحد على الشيء
mettre tout sur la table (exp.)	to lay all one's cards on the table	alles auf den Tisch legen	poner todo sobre el tapete	صرح بكل شيء
militer en faveur de/contre qqch/qqn (exp.)	to campaign for/against sth/sb	zugunsten/gegen jmd./etw. kämpfen	militar a favor/en contra de algo/alguien	النضال من أجل/ضد
ministre d'État (n)	minister of State	Staatsminister(in)	ministro de Estado	وزير دولة
ministre délégué (n)	junior minister	beigeordnete(r) Minister(in)	ministro delegado	وزير مندوب
ministre sans portefeuille (n)	minister without portfolio	Minister(in) ohne Geschäftsbereich	ministro sin cartera	وزير دون حقيبة

minorité (nf)	minority	Minderheit	minoría	أقلية
mise au point (nf)	clarification	Ausarbeitung	puesta a punto	إعداد
mise en œuvre (nf)	implementation	Umsetzung	realización	تنفيذ
mise sur pied (nf)	launch	Schaffung	puesta en pie	إنشاء
mission (nf)	mission	Aufgabe	misión	مهمة
mobiliser qqn/qqch (v)	to mobilize sb/sth	jmd./etw. mobilisieren	movilizar a alguien/algo	جند أحد/شيئا
mobiliser (se) (v)	to mobilize oneself	(sich) mobilisieren	movilizar (se)	تجند
mobilité des personnes (nf)	mobility of persons	Mobilität der Personen	movilidad de las personas	حركية الأشخاص
mobilité professionnelle/géographique (nf)	professional/geographic mobility	berufliche/geographische Mobilität	movilidad profesional/geográfica	حركية مهنية/جغرافية
mode de financement (nm)	method of funding	Finanzierungsart	modo de financiación	نمط التمويل
modèle économique (nm)	economic model	Wirtschaftsmodell	modelo económico	نموذج اقتصادي
modérateur(trice) (n)	moderator	Moderator(in)	moderador(a)	مشرف(ة)
monnaie (nf)	currency	Währung	moneda	عُملة
mot de bienvenue (nm)	word of welcome	Begrüßungsworte	palabras de bienvenida	كلمة ترحيبية
multiculturel(le) (adj.)	multicultural	multikulturell	multicultural	متعدد(ة) الثقافات
multipartenaire (adj.)	multipartner	mit mehreren Partnern	multi-socios	متعدد(ة) الشركاء
multiplicité (nf)	multiplicity	Vielzahl	Multiplicidad	تعدُد
mutation (nf)	transfer	Versetzung	mutación	تحوُل

N

ne pas cacher qqch/que (exp.)	to not hide sth/the fact that	etw. nicht verstecken/nicht verstecken, dass	no ocultar algo/que	لا يُخفي شيئا/أن
ne pas manquer de faire qqch (exp.)	to not omit to do sth	etw. bestimmt tun	no dejar de hacer algo	لا يفوته القيام بالشيء
négocier un accord (exp.)	to negotiate an agreement	einen Vertrag aushandeln	negociar un acuerdo	التفاوض حول اتفاقية
noter qqch (v)	to note sth	etw. vermerken	anotar algo	لاحظ

O

obligation de réserve (nf)	duty to preserve secrecy	Schweigepflicht	obligación de reserva	واجب التحفظ
obligation professionnelle (nf)	professional obligation	Dienstpflicht	obligación profesional	التزام مهني
obtenir une promotion (exp.)	to obtain a promotion	befördert werden	conseguir un ascenso	الحصول على ترقية
offre d'emploi (nf)	job offer	Stellenangebot	oferta de trabajo	عرض عمل
opération (nf)	operation	Aktion	operación	عملية
opérationnel(le) (adj.)	operational	einsatzbereit	operativo(a)	فعال(ة)
opportunité (nf)	opportunity	Gelegenheit	oportunidad	فرصة
option (nf)	option	Option	opción	خيار
ordre du jour (nm)	agenda	Tagesordnung	orden del día	جدول أعمال
orientation (nf)	angle	Orientierung	orientación	اتجاه

P

par avance (adv.)	in advance	im Voraus	de antemano	مسبقا
par définition (adv.)	by definition	per Definition	por definición	بحكم التعريف
par délégation de qqn (exp.)	on sb's authority	in Vertretung von jmd.	por delegación de alguien	بتفويض من
parallèlement (adv.)	in parallel	gleichzeitig	paralelamente	بالموازاة
paramètre (nm)	parameter	Parameter	parámetro	عامل
paraphraser qqn/qqch (v)	to paraphrase sb/sth	jmd./etw. paraphrasieren	citar a alguien/algo	فصّل قول أحد/شيئا
parcourir qqch (v)	to glance at sth	etw. überfliegen	echar un vistazo a algo	تصفح شيئا بسرعة
parité (nf)	parity	Parität	paridad	تكافؤ
partenariat (nm)	partnership	Partnerschaft	colaboración	شراكة
partie adverse (nf)	opposing party	Gegenpartei	parte contraria	طرف خصم
partiel(le) (adj.)	partial	teilweise	parcial	جزئي(ة)
parties prenantes (nf pl.)	stakeholders	Interessengruppen	partes interesadas	أطراف مشاركة
passer au vote (exp.)	to move on to a vote	zur Abstimmung übergehen	pasar a votar	المرور إلى التصويت
passer la parole à qqn (exp.)	to give sb the floor	jmd. das Wort erteilen	ceder la palabra a alguien	إعطاء الكلمة لأحد ما
passer un entretien (exp.)	to go for an interview	ein Gespräch führen	hacer una entrevista	أجرى مقابلة
patienter (v)	to wait	gedulden	esperar	انتظر
pays en développement (nm)	developing country	Entwicklungsland	país en desarrollo	بلد نام
pays hôte (nm)	host country	Gastland	país anfitrión	بلد مضيف
périmètre d'accès (nm)	scope of access	Zugangsbereich	perímetro de acceso	مساحة الدخول
permis de séjour (nm)	residence permit	Aufenthaltsgenehmigung	permiso de residencia	رخصة إقامة
personnalité (nf)	personality	Persönlichkeit	personalidad	شخصية
personnel de sécurité (nm)	security staff	Sicherheitspersonal	personal de seguridad	فريق الأمن
pétition (nf)	petition	Petition	petición	عريضة
phase (nf)	phase	Phase	fase	مرحلة

pièce jointe (nf)	attachment	Anlage	documento adjunto	ثيقة مرفقة
pilier (nm)	mainstay	Stütze	pilar	ماد
piloter un projet (exp.)	to steer a project	ein Projekt leiten	conducir un proyecto	يادة مشروع
piratage (nm)	hacking	Piraterie	piratería	رصنة
plan d'action (nm)	action plan	Aktionsplan	plan de acción	طة عمل
plan de table (nm)	table plan	Sitzordnung	estrategia	خطط الجلوس
plan financier (nm)	financial plan	Finanzplan	plan financiero	طة مالية
planification (nf)	planning	Planung	planificación	خطيط
pluridisciplinarité (nf)	pluridisciplinarity	Interdisziplinarität	pluridisciplinaridad	عدد التخصصات
plurilinguisme (nm)	plurilingualism	Mehrsprachigkeit	plurilingüismo	عدد اللغات
point de convergence (nm)	point of agreement	Übereinstimmungspunkt	punto de convergencia	طة التقاء
point de presse (nm)	press briefing	Pressekonferenz	sesión de información	جلسة صحفية
politisation (nf)	politicization	Politisierung	politización	سييس
portée (nf)	impact	Tragweite	alcance	ُر
porte-parole (n)	spokesperson	Sprecher(in)	portavoz	اطق رسمي
porter sur qqch (v)	to concern sth	sich auf etw. beziehen	tratar de algo	ار حول
porter un toast à (exp.)	to propose a toast to	einen Toast aussprechen auf	hacer un brindis por	رب نخبا
poser des problèmes (exp.)	to pose problems	Probleme darstellen	plantear problemas	طرح المشكلات
poser sa candidature (exp.)	to submit one's application	sich bewerben	presentar la candidatura	طرح ترشيحه
poser ses conditions (exp.)	to set one's conditions	seine Bedingungen stellen	poner condiciones	ضع الشروط
poste à responsabilité (nm)	position of responsibility	verantwortungsvoller Posten	puesto de responsabilidad	نصب مسؤولية
pourparlers (nm pl.)	negotiations	Verhandlung	conversaciones	محادثات
pousser qqn à qqch/ à faire qqch (v)	to push sb into sth/to do sth	jmd. zu etw. drängen / drängen etw. zu tun	empujar a alguien a algo/a hacer algo	فع أحدا إلى الشيء/فعل الشيء
pouvoirs publics (nm pl.)	authorities	öffentliche Hand	administración	سلطات عمومية
positionner (se) (v)	to take a stand	Position beziehen	posicionar (se)	خذ موقفا
préconiser qqch (v)	to recommend sth	etw. empfehlen	preconizar algo	وصى بـ
préjugé (nm)	prejudice	Vorurteil	prejuicio	حكم مسبق
préliminaire (nm et adj).	preliminary (n & adj).	Einleitung / einleitend	preliminar	مقدمة
prendre acte de qqch (exp.)	to note sth	etw. zur Kenntnis nehmen	hacer constancia algo	سجل الشيء بصفة رسمية
prendre bonne note de qqch (exp.)	to take good note of sth	etw. zur Kenntnis nehmen	tomar buena nota de algo	سجّل الشيء جيدا
prendre une/des initiative(s) (exp.)	to take an/the initiative	Initiative ergreifen	tomar una/iniciativa(s)	قام بمبادرة/بمبادرات
prendre des notes (exp.)	to take notes	etw. aufschreiben	tomar notas	دوّن ملاحظات
prendre la mesure de qqch (exp.)	to size sth up	das Ausmaß von etw. erkennen	sopesar algo	تقدير الشيء حق قدره
prendre qqch en compte (exp.)	to take sth into account	etw. berücksichtigen	tener algo en cuenta	اخذ شيئا بعين الاعتبار
préoccupation (nf)	concern	Anliegen	preocupación	انشغال
préparatoire (adj.)	preparatory	vorbereitend	preparatorio(a)	تحضيري(ة)
présence (nf)	presence	Anwesenheit	presencia	حضور
présenter sa candidature (exp.)	to present one's application	sich bewerben	presentarse candidato	قدم ترشيحه
président(e) de séance (n)	session chair	Sitzungspräsident(in)	presidente(a) de sesión	رئيس(ة) جلسة
preuves à l'appui (exp.)	backed up by evidence	unter Vorlage von Beweisdokumenten	pruebas al canto	مع الأدلة
prière de + inf (exp.)	please + verb	Bitte + v im Imperativ	se ruega	يرجى
primordial(e) (adj.)	crucial	wichtig	primordial	أساسي
priorité (nf)	priority	Priorität	prioridad	أولوية
prise de conscience (nf)	realisation	Bewusstwerdung	toma de conciencia	إدراك
problème de société (nm)	societal problem	Gesellschaftsproblem	problema social	مشكلة اجتماعية
procéder à qqch (v)	to initiate sth	etw. durchführen	proceder a algo	قام بشيء
procédure (nf)	procedure	Verfahren	procedimiento	عملية
procédurier(ère) (adj.)	pettifogging	Prozesswütig	pleitista	إجرائي(ة)
procès-verbal (nm)	report	Protokoll	acta	مَحضر
processus de sélection (nm)	selection process	Auswahlverfahren	proceso de selección	عملية انتقاء
procuration (nf)	proxy	Vollmacht	procuración	وكالة
procurer/se procurer qqch (v)	to obtain sth	verschaffen/sich etw. verschaffen	procurar/procurarse algo	أعطى شيئا/تحصل على شيء
professionnalisme (nm)	professionalism	Professionalität	profesionalidad	احترافية
profil de poste (nm)	job description	Stellenprofil	perfil de puesto	مؤهلات المنصب
profit (nm)	profit	Profit	beneficio	الربح
projet de loi (nm)	bill	Gesetzesentwurf	proyecto de ley	مشروع قانون
projet pilote (nm)	pilot project	Pilotprojekt	proyecto piloto	مشروع نموذجي
promesse (nf)	commitment	Versprechen	promesa	وعد
promouvoir qqch (v)	to promote sth	etw. fördern	promover algo	روّج شيئا
prononcer un discours (exp.)	to make a speech	eine Rede halten	pronunciar un discurso	ألقاء خطاب
prouver qqch/que (v)	to prove sth/that	etw. beweisen/beweisen, dass	probar algo/que	برهن على شيء/بأن

provenir de qqch (v)	to be due to sth	von etw. herrühren	provenir de algo	صدر عن شيء
provisoire (adj.)	temporary	vorläufig	provisional	مؤقت
provocation (nf)	provocation	Provokation	provocación	استفزاز
publier une offre d'emploi (exp.)	to advertise a job offer	eine Stelle ausschreiben	publicar una oferta de trabajo	نشر عرض عمل

Q

qualification (nf)	qualification	Qualifikation	cualificación	مؤهل
qualifier qqn de (v)	to describe sb as	jmd. als etw. bezeichnen	calificar a alguien de	وصف شينا بـ
qualité d'écoute (nf)	listening skills	Zuhörfähigkeit	calidad de escucha	حسن الإصغاء
question de fond (nf)	fundamental issue	grundlegende Frage	cuestión de fondo	مسألة جوهرية
questions diverses (nf pl.)	diverse issues	verschiedene Fragen	preguntas varias	مسائل متنوعة
quota (nm)	quota	Quote	cuota	حصّة

R

racial(e) (adj.)	racial	rassisch	racial	عرقي(ة)
rappeler qqch (v)	to remind sb of sth	an etw. erinnern	recordar algo	ذكر بشيء
rapport moral (nm)	president's report	Geschäftsbericht	relación moral	تقرير أدبي
rapporteur (nm)	reporter	Prüfer	relator	مقرر
rapprochement (nm)	reconciliation	Annäherung	acercamiento	تقارب
rassurer qqn (v)	to reassure sb	jmd. beruhigen	tranquilizar a alguien	طمأن أحدا
ratifier qqch (v)	to ratify sth	etw. ratifizieren	ratificar algo	وقع شينا
réaction à chaud/à froid (nf)	immediate/considered reaction	schnelle hitzige/überlegte Reaktion	reacción en caliente/en frío	رد فعل فوري/متأخر
recadrer le débat (exp.)	to refocus a discussion	die Diskussion wieder in die richtigen Bahnen lenken	recentrar el debate	أعاد النقاش إلى إطاره
réchauffement climatique (nm)	global warming	Klimaerwärmung	calentamiento climático	الاحترار العالمي
rechercher un compromis (exp.)	to seek a compromise	einen Kompromiss suchen	buscar un compromiso	البحث عن حل توفيقي
recommander qqch/qqn (v)	to recommend sth/sb	jmd./etw. empfehlen	recomendar a alguien/algo	أوصى بشيء/بأحد
recruter par concours (exp.)	to recruit via a competitive examination	über ein Auswahlverfahren anstellen	contratar por concurso	التوظيف عن طريق مسابقة
recruter sur dossier (exp.)	to recruit by CV	über die Bewerbungsunterlagen anstellen	contratar por expediente	التوظيف عن طريق الملفات
récuser qqch (v)	to challenge sth	etw. ablehnen	rechazar algo	رفض شينا
rédacteur(trice) (n)	author	Redakteur(in)	redactor(a)	محرر(ة)
rédiger qqch (v)	to compile sth	etw. verfassen	redactar algo	حرر
redouter qqn/qqch (v)	to fear sb/sth	jmd./etw. fürchten	temer a alguien/algo	خشي أحدا/شينا
réduire les inégalités (exp.)	to reduce inequalities	Ungleichheiten verringern	reducir las desigualdades	التقليل من الفوارق
référer (se) à qqn/qqch (v)	to consult sb/sth	sich auf jmd./etw. beziehen	referir (se) a alguien/algo	رجع إلى أحد ما/شيء ما
réfléchi(e) (adj.)	well thought out	besonnen	reflexionado(a)	بروّية
réflexe (nm)	reflex	Reflex	reflejo	رد فعل
réfugié(e) (n et adj.)	refugee (n & adj.)	Flüchtling / geflüchtet	refugiado(a)	لاجئ(ة)
réfuter qqch (v)	to refute sth	etw. widerlegen	refutar algo	دحض شينا
regarder la réalité en face (exp.)	to face facts	der Realität ins Gesicht sehen	mirar la realidad de frente	مواجهة الحقيقة
régime linguistique (nm)	linguistic regime	Sprachenregelung	régimen lingüístico	نظام لغوي
règlement intérieur (nm)	domestic regulation	Betriebsordnung	reglamento interior	قانون داخلي
réglementation en vigueur (nf)	regulations in force	geltende Gesetzgebung	normativa vigente	القوانين السارية المفعول
régler un problème (exp.)	to solve a problem	ein Problem lösen	resolver un problema	حل مشكلة
règles de préséance (nf pl.)	rules of precedence	Vortrittsrechte	reglas de precedencia	قواعد الأسبقية
regrouper qqch/qqn (v)	to group sth/people together	jmd./etw. Versammeln	reagrupar algo/a alguien	جمع أشياء/أناسا
rejeter une candidature (exp.)	to turn down a candidate	eine Bewerbung ablehnen	rechazar una candidatura	رفض ترشيحا
rejoindre qqn (v)	to come round to sb's way of thinking	sich mit jmd. auf etw. einigen	terminar de acuerdo con alguien	وافق أحدا
réjouir (se) de qqch (v)	to be delighted about sth	sich über etw. freuen	alegrar (se) de algo	فرح بالشيء
relancer qqch/qqn (v)	to relaunch sth/recontact sb	jmd./etw. wieder in Schwung bringen	insistir sobre algo/a alguien	استأنف شينا/ذكر أحدا بشيء
relatif(ve) à qqch (adj.)	relative to sth	bezüglich etw.	relativo(va) a algo	متعلق(ة) بشيء ما
relayer qqn (v)	to take over from sb	jmd. Ablösen	relevar a alguien	نقل عن أحد
relever un défi (exp.)	to rise to a challenge	eine Herausforderung annehmen	asumir un reto	رفع التحدي
remettre qqch à qqn (v)	to give sth to sb	jmd. etw. aushändigen	entregar algo a alguien	سلّم شينا لأحد ما
remplir des fonctions de + n (exp.)	to perform the functions of	das Amt eines + n innehaben	cumplir funciones de	اضطلع بمهام
rendre compte de qqch à qqn (exp.)	to report sth to sb	jmd. etw. berichten	dar cuentas de algo a alguien	قدم تقريرا عن الشيء لأحد ما
rendre public qqch (exp.)	to make sth public	etw. öffentlich machen	hacer público algo	أذاع شينا لعامة الناس
rendre (se) à l'évidence (exp.)	to bow before the evidence	sich den Tatsachen beugen	rendir (se) a la evidencia	الاعتراف بالواقع
rendre (se) qq part (exp.)	to go somewhere	sich irgendwo hin begeben	ir (se) a algún sitio	الذهاب إلى
renforcer qqch (v)	to reinforce sth	etw. stärken	reforzar algo	عزز الشيء

renoncer à qqch (v)	to abandon sth	auf etw. verzichten	renunciar a algo	تخلى عن الشيء
renouveler qqch (v)	to renew sth	etw. verlängern	renovar algo	جدّد شيئا
replacer qqch dans son contexte (exp.)	to put sth back in its context	etw. wieder in seinen Kontext bringen	reubicar algo en su contexto	أعاد الشيء إلى سياقه
répondre à un appel (exp.)	to respond to an appeal	einem Aufruf folgen	responder a una llamada	تلبية نداء
répondre à une invitation (exp.)	to respond to an invitation	einer Einladung nachkommen	responder a una invitación	تلبية دعوة
reporter qqch (v)	to defer sth	etw. aufschieben	aplazar algo	أجّل الشيء
repousser qqch (v)	to postpone sth	etw. verschieben	posponer algo	أجّل الشيء
représentant permanent (nm)	permanent representative	ständiger Vertreter	representante permanente	ممثل دائم
réprimer qqch (v)	to repress sth	etw. unterdrücken	reprimir algo	قمع
reprise économique (nf)	economic recovery	erneuter Wirtschaftsaufschwung	recuperación económica	إنعاش اقتصادي
réserve(s) (nf)	doubt(s)	Vorbehalt(e)	reserva(s)	تَحَفُّظ(ات)
résister à qqn/qqch (v)	to hold out against sb/sth	jmd./etw. widerstehen	resistir a alguien/algo	قاوم أحدا/شيئا
résoudre qqch (v)	to resolve sth	etw. lösen	resolver algo	حَلّ مسألة
résoudre (se) à qqch/ à faire qqch (exp.)	to decide to do sth	sich zu etw. entschließen/ sich entschließen etw. zu tun	decidir (se) a algo/a hacer algo	عزم على الشيء/على فعل شيء
ressortissant(e) de + n (n)	citizen of	Staatsangehörige(r) aus + n	súbdito(a) de	مواطن(ة) من
restituer qqch à qqn (v)	to return sth to sb	jmd. etw. zurückgeben	devolver algo a alguien	أعاد شيئا لأحد ما
restructuration (nf)	restructuring	Restrukturierung	reestructuración	إعادة هيكلة
rétablissement (nm)	recovery	Wiederherstellung	restablecimiento	استعادة
retenir l'attention de qqn (exp.)	to hold sb's attention	die Aufmerksamkeit von jmd. auf sich ziehen	acaparar la atención de alguien	شد انتباه أحد ما
retenir une candidature (exp.)	to accept an application	eine Bewerbung auswählen	guardar una candidatura	قبل ترشيحا
retirer des enseignements de qqch (exp.)	to learn from sth	eine Lehre ziehen aus etw.	sacar lecciones de algo	استنبط الدروس من الشيء
révéler qqch/que à qqn (v)	to reveal sth to sb	jmd. etw. verraten/jmd. verraten, dass	revelar algo/que a alguien	كشف شيئا/بأن لأحد ما
revenir à qqch (exp.)	to come back to sth	auf etw. zurückkommen	regresar a algo	الرجوع إلى أمر ما
revenir sur une décision (exp.)	to reconsider a decision	einen Entschluss ändern	cambiar de decisión	الرجوع في القرار
réviser une position (exp.)	to reconsider a position	eine Position überdenken	replantear una posición	مراجعة موقف
revoir à la baisse (exp.)	to revise downwards	nach unten korrigieren	revisar a la baja	إعادة التقدير إلى أدنى
rigueur (nf)	precision	Strenge	rigor	صرامة
risquer qqch/de faire qqch (v)	to risk sth/dare to do sth	etw. riskieren/riskieren etw. zu tun	correr el riesgo de algo/de hacer algo	خاطر بالشيء/يفعل شيء

S

salle de presse (nf)	press room	Pressesaal	sala de prensa	قاعة الصحافة
salle de réunion (nf)	meeting room	Sitzungssaal	sala de reuniones	قاعة الإجتماعات
salon d'honneur (nm)	VIP lounge	VIP-Lounge	salón de honor	قاعة شرفية
sanction (nf)	sanction	Sanktion	sanción	عقوبة
sans réserves (exp.)	without reservation	ohne Vorbehalte	sin reservas	دون تحفظات
satisfaire un besoin (exp.)	to satisfy a requirement	ein Bedürfnis stillen	cumplir una necesidad	تلبية حاجة
sauvegarde (nf)	save	Bewahrung	salvaguarda	حماية
séance plénière (nf)	plenary session	Plenarsitzung	sesión plenaria	جلسة عامة
sécuriser qqch (v)	to secure sth	etw. sichern	asegurar algo	أمّن
sensibilisation (nf)	public awareness	Sensibilisierung	sensibilización	توعية
service de presse (nm)	press department	Pressedienst	servicio de prensa	مصلحة الصحافة
service du protocole (nm)	protocol department	Protokolldienst	servicio de protocolo	مصلحة البروتوكول
signaler qqch à qqn (v)	to notify sb of something	jmd. etw. mitteilen	señalar algo a alguien	نبّه أحدا إلى شيء ما
situation d'urgence (nf)	emergency situation	Notfallsituation	situación de emergencia	حالة طارئة
société anonyme (nf)	(public) limited company	Aktiengesellschaft	sociedad anónima	شركة مغفلة
société civile (nf)	civil society	Zivilgesellschaft	sociedad civil	المجتمع المدني
société de surveillance (nf)	security firm	Überwachungsgesellschaft	empresa de seguridad	شركة حراسة
solliciter qqch (v)	to solicit sth	etw. beantragen	solicitar algo	التمس شيئا
solution de facilité (nf)	easy way out	bequeme Lösung	solución de facilidad	الحلول السهلة
solution intermédiaire (nf)	compromise	vorübergehende Lösung	solución intermedia	حل وسط
soulever une question (exp.)	to raise an issue	eine Frage aufwerfen	plantear una pregunta	إثارة مسألة
soupçonner qqch (v)	to suspect sth	etw. vermuten	sospechar algo	ظن شيئا
sous couvert de l'anonymat (exp.)	anonymously	unter dem Deckmantel der Anonymität	bajo el abrigo del anonimato	مع إخفاء الهوية
soutenir qqn (v)	to support sb	jmd. Unterstützen	apoyar a alguien	ساند أحدا
statut social (nm)	social status	sozialer Status	estatuto social	مكانة اجتماعية
statuts (nm pl.)	statutes	Satzung	estatutos	قانون أساسي
subir les conséquences de qqch (exp.)	to suffer the consequences of sth	die Konsequenzen von etw. tragen	sufrir las consecuencias de algo	تحمل تبعات الشيء
subsister (v)	to survive	Überstehen	sobrevivir	بقي
successif(ve) (adj.)	successive	aufeinanderfolgend	sucesivo(a)	متعاقب(ة)

suite à qqch (prép.)	as a result of sth	infolge etw.	como resultado de algo	عقب
suivi (nm)	monitoring	Kontrolle	seguimiento	متابعة
superviser qqch (v)	to supervise sth	etw. überwachen	supervisar algo	أشرف على الشيء
supposer qqch (v)	to assume sth	etw. mutmaßen	suponer algo	افترض الشيء
sur ordre de qqn (exp.)	following sb's orders	auf Anweisung von jmd.	por orden de alguien	بأمر من
survie économique (nf)	economic survival	wirtschaftliches Überleben	supervivencia económica	البقاء الاقتصادي
suspicieux(se) (adj.)	suspicious	argwöhnisch	suspicaz	مرتاب

T

table ronde (nf)	round table	Gesprächsrunde	mesa redonda	مائدة مستديرة
tâche (nf)	task	Aufgabe	tarea	عمل
tampon (nm)	buffer	Stempel	tampón	خَتْم
tamponner (v)	to stamp	Stempeln	sellar	خَتَم
technicité (nf)	technically specialised	Fachwissen	tecnicidad	تقنية
télégramme diplomatique (nm)	diplomatic telegram	diplomatisches Telegramm	telegrama diplomático	برقية دبلماسية
tenir compte de qqch (exp.)	to take sth into account	etw. berücksichtigen	tener en cuenta algo	أخذ الشيء بالاعتبار
tenir une promesse (exp.)	to honour a commitment	ein Versprechen halten	cumplir una promesa	الوفاء بالوعد
tension (nf)	tension	Spannung	tensión	توتر
tentation (nf)	temptation	Versuchung	tentación	إغراء
tenter de faire qqch (exp.)	to try to do sth	versuchen, etw. zu tun	intentar hacer algo	حاول فعل شيء
tirer des bénéfices de qqch (exp.)	to profit from sth	Vorteile ziehen aus etw.	sacar provecho de algo	جنى فوائدا من الشيء
tirer des leçons de qqch (exp.)	to learn a lesson from sth	eine Lehre ziehen aus etw.	aprender de algo	استخلص الدروس من الشيء
titre universitaire (nm)	university qualifications	Universitätstitel	título universitario	لقب جامعي
tour de table (nm)	seek the views of all those present	Umfragerunde	turno de palabra	سماع الأراء في اجتماع
traiter de qqch (v)	to talk about sth	handeln von etw.	abordar algo	تناول موضوعا
trancher le débat (exp.)	to settle a matter	die Diskussion entscheiden	zanjar el debate	حسم النقاش
transmettre qqch (v)	to transmit sth	etw. übermitteln	transmitir algo	نقل شينا
transposer qqch (v)	to transpose sth	etw. übertragen	transportar algo	حوّل الشيء

U

unanimité (nf)	unanimity	Einstimmigkeit	unanimidad	إجماع
union douanière (nf)	customs union	Zollunion	unión aduanera	اتحاد جمركي

V

vacance (nf)	vacancy	freie Stelle	vacante	شغور
valider qqch (v)	to validate sth	etw. bestätigen	validar algo	صدّق
vecteur (nm)	vector	Träger	vector	ناقل
veiller à (v)	to attend to	achten auf	prestar atención a	حرص على
visa long séjour (nm)	visa long-stay visa	Langzeitvisum	visado de larga estancia	تأشيرة إقامة طويلة
viser à qqch (v)	to aim for sth	abzielen auf etw.	tener por objetivo algo	هدف إلى
visite de courtoisie (nf)	courtesy call	Höflichkeitsbesuch	visita de cortesía	زيارة صداقة
voir (se) dans l'obligation de faire qqch (exp.)	to be forced to do sth	sich gezwungen sehen, etw. zu tun	ver (se) obligado a hacer algo	يرى من واجبه القيام بشيء
voyage d'étude (nm)	study trip	Studienreise	viaje de estudios	رحلة دراسية

Répertoire des sigles

ACF	Action contre la faim
CEA	Commissariat à l'énergie atomique
CEES	Centre d'études européennes de Strasbourg
CICR	Comité international de la Croix-Rouge
CNRS	Centre national de la recherche scientifique
COREPER	Comité des représentants permanents
CSIFA	Comité stratégique pour l'immigration, les frontières et l'asile
CV	Curriculum vitae
DG	Direction générale
DIACT	Délégation interministérielle à l'aménagement du territoire et à l'attractivité régionale
EAHC	Executive Agency for Health and Consumers
ENA	École nationale d'administration
EURATOM ou CEEA	Communauté européenne de l'énergie atomique
FAO	Organisation des Nations Unies pour l'alimentation et l'agriculture
FIAS	Force internationale d'assistance à la sécurité
MIT	Massachusetts Institute of Technology
MSF	Médecins sans frontières
OCDE	Organisation de coopération et de développement économique
OIF	Organisation internationale de la Francophonie
OING	Organisation internationale non gouvernementale
OIT	Organisation internationale du Travail
OMC	Organisation mondiale du Commerce
ONG	Organisation non-gouvernementale
ONU	Organisation des Nations Unies
OTAN	Organisation du Traité de l'Atlantique-Nord
PESC	Politique étrangère et de sécurité commune
PESD	Politique européenne de sécurité et de défense
PIB	Produit intérieur brut
RGPP	Révision générale des politiques publiques
RP	Représentation permanente
Sciences PO Paris	Institut d'Études politiques de Paris
SMIC	Salaire minimum interprofessionnel de croissance
SMSI	Sommet mondial de la société de l'information
SNCF	Société des chemins de fer français
TD	Télégramme diplomatique
UE	Union européenne
UNESCO	Organisation des Nations Unies pour l'éducation, la science et la culture
UNHCR	Haut Commissariat aux réfugiés des Nations Unies
VIP	Very Important Person

Crédits photographiques

Couverture Parlement européen, M. Pacifico/Tips/Photononstop ; Personnes se serrant la main, Y. Arcurs/Shutterstock ; Homme au micro, Image Source/Photononstop ; Drapeaux, Mauritius/Photononstop ; Parlement européen Strarsbourg, Mauritius/Photononstop ; **p. 9** Auremar/Shutterstock ; **p. 10** Y. Arcurs/Shutterstock ; **p. 23** GalaxyPhoto/Shutterstock ; **p. 47** T. Kennedy/Getty ; **p. 56** Van den Broucke/Gamma ; **p. 85** P. Losevsky/Shutterstock ; **p. 93** N. Hulot, D. Lebrun/ Eyedea Presse ; N. Kosciusko-Morizet, P. Hounsfield/Gamma ; R. Pachauri, Bloomberg/Getty ; **p. 98** Image Source/ Photononstop ; **p. 105** Andrjuss/Shutterstock ; **p. 123** Monkey Business Images/Shutterstock ; **p. 138** Idal/Shutterstock ; **p. 142** Golden Pixels/Shutterstock ; **p. 156** S. Rabany/Photononstop.

Dessins : Carole Xenard
Couverture : Barbara Caudrelier – Amarante
Création maquette : Marie-Christine Carini
Adaptation maquette et mise en page : Valérie Goussot
Suivi éditorial : Cécile Botlan

Pour découvrir nos nouveauté, consulter notre catalogue en ligne, contacter nos diffuseurs ou nous écrire, rendez-vous sur internet : **www.hachettefle.fr**

Achevé d'imprimer par Dédalo Offset, S.L.
Dépôt légal : 06/2011
Collection n° 27 - Edition 02
15/5557/2